北京师范大学历史学院"励耘文库"系列

北京师范大学利群基金资助

从黄昏到黎明
——中国近代文化史六讲

张昭军/著

人 民 出 版 社

目　录

图 表 目 录

引　言
从黄昏到黎明

向太阳,向着光明走!

我们也不要悲观,也不要徘徊,也不要惧怕,也不要落后。

我们相信黑夜终有黎明的时候,正义也将不终屈服于恶魔手。

我们只有奋斗,因为除开奋斗而外,我们没有出路。

倘若我们是勇敢的,那我们也要如太阳一样,将我们的光辉照遍全宇宙。

——光慈:《卷头语》,《太阳月刊》1928 年 1 月号

中国近代文化史,顾名思义,阐述的是中国文化在近代发展演变的历史。按照时下的划分,一般从鸦片战争时期讲起,止于新中国的成立。

如何看待近代中国这一百多年的文化史,向来仁智各见。过去认为,近代社会的性质是半殖民地半封建社会,反映这一社会的近代文化是半殖民主义半封建主义的文化。也有人说,近代以来,中国不断接受西方文化,已经西化了,中国文化在清末民初已经解体,成了博物馆的陈列品。这些观点都是特定的政治、社会和历史条件下的产物,反映着那一历史时期人们对近代文化的认识。对于这些观点,我们今天该如何理解。

历史与当下有着千丝万缕的联系,现实社会的剧烈变化,会促进史家对历史的反思,改进对历史的整体性判断。新中国成立以来的 70 多年,沧海桑田,国际地位今非昔比。过于强调外力的作用,无论是"冲击——反应"论,还是"侵略—革命"论,均有将中国置于西方依附地位之嫌,难以彰显中国文化的主体性和创新性,当然,也不能对中国何以崛起给出有力的解释。

中国文化源远流长,拉长时间段看,近代文化只是其中的一节。20 世纪

20 年代,历史学家柳诒徵著《中国文化史》,从文化交流与融合的角度,将中国文化史分为三期:第一期,自邃古以迄两汉,国内诸族交流融汇,创造出独立的文化。第二期,自东汉以迄明季,佛教东来,固有文化与外来文化由抵牾而融合,形成了以儒家文化为主流,道家、佛家文化为补充的传统文化。第三期,自明季以迄新文化运动,西方文化渐次输入,中国文化与西方文化由冲突而交流、融合,初步形成了中国新文化。近代文化是古老的中国文化的延续和传承,又赋予中国文化以崭新的时代精神,展示了中国文化顽强的生命活力。作为中国文化长河的一节,近代文化吸纳了外来文化特别是西方文化的成分,但后者并没能取代前者,中国文化的主体没有变,中国文化在近代奔腾向前的动力主要是来自自身。况且,中国文化历史悠久,博大精深,无论就体量还是势能而言,其命运和前途决非外来文化所能够左右,更不可能舍己从人。

孟子曾以"一治一乱"来描述上古历史的演变,"大道之行"则治,"大道既隐"则衰。汤因比则将历史比作时间织机上来回穿行的梭子,看似循环往复,却能够编织出不同样式的图案。这两种说法从不同角度表达了人类历史螺旋式演进的状态。受此启发,这本小书,尝试以"从黄昏到黎明"为喻,解释中国文化在近代的嬗变历程。

近代中国,从鸦片战争到新中国成立,恰如从黄昏到黎明,经历了一个漫漫的长夜。黄昏是时间的界标,它既可以视为一天的结束(当然不是时间的终结),也可以理解为新的一天的开始:黑夜是白昼的准备。东方既白,回望历史,中国文化在近代并没有表现为一味地衰落,更没有解体,而是在迎接光明,走向复兴。

"贞下起元,往而必复。"近代文化不仅构成了延绵不绝的中国文化的一环,承前启后,推陈出新,而且放眼世界文明发展史,也容易让人生发"三十年河东,三十年河西"的感慨。在西方人的词典里,oriental(东方)、occidental(西方)这对概念分别源自拉丁语 oriens(太阳升起)和 occidens(夕阳),对应"清晨之地"与"傍晚之地"。中世纪基督教哲学将"东方"视作人类文明的"起点"和"过去","西方"视作人类的"现在"和"归宿";用"东方"代表遥远的天堂,西方代表"现世"。黑格尔由此出发,甚至自豪地宣称,世界精神的"太阳"虽由东方升起,但东方国家只是人类历史的幼年期,世界精神的"太阳"最终是降落在了体现人类成熟和力量的日耳曼人身上,从而实现了其终极目的。鸦片战争以来的历史表明,世界精神的"太阳"并没有永远地驻留在西方,西方文明不是人类文明的最高阶段,中华文明正再次实现伟大的复兴。"中华民族是世界上伟大的民族,为人类文明进步作出了不可磨灭的贡献。近代以后,中华民族遭受了前所未有的劫难。从那时起,实现中华民族的伟大复兴就成为中国人民和中华民族最伟大的梦想。"①

"日出东方催人醒。"长期以来,提及中国近代史,映入人们脑海的往往是帝国主义侵华的历史,是中华民族衰落、屈辱和苦难的历史。"国家蒙辱、人民蒙难、文明蒙尘",这段历史记忆刻骨铭心,不堪回首。但全面地看,近代史不仅仅是中国沦为半殖民地半封建社会的历史,还是中国摆脱半殖民地半封建社会的历史,是中华民族争取民族独立、人民解放的历史,蕴涵着中华民族百折不挠、生生不息的文化精神。换言之,中华民族在近代的衰落与复兴对立地胶结在一起,历史表明,民族复兴才是近代历史的方向。借用恩格斯的话说,从"世界上最古老的帝国的垂死挣扎","看到整个亚洲新纪元的曙光"。② 中国近代史是中华民族实现伟大复兴历史进程的重要阶段,中国近代文化史是中华民族精神的集中体现。

这本小书是笔者在专题讲义基础上反复修改而成,融入了新时代背景下对中国近代文化史的思考。本书写作注重将中国近代文化史与文化自觉、文明转型相结合,以中华民族复兴为主题,阐述中国文化在近代如何通过创造性转化和创新性发展,实现新陈代谢的历程。前两讲重在阐述传统文化在近代的嬗变;后四讲从文化自觉的角度,分阶段阐述近代新文化的兴起和选择社会主义文明的历史。由于笔者学力有限,错讹浅陋之处在所难免,请读者朋友不吝赐教。

① 习近平:《在复兴之路上坚定前行》,《复兴文库》序言,第2页,中华书局2022年版。
② 恩格斯:《波斯和中国》,《马克思恩格斯论中国》,人民出版社2018年版,第66页。

第 一 讲

传统文化的结构与盛世下的危机

中国文化在近代发生了质的变化,存在断裂。但这种变化和断裂不是短时间造成的,我们不可以夸大,不能忽视历史的连续性。中国近代文化是古代文化的延续与发展,历史的主体没有变,它的主体依然是中国、是中国人。为方便理解近代文化,我先就传统文化作简要的讲述。

一、中国传统文化的结构

文化是一种生活方式。近代以前,中国文化自成一系,始终以特有的方式蜕变,形成了相对稳定的社会、政治和文化结构。

(一) 农耕文明是中国文化的根

就生产方式言,中国是世界上最为典型的农耕文明。古代农耕文明的发源地,有埃及、两河流域、墨西哥等,但唯有中国文明,数千年来一以贯之,绵延不断,且持续扩大。

中国的农耕文明起源甚早。在北方,根据河北省磁山文化遗址考古发现,在距今1万年左右的黄河流域和华北平原上,这里的先民就已经将野生植物改良为人工栽培作物"粟"和"稷",也就是谷子和黍子。在南方,考古学家在浙江浦江上山遗址中发现了1万年前的栽培稻米遗存,这是迄今发现的世界上最早的炭化稻米,有力地证明了中国是世界上最早开始人工培育水稻的国家。

有了农耕，就有了文化，人类文化的分化是从农耕时代正式开始的。黄河和长江是中国人的母亲河，是中国文明的摇篮。农业生产严重依赖气候、土地和水源等自然资源。在黄河、长江流域及靠近江河湖泊的土地上，一代代中国人繁衍生息，以务农为主业，以农民的身份，群聚而成村落。

农民以一家一户为单位，基本可以完成从生产、消费到再生产的循环，从而造就了自给自足的小农经济。这种小农经济，与欧洲的庄园经济不同，中国的自耕农虽然遭受剥削，但较之欧洲的农奴享有一定的自由，通过自己的辛苦劳动基本可以养家糊口。居于其上的，是依靠剥削佃农、雇农等等，而发展起来的大小地主。富农以上的"小康"之家，家有余粮，就设法让孩子读书。"耕读继世长"，是农村和农业养活了中国的读书人，士人的根在农村。中国的手工业者和商人，从绝对意义上说，是农业的寄生者，不具备独立性。相应地，中国古代的城市依靠农业滋养。居住在城市中的人，无论官吏还是工商业者，他们的根均在农村。以农为本，中国古代"四民"社会的根本在农业，在农村。

广义上所说的文化——中国人的衣、食、住、行等生活方式，狭义上所说的文化——思想信仰、人伦道德、风俗习惯、文学艺术等，我们均可以从农耕文明的角度寻找根源，得到解释。

（二）中国社会以家族为本位

家族，是中国古代社会、政治和文化生活最基本也是最重要的构成单位。

中国的家族与欧洲前近代的小家庭制度不同。欧洲的家庭成员，除长子外，其他成员不享有继承权，每个人是独立的个体，家族成员间的联系并不十分密切。

中国的家族，有大家族，有小家族。大家族是官宦人家和豪门贵族，拥有特权。他们既是最高统治者的助手，又是对手。小家族是"五口之家"或

图 1—1　磁山文化遗址

图 1—2　雍正祭先农坛图（上卷局部）

"八口之家"。这些家族或者说家庭是中国最基层的生产单位,也是国家徭役赋税的承担者。"三十亩地一头牛,老婆孩子热炕头。"这是处于社会底层的农民所追求的理想生活。

中国文化是以家族为本位的文化,家族构成国家和社会的最基本单位。家国同构,家是小国,国是大家。个体的身份系于家族的关系网中,独立存在感不强。中国的传统文化,自先秦的周礼,到宋明理学,修身、齐家、治国、平天下,无不以"家"为支点,家位于中间,发挥中坚作用。

五四时期,陈独秀强调东西方社会之不同,认为"西洋民族以个人为本位,东洋民族以家族为本位"。[①] 抗战时期,钱穆在《中国文化史导论》一书中称:"家族是中国文化最主要的柱石,……中国文化全部都从家族观念上筑起,先有家族观念乃有人道观念,先有人道观念乃有其他一切。"[②]他们两人的政治立场不同,但都看到了家族在中国文化中所具有的不可替代的重要作用。中国文化,人伦道德发达,以伦理为纪纲,重视礼教,尊祖敬宗,恪守祖训;父亲是一家之主,君主是一国之主,君权是父权的扩大,忠是孝的延伸,以孝治天下,等等,这些都是以家族为本位而衍生出来的。

(三) 中央集权下的皇帝制度和官僚政治

居于农耕文明和宗法社会之上的,是中央集权的皇帝制度和官僚政治。从基本人权看,中国古代主要是皇帝、贵族和士大夫阶层拥有政治权利。秦汉以后,皇帝的权力逐步扩大。隋唐时期,中央集权进一步加强,皇帝用文官限制和削弱贵族的权利。宋代以后,皇权独大,相权衰落。明清时期,贵族和士大夫阶层已无力抗衡君权,君主专制主义中央集权达到巅峰。皇帝高高在上,是天下之主,独揽政权、治权和法权等最高权力。天无二日,家无二主,从其积极方面看,这种制度有利于国家的统一和稳定,但也带来了非常严重的负面后果。由于对皇帝的权力缺乏有效的监督和限制,历史上的

---

① 陈独秀:《东西民族根本思想之差异》,《青年杂志》第 1 卷第 4 期,1915 年 12 月。
② 钱穆:《中国文化史导论》,商务印书馆 1994 年版,第 51 页。

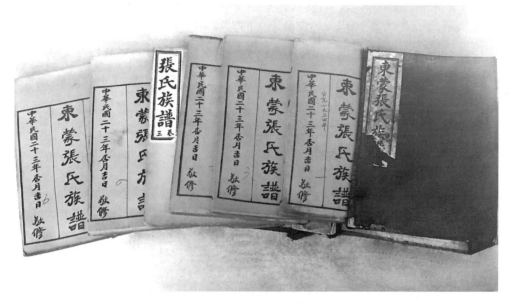

图1—3　山东东蒙张氏族谱

昏君、暴君和独裁者代不乏人。"君叫臣死臣不得不死",君主视臣为家奴、视民为草芥,极权化现象屡见不鲜。

皇帝之下,是全世界最庞大的官僚队伍。秦汉以后,"设官分职,选贤任能",通过察举、征辟、科举等方式选择优秀人才,力图从制度上打破等级世袭和阶层固化,一定程度上缓和了阶级对立,促进了社会稳定和国家统一。也要看到,官僚集团盘根错节,它同时是一个庞大的利益集团。其中一些人虽然来自社会中下层,但入仕以后,以官为本位,惟上是从,成了君主专制统治的工具,而且官官相护,荫子荫孙。学界有人说中国古代是"四民"社会,其实,由官僚与读书人组成的士阶层与农、工、商在身份上并不是平等关系,严格意义上说,是统治与被统治的关系。

(四)　儒学独尊

中国传统文化的主干是儒学。儒学是中国人安身立命之所在。道家、法家、释氏可与它互补,但不能替代它在中国文化中的主干位置。

儒学原系先秦时期诸子学说之一,从汉代起被确立为官方哲学和社会意识形态,从此,儒学独尊,时间长达两千年。儒学借助政治而得到了壮大,政治借助儒学而强化了统治力,双方互为表里。这里举儒学对中国文化影响至深的三项内容。

其一,天命观念。

天命观念,说的是人与神、人与自然的关系。中国人的"天""天命"观念之产生,与农耕文明有关。《吕氏春秋》说:"夫稼,为之者人也,生之者地也,养之者天也。"农耕民族靠天吃饭,人的命运取决于地理环境和气候变化,取决于大自然是否风调雨顺。农耕民族对时间和节气的认知,有赖于对天象特别是星象的观察和测量,"观象授时",产生了天文、历法。从科学的角度来看,中国以农立国,古人的天道学说中包含了天象、节气、历法等方面的知识,有一定的科学合理性。中国古人所说的"天""帝""上帝",通常指的是人格化的掌管包括雨水、大自然和人类命运在内的最高神。中国人很早就有了敬天畏天的观念。商、周时期,人们已认识到命运并非一成不变,提出了"天命无常"、"惟德是辅"的思想,通过敬德、明德来"祈年永年",求上天保佑有一个好年景好收成。到了汉代,董仲舒把五德终始说融入儒家思想,创立了天人感应说,为君主集权统治服务。儒家学说既主张君主乃真命天子,代表上天统治人民,又告诫君主"民为邦本"、"天视自我民视,天听自我民听",要重视民心,实行仁政、德治,方有利于统治稳定。

其二,人伦观念。

人伦观念,处理的是人与人的关系。中国古代,人与人的关系主要有五种,即"五伦",包括君臣、父子、夫妇、兄弟、朋友五种关系。与西方有别,这五种关系以家族为本位,父子关系居于首要地位,其次是兄弟、夫妻关系,君臣关系是父子关系的延伸,朋友关系是兄弟关系的延伸。《孟子》说:"使契为司徒,教以人伦,父子有亲,君臣有义,夫妇有别,长幼有序,朋友有信。"亲、义、别、序、信,要求双方共同遵守,权利与义务是对等的。《礼记》也有相近说法。《礼记·大学》篇说:"为人君止于仁,为人臣止于敬,为人子止于孝,为人父止于慈,与国人交止于信。"《礼记·礼运》篇说:"何谓人义?父慈子孝,兄良弟悌,夫义妇听,长惠幼顺,君仁臣忠,十者谓之义。"先秦时期儒家学说的主流,是主张双方各尽其责,实现家族和社会的团结、和谐、有序。汉代以后,儒学成为官方哲学,服务于皇权,情况有了明显变化,董仲舒在《春秋繁露》中明确提出了"三纲"之说。东汉时成书的《白虎通义·三纲六纪》篇总结汉代经说,强调"三纲"中君、父、夫居于主导地位,臣、子、妻居于服从地位,强化了礼教色彩和等级秩序。从此,"三纲"成为历代统治者维护秩序的最高准则。宋代以后,君权日张,经理学家阐释,纲常伦理等同于"天理","三纲"之义演变为臣对君、子对父、妻对夫的绝对服从。由此说,中国古代社会最终走向专制主义,不能说与儒家的鼓吹没有关系。

其三,大一统观念。

　　大一统观念,解决的是群与群之间的关系。中国人的大一统思想源于
"天下一家"的观念。至迟在周代,"天下"意识已经产生。儒家典籍《周
书》《周易》《周礼》《左传》《礼记》等,对"天下"都有明确记载。周人意象
中的"天下",大约相当于当时人心目中的文明世界。"天下一家""天下为
公""天下大同"等说法,体现了中国古人追求和平、安定、团结的共同心理。
《大学》说"修身、齐家、治国、平天下",这里的"天下"已具有实体意义。
《孟子》说"天下定于一",已蕴含大一统的思想。中国历史上,无论盛世还
是乱世,无论帝王还是平民,无一例外,以一统为大,以追求国家统一、反对
国家分裂为共识。大一统思想,不仅指政治上、疆域上的统一,而且强调文
化的交汇融合。一方面,秉持华夏中心主义,以华夏族的文化为标准,坚持
华夷大防和以华变夷的原则;另一方面又具有灵活性,认为华夏人接受了夷
人的风俗习惯,就是夷人了,夷人接受了华夏文化,就属于华夏族了,"华夷
一家",双方是互通互融的。文化认同进而推动了国家的统一和民族的融
合。中华民族历久弥新,不断发展壮大,与大一统思想有着密切关系。当
然,大一统思想也有其消极的一面。董仲舒说:"《春秋》大一统者,天地之
常经,古今之通谊也。……臣愚以为诸不在六艺之科、孔子之术者,皆绝其
道,勿使并进。邪辟之说灭息,然后统纪可一而法度可明,民知所从矣。"[1]
自汉代起,儒术独尊,排斥异端,天下学术"一统乎天子",这在一定程度上
钳制了思想,限制了学术和文化的创新。

　　要说明的是,今天我们主张以平等的眼光和科学的精神来看待儒、释、
道,但从历史实际看,儒、释、道并不处于平等的地位,儒学独尊,释、道被视
为异端。经、史、子的地位也是不平等的,经学独尊,史学低经学一等,儒家
之外的诸子学说则受到排斥和打压。换言之,儒学在中国古代文化中居于
主干地位,发挥了更大作用;当然,也意味着儒学与古代政治结合更为紧密,
需要对历史负有更大责任。

---

① 　班固撰、颜师古注:《汉书·董仲舒传》,中华书局 1962 年版,总第 2523 页。

以上所述是中国传统文化的基本框架。这是我们认识近代文化的前提和参照。

二、叠加的危机

中国传统文化源远流长,底蕴深厚,生命力顽强。近代以前,虽然也曾出现过波折和危机,但均渡过了难关,没有伤及中国文化的根本。鸦片战争前后,在西方文化的强力冲击下,一些中国士大夫逐渐对传统文化失去了信心,中国传统文化陷入了前所未有的危机。不过,从根源上说,这场危机不是中国文化遭遇西方文化后才产生的,也不是某一具体方面的危机,而是一场叠加的、全方位的农耕文明的危机。

"冰冻三尺,非一日之寒。"鸦片战争前后中国社会出现危机,是长期积累的结果。即便就其近者,也可追溯至乾隆年间。

我们在史书上经常看到所谓的"康乾盛世""乾隆盛世"等说法,纵向地看,乾隆时期的确是一个社会相对繁荣稳定的历史阶段。

第一,清朝的疆域在乾隆时期达到了最大。1759 年(乾隆二十四年)平定准噶尔叛乱之后,中国陆地面积达到了 1380 万平方公里。而且,中央政权对边疆地区实现了有效的政治管辖和军事控制,而不是像汉唐时期采取羁縻政策。

第二,中国的人口总数创造了历史纪录。中国的人口在明朝万历年间达到 1.5 亿。[1] 清初因战乱等原因,人口一度减少。[2] 康、雍、乾年间,中国人口持续增长。1741 年(乾隆六年),全国在册人数 1.4341 亿;1762 年,超过 2 亿;1790 年,达 3.01 亿;1794 年,达 3.1328 亿。[3] 人口虽然大幅度增

---

① 何炳棣:《1368—1953 中国人口研究》,葛剑雄译,上海古籍出版社 1989 年版,第 262 页。

② 见葛剑雄主编,曹树基著:《中国人口史》第 5 卷(清时期),复旦大学出版社 2001 年版,第 17、51 页。

③ 见何炳棣:《明初以降人口及其相关问题(1368—1953)》,中华书局 2017 年版,第 331—332 页。

长,但由于土地开垦面积有所增加,加上甘薯和玉米等农作物的引入和推广,中国人的平均生活水平并没有明显下降。

第三,中国的经济总量位居世界第一。按照英国当代经济学家麦迪森(Angus Maddison)的估算,康乾时期,中国是世界上最大的经济体。1700 年(康熙三十九年),中国的 GDP 约占全世界总量的 22.3%,1820 年(嘉庆二十五年),约占全世界的 32.9%。①

第四,乾隆朝纂修的《四库全书》,是中国历史上规模最大的一部类书。全书接近 8 万卷,超过 9 亿 9 千万字。这在一定意义上可以说明中国文化的发展水平。

第五,乾隆做了 60 年皇帝,之后又做了 3 年多实权在握的太上皇。他的实际统治时间长达 63 年零 4 个月,时间之长居世界统治者之首,而且保持了中央政权的基本稳定。这在世界历史上是罕见的。

综合这五条,有理由认为,乾隆帝统治下的中国,处于一个"盛世"。不过,这是一面之词。所谓的"盛世"之说,多是出于帝王的自我陶醉和自我标榜,或是出自那些讨好帝王者的歌功颂德和拍马溜须。

历史的实情是,不晚于乾隆中后期,社会已陷入重重危机。

(一) 王朝危机

乾隆帝为实现四海安宁,连年用兵,所付出的代价惨重。他一生中打过十场大的战争,自称"十全武功":"十功者,平准噶尔二,定回部一,打金川为二,靖台湾为一,降缅甸、安南各一,即今之受廓尔喀降(降服廓尔喀是两场战争),合为十。"所谓"十全武功",不过是乾隆帝的自夸。

从财政状况看,两次大规模用兵金川,据魏源在《圣武记》中的记载,耗用库银就超过 7000 万两,有人甚至将平定大小金川看作清朝由盛转衰的标

---

① [英]安格斯·麦迪森:《中国经济的长期表现》,伍晓鹰、马德斌译,上海人民出版社 2016 年版,第 39 页。

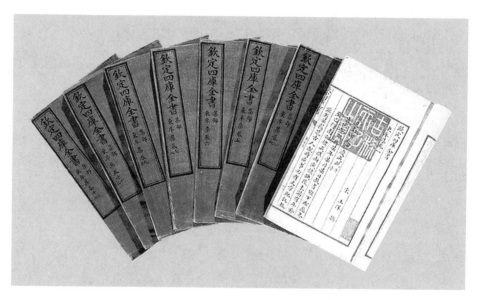

图 1—4 《钦定四库全书》书影

志。① 西北地区平定准噶尔部等的叛乱,耗银 3300 万两。② 两次南征缅甸,耗银 910 万两。用兵安南,耗银 600 万两。有学者统计,乾隆一朝军费支出至少在 1 亿 2000 万两以上。当时国库每年收入约 3000 万两,"十全武功"的开支相当于国库 4 年收入的总和。

社会的繁荣稳定,滋生了骄奢淫逸之风。乾隆帝喜好巡游四方,游山玩水。他 5 次西巡五台山,4 次东谒三陵,6 次南巡江浙,6 次到曲阜。所至之处,铺张豪华,耗费巨大。他还喜欢大兴土木,修建园林,民众不堪其累。避暑山庄所在地承德,有这样一首民谣:"山庄皇帝真避暑,热河地方民受苦。"③乾隆后期,财政已是入不敷出。

官员贪污腐败严重。乾隆帝身边的人,一面迎逢圣上喜好,一面中饱私囊,大肆敛财。"内有聚敛之臣,外有贪黩之吏。"④他们全然不顾民生疾苦。乾隆帝的宠臣和珅,权倾朝野,朝廷内外都知道他是个大贪官。这样一个巨贪,却一直活得很自在,"有人治,无法治",因为他得到了乾隆帝的保护。直到乾隆帝死后,嘉庆帝才敢将其治罪。民间有"和珅跌倒,嘉庆吃饱"之说。⑤ 有学者估计,和珅被抄没的家产值银 2.2 亿两。⑥《清稗类钞》则称达到 8 亿两。⑦ 根据现存档案,和珅倒台时,除被充公的各处花园住宅外,共查抄出银 300 多万两,黄金 3.2 万两,各处田地 10 万亩,各处收租所用房屋 1 千余间,当铺、银号多处,以及各色珍宝、衣物等,其家产总值近 1 千万银两。⑧ 吏治腐败,积重难返,继任者嘉庆帝已无回天之力。

人口问题。清代的人口问题,康雍之际已露出端倪,但真正因人口问题而造成社会压力,是在乾隆朝。中国人口在 1741 年(乾隆六年)为 1.4 亿,

① 魏源:《乾隆再定金川土司记》《圣武记》,《魏源全集》第 3 集,岳麓书社 2004 年版,第 302 页。
② 战争持续至 1758 年(乾隆二十三年)才宣告结束,长达近 70 年。
③ 清代官史研究会编:《清代官史论丛》,紫禁城出版社 2001 年版,第 276 页。
④ 白蕉:《〈嘉庆和坤档案〉序》,《白蕉文集》,东方出版中心 2018 年版,第 260 页。
⑤ 徐珂:《清稗类钞》(第 12 册《讥讽》(上),商务印书馆 1917 年版,第 38 页。
⑥ 朱子彦、陈生民:《朋党政治研究》,华东师范大学出版社 1992 年版,第 207 页。
⑦ 徐珂:《清稗类钞》(第 12 册《讥讽》(上)),商务印书馆 1917 年版,第 38 页。
⑧ 李国荣主编:《清宫档案揭秘》,中国青年出版社 2007 年版,第 106 页。

图 1—5　乾隆《御笔十全记》书影

到 1794 年则达到了 3.1 亿,增长了 2.3 倍,增长速度之快、人口之众,这是历朝历代所没有的。① 而可耕地的面积却远远落后于人口增长的幅度。中国的耕地在 1661 年(顺治十八年)有 5.49 亿亩,到 1833 年(道光十三年)增加到 7.37 亿亩,仅增长了 35%。其间,从 1812 年(嘉庆十七年)至 1833 年(道光十三年),由于自然灾害,耕地面积一度出现了负增长,人均耕地面积下降到了 1.86 亩。② 道光以后,中国人口又有所增长。1834 年(道光十四年),中国人口突破 4 亿。③ 1851 年(咸丰元年),人口达 4.3 亿,这是晚清时期中国人口的峰值。④ 从整体上说,落后的农业生产能力,已不能解决 4 亿多人口的生存需求。突破落后的自然经济,提高生产能力,是中国人的迫切需要。

由吏治腐败、人口问题,必然会衍生出流民、秘密结社等问题,农民起义、社会动荡在所难免。中国仍然没有逃脱孟子所说"一治一乱"的魔咒。

(二)"民 变"

乾隆帝留给嘉庆帝最烫手的遗产是"民变"。直至清朝灭亡,"民变"一直没有消停。

1796 年(嘉庆元年),在川、陕、楚三省交界地带,爆发了声势浩大的白莲教起义,史称"川楚教乱"。这场起义前后持续达 9 年之久,参加者有数十万之众,波及四川、陕西、湖北、河南、甘肃五省。清政府前后征调 16 省的数十万军队,投入 2 亿两白银,才将起义镇压下去。⑤

1813 年(嘉庆十八年),发生了由林清策划的攻打紫禁城的天理教事

---

① 见何炳棣:《明初以降人口及其相关问题(1368—1953)》,中华书局 2017 年版,第 331—332 页。

② 孙毓棠、张寄谦:《清代的垦田与丁口的记录》,《清史论丛》第 1 辑,中华书局 1979 年版。

③ 李文治编:《中国近代农业史资料》(第 1 辑),生活·读书·新知三联书店 1957 年版,第 8 页。

④ 葛剑雄主编,曹树基著:《中国人口史》第 5 卷(清时期),复旦大学出版社 2001 年版,第 832 页。

⑤ 魏源:《嘉庆川湖陕靖寇记八》《圣武记》,《魏源全集》(第 3 集),岳麓书社 2004 年版,第 440—441 页。

件,史称"癸酉之变"。林清打着天理教的旗号,利用教徒中的宫中太监作为内线,趁嘉庆帝赴承德避暑的时机,策划并发动了偷袭紫禁城的事件。嘉庆帝由承德返京途中,得知此事,大惊失色,连呼此乃"汉唐宋明未有之事"。① "汉唐宋明未有之事",说明最高统治者已看到了问题的严重性。

继此之后,1832 年(道光十二年),张丙率众在台湾嘉义县起事。1842年(道光二十二年),湖北崇阳农民在钟人杰领导下起义。1849 年(道光三十九年),天地会首领李元发率众在湖南起义。

进入咸丰朝,农民起义风起云涌,已成不可阻挡之势。1851 年(咸丰元年),洪秀全领导的太平天国农民战争爆发。这场战争长达 14 年,席卷大半个中国,是中国历史上规模最大、人类历史上死伤最为惨重的战争之一,总伤亡人数估计在 2000 万至 7000 万人,有学者认为死亡人数超过了两次世界大战的总和。② 同一年,贵州各地民众接连起义,参加者达百余万人,持续时间更长,达 18 年。

1853 年(咸丰三年),福建小刀会起义、山东文贤教起义相继爆发。同年,安徽、河南、山东等八省发生捻军起义,持续了 16 年。

1854 年(咸丰四年),天地会首领陈开、李文茂在广东省领导红巾军起义。

1860 年(咸丰十年),黔西北爆发苗民起义,持续了 8 年时间。

农民的抗争和起事,此起彼伏。这是中国社会最基层、最底层发出的怒吼。根基不牢,地动山摇。如失火的老宅,清王朝忙于救火,被拖得精疲力竭。在此时刻,西方列强打了过来。

---

① 《嘉庆十八年九月庚辰诏》,《清仁宗实录》第 274 卷,第 9 页,见《仁宗睿皇帝实录(四)》,《清实录》第 31 册,中华书局 1986 年影印版,第 723 页。

② 葛剑雄、侯杨方、张根福认为太平天国直接造成的过量死亡人口达 7000 万,总死亡人口数量则更巨。见葛剑雄、侯杨方、张根福:《人口与中国的现代:1850 年以来》,学林出版社 1999 年版,第 109 页。李中清(James Lee)、王丰(Feng Wang)、王国斌(Bin Wong)、雷伟力(William Lavely)等学者不完全认可曹树基等学者的结论,认为应当审慎对待危机死亡率对人口增长的长期影响。

（三）文化和文明的危机

从形式上看,乾隆以降所出现的是王朝危机,其实已蕴含着深刻的文化危机和文明危机。

第一,中国作为第一大经济体,为何没有产生科技革命,且很快沦为了半殖民地国家?

有不少学者强调中国在 18 世纪是世界上第一大经济体,要追问的是,作为第一大经济体,为何没有产生科技革命? 而且,非但没有产生科技革命,反而很快沦为了一个半殖民地的国家。这是为什么? 我个人认为,首先,乾隆时期的中国是世界第一经济体,这是就经济总量而言的,而不是人均产值。就生产力而言,尽管生产技术在这一时期有所进步,但进步主要是在技巧层面,是局部的修补和改善,靠的是精耕细作。究其本质,仍然是在传统的农耕文明中打转,生产效率并没有显著提高,生产工具和生产资料没有实质性变化,矿物能源和金属材料的开发和利用处于低级水平。其次,从财富积累角度看,社会财富的增多因为人口的增长而摊平,没有剩余财富可以供养知识阶层创新,进而带来脑力劳动和体力劳动的二次社会分工。国家靠专制集权所积累的财富则主要用在了消费,供统治者享受生活,用在了修建宫殿园林、穷兵黩武和社会控制,而没有用来扩大再生产。落后的生产力和奢靡之风,不可能带来生产方式的根本性突破,尽管江南等少数地区在经济上取得了新进展。

况且,中国人从上到下还沉浸在"天朝上国"的心态中不知自拔,以自我为中心,并不真正了解中国以外的世界。著名的例证无疑是 1792—1793 年的马戛尔尼使华事件。英王特使马戛尔尼率团访问中国的目的,是要求中国开放港口,改善贸易条件。为示友好,他们带来的礼物多达 600 箱,其中不乏西方近代最新的科技发明,有蒸汽机、棉纺机、榴弹炮、迫击炮等的模型,还有一些新式仪器,如天体运行仪、地球仪等。但中国的官员对此非但没有表现出兴趣,反而嗤之以鼻,从而失去了一次认识和了解西欧社会特别是近代科技的机会。马戛尔尼访华23年之后,1816年(嘉庆二十一年),英国又派阿美士德访问中国,想与中国建立外交和贸易关系。但清政府一些人甚至认为,英国是想做中国的藩属国。在会见过程中,双方再次因跪拜礼仪等问题发生争执,不欢而散。

我认为这些都是必须正视的。中国文化有其开放的一面,但也有其盲目自大、闭目塞听的一面。造成这种状况的原因,有内因,有外因,更多情况下是内因起了决定性作用。今天,我们批判西方中心主义,但中国人沿袭数千年的中国中心主义同样值得认真反省。

人多并不一定意味着力量大。人多若不能拧成一股绳,形成合力,那就如同一盘散沙,不堪一击。落后的生产力和生产方式,落后的国家和社会治理能力,落后的思想观念和文化水平,这是客观事实。当时的中国纵然是世界第一大经济体,今天看来,沦为他人的半殖民地并不奇怪。

第二,中国人转奉外来宗教问题。

"民变",反映了一个政府的向心力和国家的治理能力,从中可以看出一个文化的盛衰。"水能载舟,亦能覆舟。"民心向背对政权而言有决定性意义。历史上,每当民变四起,社会陷入动荡,往往也是作为官方哲学的儒学,其可信度和吸引力大为衰落之时。而且,组织者动员民众时所借助的民间宗教、秘密宗教和迷信活动等,无一例外,源于本土。就其性质而言,属于中国传统文化内部的斗争。值得注意的是,太平天国起义所利用的宗教不是完整意义上的本土宗教,而是中外宗教和迷信的混杂品。太平天国所宣扬的奉天承运、替天行道,这里的"天"已不是本土的"天",而是中外非理性因素杂交的"上帝教"、"皇上帝"。

历史如同讽刺剧,土生土长的中国农民令人匪夷所思地变成了上帝的信徒,成了为上帝而战的斗士。50年后,剧情再次反转,一批北方农民利用本土的宗教迷信,加入反对上帝信徒的战斗中。这是后话。

1823年(道光三年),来华新教传教士马礼逊(Robert Morrison)将圣经译成中文。帮助他印刷圣经的印刷工梁发按自己的理解,将该书改编成了一本小册子,起名《劝世良言》。约在 1836 年,阴差相错,科举考试失意的洪秀全获得此书。受书中教义启发,洪秀全由儒教的信徒,皈依了上帝。他变成了反对儒家文化、反对大清政权的上帝信徒。洪秀全混合外来宗教和本土宗教迷信,创立了"拜上帝教",掀起了轰轰烈烈的太平天国运动。这场运动差点颠覆了清王朝。

洪秀全及其领导下的太平天国对儒家学说和孔子权威表现出极大蔑视。"敢将孔、孟横称妖,经史文章尽日烧。"①孔孟之道被太平天国宣布为歪理邪说。太平天国的官方文件宣布:凡一切孔、孟、诸子百家等邪说妖书,尽行焚除,皆不准买卖藏读,否则问罪。② 太平天国专门成立了删书衙,有组织地删改儒家典籍。太平天国的印书《太平天日》甚至编造了一个皇上帝训斥和鞭挞孔子的故事。太平军所到之处,焚毁学宫,烧毁孔庙中的圣像,他们甚至将孔庙改作马厩,任意践踏。③

历史上犯上作乱、假借宗教迷信起事者,并不罕见。破天荒的是,原为儒教信徒的洪秀全改奉异教,并用外来的宗教团结人心。太平军在利用外来宗教反对清政权的同时,反对中国数千年来所信奉的正统教义,这是中国历史上前所未有的事情。就此而言,太平天国的叛乱构成了双重背叛,既背叛了皇帝,也背叛了孔子,从而造成了中国社会的双重危机。正如曾国藩所言:"士不能诵孔子之经,而别有所谓耶稣之说、《新约》之书。举中国数千年礼义人伦、诗书典则,一旦扫地荡尽。此岂独我大清之变,乃开辟以来名教之奇变,我孔子、孟子之所痛哭于九原! 凡读书识字者,又乌可袖手安坐,不思一为之所也。"④所谓"大清之变",是指清王朝的政治统治危机;而"名

① 《山曲寄人题壁·禁孔孟书》,见太平天国历史博物馆编:《太平天国史料丛编简辑》(第 6 册),中华书局 1963 年版,第 386 页。
② 《诏书盖玺颁行论》,见中国史学会主编:《太平天国》(一),"中国近代史资料丛刊",神州国光社 1952 年版,第 313 页。
③ 张德坚:《贼情汇纂》,见中国史学会主编:《太平天国》(三),"中国近代史资料丛刊",神州国光社 1952 年版,第 327 页。
④ 曾国藩:《讨粤匪檄》,《曾国藩全集·诗文》,岳麓书社 1995 年版,第 232 页。

教之奇变",则实为中国传统文化的危机。作为官方哲学和社会意识形态的儒学,已不能维系人心,广大下层民众宁愿皈依外来的宗教。这是真正的中国文化危机。外来宗教与中国下层社会相结合而产生的离心主义,无情地侵蚀着儒家华夷之防的大堤。

第三,中国文化的主体性和独立性问题。

与西方相比,中国文化、中国文明在明清时期进展迟缓。14—19世纪,西方相继完成了文艺复兴运动、工业革命、启蒙运动、资产阶级革命,实现了人类历史上伟大的飞跃;而此期的中国人却依然自以为是,自居"天朝上国",过着鹅行鸭步、田园牧歌般的生活。即便同样付出血与火的代价,性质也截然不同。

1644年,农民起义领袖李自成宣布登极。他的目标仍然是改朝换代,要求皇帝轮流做,如是而已。同一时期,克伦威尔发动了英国资产阶级革命。相比之下,克伦威尔的革命不是因饥寒交迫而起,也不是为了争夺皇位,而是要改变政治制度,建立一个自由、民权的国家。

1789年,法国爆发资产阶级革命,革命党人攻克巴士底狱。他们勇敢地为资产阶级的自由平等和法治精神而战,《人权宣言》是这场革命的说明书。而此时中国数以万计的白莲教徒,却在念着"反清复明"的咒语,寄望"无生老母"和弥勒佛祖,帮助夺回汉人的天下。

文明的落差难道还不够分明吗? 中国人实在没有理由为"乾隆盛世"是世界第一大经济体而沾沾自喜。

由此观之,乾隆帝在给英王的敕书中所写天朝"无所不有","从不贵奇妙",乾隆的臣子、著名学者俞正燮视西方科技为"鬼工",也就不足为奇了。

在鸦片战争中,英国人以少胜多,英军最多时不过2万人,却打败了以逸待劳、数十倍于己的清军,这确实令人难以接受。不过,如果考虑到英国人使用的是代表19世纪先进水平的科技和武器,而中国人的武器和思维方式仍停留在17世纪,那么,也就不难理解中国人为何以惨败收场。因此说,鸦片战争的失败不是因,而是果,是中国民族危机和文化危机的总爆发。

令人遗憾的是,第一次鸦片战争虽以失败告终,割地赔款,丧权辱国,但并没有撼动中国人"天朝上国"的优越感。包括最高统治者在内,并未能从中感受到中国主体地位的动摇。夜郎自大,他们继续坚持着华夏中心主义和中国中心主义。

让中国人认识到问题严重性的,是第二次鸦片战争。在第二次鸦片战争中,大清的首都被英法联军攻陷。首都沦陷,这是亡国的象征,终于让朝野上下感受到了震惊和恐慌。他们看到了自己的不足,从而开启了洋务新政。万幸的是,英法联军当时还无力吞并中国,他们想得到的是政治权益和经济利益,所需要的是一纸条约,尽管是不平等条约。第二次鸦片战争后,系列不平等条约的签订,虽不至于亡国,但却给中国相沿数千年之久的儒家礼治秩序和天下体系敲响了丧钟。中国作为宗主国的时代,从此渐行渐远;取而代之的,是西方列强做主的国际规则和条约体系。

与外患相比,当时最让清统治者感到棘手的,是来自内部的太平天国叛乱。清政府将太平天国起义视作心腹之患,因为,太平天国欲取而代之。清政府在满足了列强的条件后,在镇压太平天国起义问题上,双方很快就达成了一致。值得注意的是,当清政府"借洋师助剿",镇压其治下的"乱臣贼子"时,这已然打破了"天朝上国"的虚矫和自信,客观上实已承认中华不如夷,所谓的"华夷大防"破防了。华夏与来自西洋的"夷人"合作,意味着儒家文化所恪守的华夷大防观念被搁置,中国传统文化失去了权威性和自主性。中外联手,华夷合作,这在中国历史上也是破天荒的。一言以蔽之,不平等条约和"借洋师助剿",不仅意味着清政府已无力保护其主权的完整性,意味着王朝危机和民族危机,而且说明中国传统文化已失去其自主能力和独立性,陷入了文化和文明危机。

三、儒学各派的调整与应对

历史具有连续性。儒学作为中国传统文化的主干,在清代中后期仍占据统治地位。那么,面对危机,儒学各派是如何调整和应对的呢?

整体上看,清代中后期,儒学主要有三个派别。

其一,程朱理学。程朱理学是元、明、清三代的官方哲学,占据社会统治地位。满族本是马背上的民族,入关以后不断汉化,康熙帝正式把程朱理学作为统治学说。在清代学术语境下,理学又被称为宋学。例如,《四库全书总目·经部总叙》就将"宋学"与"汉学"并称。

其二,汉学。清代中期,一些汉族士大夫不满于朝廷的御用学说程朱理学,于是到宋代以前的汉代文献中去寻找圣人之道。他们崇尚汉儒,认为汉儒离先秦不远,汉代学术更大程度上符合圣人的原意。因此,他们将他们所从事的学问称为"汉学"。从研究对象看,汉学以古文经学为主。在方法论上,因重视考据,汉学又称作考据学。

其三,今文经学,又叫公羊学。从经学的角度说,狭义上的汉学主要是指东汉的古文经学,不包括西汉的主流学说今文经学。东汉末年以后,今文经书比较完整传世的是解释《春秋》的《公羊传》,其他的大都亡佚了,所以今文经学又被称为公羊学。《公羊传》的作者是子夏的弟子、战国时齐人公羊高。

下面就分别讲述儒学各派在晚清时期如何调整,以应对当时的危机。

(一) 坚守纲常秩序:程朱理学"复兴"

清代中叶,汉学如丽日中天。随着清王朝每况愈下,至道光朝,汉学已经风光不再。汉学从思想内容到治学方法已不能胜任时代的要求,乃至于一些人认为汉学要为社会的衰落负责。

例如,著名学者姚莹就认为,汉学家在书本上讨生活,专注考据,脱离了现实,清朝由盛转衰,汉学家难逃其咎。他在写给朋友的信中说:

> 自四库馆开之后,当朝大老皆以考博为事,无复有潜心理学者。至有称诵宋、元、明以来儒者,则相与诽笑。是以风俗人心日坏,不知礼义廉耻为何事。至于外夷交侵,辄皆望风而靡,无耻之徒,争以悦媚夷人

为事,而不顾国家之大辱,岂非毁讪宋儒之过?①

在此背景下,程朱理学因其与纲常名教的联系更为直接、密切,被作为纾困解难的良药,受到了清统治者的重视,从而出现了所谓的理学"复兴"。理学在晚清的"复兴",主要表现为统治者利用它来宣传纲常名教和道德教化。

程朱理学是清代的官方哲学。从清政府一方看,道光、咸丰朝制定文化政策时,大力强化和提高程朱理学的地位。

道光帝三令五申,要求各级官员"崇儒重道",严格遵循程朱理学,恪守理学规范。他督促各督抚、府尹、学政对地方官员暨各级教职,随时训诫,认真稽查。清廷还诏告各级官吏,切实宣讲《圣谕广训》,不得敷衍。《圣谕广训》以程朱理学为指导思想,核心内容是宣讲纲常名教。

咸丰年间,社会矛盾尖锐,太平天国起义对礼教秩序的冲击,令整个统治阶层惊恐万分。曾国藩称:"此岂独我大清之变,乃开辟以来名教之奇变,我孔子、孟子之所痛哭于九原!"②清廷在武力镇压的同时,加紧采取"崇正黜邪"的对策,继续宣扬程朱理学,加强思想控制。

"理学复兴"突出表现在同治朝。

同治初年,曾任顺天府尹的蒋琦龄上书朝廷,建议"崇正学以兴教化","退孔、郑而进程、朱,贱考据而崇理学"。③ 这里的"正学",即官方哲学程朱理学。他在《中兴十二策疏》中说:"处多世之秋而高谈理学,鲜不以为迂矣。岂知世之治乱,原于人心风俗,人心风俗原于教化,教化原于学术。正学不明,欲以施教化,厚风俗,致太平,必不可得矣。是学术者,政教之本也。"④他强调康熙年间国运昌盛,是由于理学昌明的缘故;同理,乾嘉以降因为不重视理学,所以造成了江河日下的局面。蒋的奏陈得到了清廷的重

① 姚莹:《复黄又园书》,《东溟文外集》卷1,同治六年安福县署刻本,第34页。
② 曾国藩:《讨粤匪檄》,《曾国藩全集》第7册,中华书局2018年版,总第4771页。
③ 朱克敬:《儒林琐记·雨窗消意录》,岳麓书社1983年版,第53页。
④ 朱克敬:《儒林琐记·雨窗消意录》,岳麓书社1983年版,第51—52页。

视,同治帝要求各直省切实加强程朱理学的宣扬与教化。

同治年间,程朱理学的社会地位有所提高,理学人才得到了重用。

在文治方面,庙堂之上,宗主理学的倭仁、李棠阶、李鸿藻、徐桐、吴廷栋等理学名臣,相继荣登权要。倭仁、李鸿藻被选为了同治帝的师傅。1862年,即同治元年,倭仁在短短 8 个月中,先后晋升工部尚书、同治帝师傅、翰林院掌院学士、协办大学士、大学士、户部尚书、文渊阁大学士。李棠阶、吴廷栋也在这一年被调入京城,受到了重用。李氏升任大理寺卿,后又擢升为礼部侍郎、左都御史、署户部尚书。吴氏相继担任大理寺卿、刑部右侍郎、署户部左侍郎等职。同治帝的其他几位师傅如李鸿藻、徐桐、翁同龢,也都以坚持程朱理学著称。理学名儒同时荣登权要,这在晚清政治史上是第一次,在整个中国理学发展史上也不多见。

倭仁等人担任要职后,大力宣传程朱理学和道德教化,强化纲常名教,维持儒家的社会等级秩序,在朝廷刮起了一股清流之风。倭仁任翰林院掌院学士,制定了《翰林院条规》六条,培养正学风气。对外,倭仁则表现出了极端的华夏中心主义,坚称"忠信为甲胄,礼义为干橹",坚守华夷大防,排斥西学,反对洋务运动。

武功方面,曾国藩集团因镇压太平天国起义而受到朝廷重用。曾氏集团是当时最大的地方实力派。咸丰末年,曾国藩任两江总督,权倾东南,隐掌半壁江山。曾国藩治军并不全靠理学,但以理学经世、以理学治军却是他的特色。曾国藩、胡林翼、罗泽南等人带兵,注重说教,向士兵大肆宣讲程朱理学,灌输忠君思想。他们认为,要想改变当时礼崩乐坏的局面,就必须重视用理学教化民众,争取地主士绅的支持。他们与太平天国展开思想战,所到之处,刊刻儒家书籍,恢复学宫和文教事业,重建礼义秩序。曾氏集团治军理政,注重发挥程朱理学的教化作用,收到了一定效果。

简言之,社会危机引发了清廷和士大夫对伦常秩序的重视,推动了理学"复兴";而理学"复兴",反过来强化了士绅和士大夫阶层的纲常名教观念,增强了他们对清廷的向心力。程朱理学,成了清廷战胜起义军的工具;宗主理学的人士,则扮演了卫道士的角色。

客观地说,清廷提倡程朱理学,对维护其统治起到了一定作用。乃至有人把程朱理学与镇压义军、"自强新政"联系在了一起,认为"同治中兴"得力于"理学复兴"。的确,通过曾国藩、倭仁等的身体力行和事功建树,程朱理学在时人心目中的形象有所改观,但对此不能夸大。所谓的"同治中兴"和"理学复兴"如同回光返照,无论是清朝的国运,还是理学的颓势,并没有根本性改变。同治末年,倭仁、曾国藩相继去世,程朱理学迅速衰落下去。

光绪、宣统年间,程朱理学没有任何起色。宗主理学的人士无视时代大潮,依旧是株守纲常名教和华夷大防,笃守理学往往与顽固守旧联系在了一起。清朝末年,虽然清廷仍在大力提倡理学教化,但理学已被进步人士所唾弃,真心宗奉者明显变少。即便在士子心目中,程朱理学的地位也是一落千丈。据《道学渊源录》记载,成孺在湖南校经书院讲学,举宋儒之说,竟引起诸生哄堂大笑。① 陕西名儒贺瑞麟也指出,举子们自幼攻读程朱之书,实则,他们对理学并不感兴趣。他还观察到,"匪惟昏愚无知之徒懵然不知道学为何事,即学士大夫例以此二字为大忌,不敢出诸其口。"②可见,程朱理学已没有多少号召力,连读程朱之书的士人对它的内容也不再相信。程朱理学没有能力解决社会危机。

综上,清廷和理学人士应对危机的对策是保守治疗,抱残守缺,株守程朱教条,向民众宣扬纲常名教,梦想恢复程朱理学的地位和原有的统治秩序。但现实是残酷的,它既没有能够救得了大清,也没有能够救得自身。1912年,民国建立,大清灭亡,程朱理学一落千丈,失去了官方哲学的统治地位。

在此要补充说明的是,程朱理学对普通民众具有广泛的影响力。

程朱理学是统治阶级的,也是被统治阶级的。作为意识形态,程朱理学

---

① 黄嗣东:《杜贵墀》,《道学渊源录》卷一百,1930年铅印本。
② 贺瑞麟:《重刻文庙通考序》,《清麓文集》卷2,见王长坤、刘峰点校整理:《贺瑞麟集》(上册),西北大学出版社2015年版,第59页。

不仅受到官方重视,而且在民间有众多支持者和追捧者,有广泛的民意基础。换言之,由于统治者的长期灌输,它已沉淀为中国人文化心理的一部分,在道德、伦理、信仰等层面形成了集体无意识。

这从各地的方志可见一斑。晚清时期,全国各地的方志无不把表彰程朱理学及其道德伦理作为首要职责。从方志内容看,晚清时期所收录的忠、孝、节、烈人数有大幅度的增长。这意味着:广大普通民众并未因社会危机的加剧在短时间内突破纲常名教的桎梏,丧失对儒家道德伦理的信仰。相反,在各种因素的复杂作用下,特别是在政府和理学人士的教化下,社会危机却反过来强化了他们的思想信仰,不少人甘愿为纲常名教做出牺牲。尽管程朱理学并不等同于封建道德伦理学说,但却是后者最为主要的理论来源,正如理学人士所说:"性命之理,著落在君臣、父子、夫妇、兄弟、朋友其中。"①程朱理学与宗法制度、道德伦理是绑在一起的,这是程朱理学最为本质的特征。从中亦可见,儒家文化与近代新文化之间存在严重的矛盾,近代新文化传播的社会阻力之大。这一点,后面会展开讲。

(二) 汉学在衰落中延续

与清代中叶相比,汉学在晚清时期明显衰落。乾嘉时期"家家许、郑,人人贾、马",这样的盛况一去不返。

究其原因,这一方面是由于时代的变迁,特别是汉学自身的弊端所致。道光以后,社会危机四伏,亟需寻找解决方案,而汉学末流碎片化严重,学者埋头从事考据,严重脱离了现实,不可能提供有效的解决方案。另一方面,程朱理学、今文经学的"复兴",尤其是西方文化的传入,削弱了古文经学的影响,降低了它的社会地位。

要强调的是,汉学是盛极而后衰,其流风余韵在一定时间内依然存在。晚清时期,新学才露尖尖角,传统学术的势力仍然强大。其中,汉学拥有广

---

① 倭仁:《日记》,《倭文端公遗书》卷4,光绪二十年山东书局重刊本(影印电子版),第41页。

泛的社会基础,并在某些方面随着时间的推移而又有缓慢的进展,取得了新的成就。

就地域而言,汉学由中心向周边辐射和传播,涉及的范围有所扩大。中国是个幅员辽阔的国家,社会和文化发展很不平衡。乾隆年间,以苏州、徽州为中心,形成了著名的吴、皖两派,惠栋、戴震及其后学,把汉学研究推向高峰;当时的边远省份,汉学名家却较为少见。道光朝以后,汉学在苏州、徽州地区有所衰落,而福建、湖南、广东、贵州、四川等地在原有程朱理学的基础上,出现了兼采汉学的现象,甚至出现了一些专门研究汉学的学者。

例如,湖湘地区素有讲究理学的传统,宋儒朱熹、张栻等曾在此讲学。晚清时期汉学传入后,该地出现了一些制行宗宋学、治经宗汉学的名儒,如邹汉勋、王先谦、叶德辉、罗汝怀等。

再如,岭南地区的汉学在清代中叶并不发达,嘉庆以后,在阮元、郭嵩焘、张之洞等督抚的大力提倡下,取得了长足进展。阮元督两广,建立了学海堂。同时,他荟萃全国人才,开局编纂《广东通志》《皇清经解》。在他主持下,广东成为全国汉学重镇之一。光绪中叶,张之洞督粤,建立了广雅书院、广雅书局,讲学、刻书以汉学为主,推动了汉学研究。

作为清代汉学的发祥地,江苏、安徽、浙江地区的学术虽比不上乾嘉时期,但从整体上看仍取得了一定的进展。在人才培养方面,薪火相继,未曾中断。段玉裁培养出了龚丽正、沈涛、马寿龄、陈奂等一批著名弟子,其中,陈奂又培养出了陈倬、马钊、戴望、李善兰等一批著名学者。戴震的弟子卢文弨,培养了臧庸、丁履恒、李兆洛等学者,其中,李兆洛又培养了蒋彤、薛子衡、夏炘如等学者。

当时还出现了一些学术世家,比如,仪征刘文淇、刘毓崧、刘寿曾、刘师培祖孙四代,在《春秋左氏传》研究方面取得了突出成就。宝应的刘氏也以汉学传家,刘宝树、刘宝楠兄弟及宝楠次子刘恭冕,他们的《论语》研究集前人之大成。浙江地区,则涌现出了黄式三、黄以周父子,钱仪吉、钱泰吉兄弟,以及俞樾、孙诒让、章太炎等一批著名学者。

图1—6　俞樾像

简言之，苏、皖、浙与全国其他地区的学者一起，承接乾嘉汉学的薪火，在《诗经》《礼经》《春秋》等经学和小学领域取得了新的成就，其中有些成果甚至可以与乾嘉时期相媲美。今天看来，这些成果对于传承和发展中国传统文化，起到了十分重要的作用。其中像章太炎、刘师培等一些学者，承前启后，担当了传统学术向近代过渡的桥梁。

晚清时期，汉学之所以能够延续，并有所发展，主要是因为继承了乾嘉汉学的学术传统和学术成果。此外，与以下因素也有关系。第一，汉学拥有广泛的学术基础。程朱理学对于许多读书人来说，是晋身的敲门砖，而不是安身立命之所在。许多读书人钟情于汉学，愿意选择汉学作为名山事业。第二，嘉庆以后，新建了一批专门从事汉学研究的书院，培养了一批汉学人才。如浙江的诂经精舍，广东的学海堂、菊坡精舍、广雅书院，四川的尊经书院等，这些书院的教学重点并不在科举帖括之学，而是以汉学为主。第三，嘉、道之后，经世之学兴起，汉学家开始反思乾嘉学术的弊端，注意吸收宋学善于说理的长处，兼采宋学，丰富了汉学家的思想。第四，清朝末年，甲骨卜辞、敦煌遗书等地下文献相继出土，拓宽了汉学家的眼界，促进了新学问的萌发。

但就整体趋势而言，汉学在晚清时期走上了衰落。汉学由于专门化、书斋化，在古籍里面讨生活，远离了现实，故不断遭到有识之士的批评。汉学家如同老牛拉破车，面对百棘丛生的社会矛盾和民族危机，拿不出办法解决社会难题，更无力与西方文化竞争。甲午中日战争以后，新思潮新文化兴起，传统的汉学与宋学一样，沦为了思想保守的象征，对年轻人不再具有往日的吸引力。

（三）"经术作政论"：今文经学"复兴"：

为应对危机，今文经学在清代中后期出现了"复兴"。

道光朝以后，汉学走向衰落，而今文经学与程朱理学作为重要的学术派别，均有所"复兴"。但二者的情况有所不同。程朱理学是清朝的官方哲学,虽然乾嘉时期受汉学冲击,一度衰落,但其官方哲学的统治地位并没有改变,因此,从某种程度上说,程朱理学在晚清的"复兴"只是相对于其在清代中叶的状况而言。而清代的今文经学则是今文经学自汉代以降历经千年沉寂之后的"复兴"。

今文经学在清代"复兴",主要原因有二。一是现实原因,一些有识之士不满于汉学、宋学现状,认为它们难以有效地解决问题,转而从西汉今文经学中寻找答案。二是学术原因,即考据学由东汉经学向上追溯,追至西汉,必然会触及西汉的主流学说今文经学。

清代今文经学萌芽于乾隆年间,一般认为其创始者是孔广森和庄存与,发扬光大的是庄存与的两个外孙刘逢禄和宋翔凤。因庄氏是常州(武进)人,故学界称之为常州学派。其实,在道光朝以前,常州今文学派的社会影响并不大。晚清时期,各种社会矛盾异常尖锐,今文经学得到了较快发展,出现了几位较有影响的思想家,方扩大了今文经学的社会影响。

清代今文经学的传承,大体如下。

表1—1 清代今文经学传承简表

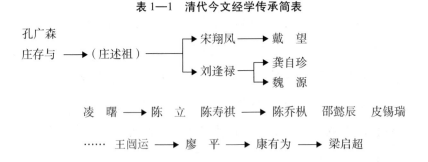

始倡者孔广森、庄存与对汉学和宋学的弊病都有较为深刻的认识,对当时汉学饾饤琐碎、脱离现实的学风尤为不满。他们主张师法汉代的今文经学,摆落名物训诂,直接从《春秋》"属辞比事"、书法条例中寻找圣人的微言大义,用以表达对现实政治的关怀。

庄存与及常州学派的成名,在很大程度上得益于庄氏的两个外孙刘逢禄、宋翔凤。其中，刘逢禄承前启后，是张大今文经学的关键人物。

刘逢禄是嘉庆年间进士，官至礼部主事，著有《春秋公羊何氏释例》《公羊何氏解诂笺》《左氏春秋考证》《论语述何》等。刘氏治学取法汉儒董仲舒、何休，重视阐发微言大义，对《公羊传》多有研究，进而由研治《公羊传》扩及今文经学的全面研究。他论证说：清人所看到的《左传》一书，并不是解释《春秋》的传。他否认古文经学家所宣传的《春秋左氏传》的地位。他不仅怀疑《左传》，而且怀疑古文经学家所依据的其他经书的可靠性，从而开启了全面怀疑古文经学的学风。

道光年间，今文经学传播开来。龚自珍、魏源是代表性人物。他们是刘逢禄的门生，与常州学派有学术渊源，但均非常州人。

龚自珍、魏源借经学阐发对政局看法，将经学研究与讨论时务结合起来，具有强烈的经世致用精神。梁启超将他们的学术风格概括为"以经术作政论"。① 这种学风与汉学家的考据、宋学家的思辨有所不同。龚、魏开启的新学风，是晚清时期今文经学最为突出的特点之一。

龚自珍是汉学大师段玉裁的外孙。1819 年（嘉庆二十四年），龚自珍结识刘逢禄后，由研究汉学改习今文经学。与前人不同的是，龚自珍并未曾对《公羊春秋》本身加以注疏或条例，而是直接发挥前辈所提出的微言大义，作为建言的理论基础，应用于实际政治。如他的《乙丙之际著议》将"三世"解释为"治世、乱世、衰世"，并把历史的治乱与人才问题结合在一起；《五经大义终始论》《五经大义终始答问》则将"三世"说等公羊学的观点附会扩大为《五经》的大义，以《公羊春秋》来统摄《五经》，并将"三世"说上升为一种历史观。这些说法，影响了康有为、梁启超、皮锡瑞等人的学术思想。梁启超在《清代学术概论》中称：龚自珍经常引《公羊传》讥讽时政，诋排专制，光绪年间的新学家，人人均经过崇拜龚氏的阶段。梁启超形容他本人第一次

---

① 梁启超：《清代学术概论》，汤志钧、汤仁泽编：《梁启超全集》第 10 集，中国人民大学出版社 2018 年版，第 271 页。

读龚自珍文集时的感受,"若受电然"①。可见,龚自珍的影响力之大。

魏源的思想具有浓厚的经世色彩,他关心现实政治,主动了解西方,编有《圣武记》《皇朝经世文编》《海国图志》等系列著作。在经学方面,魏源早年所研习的是理学,后来受了刘逢禄的影响,才致力于今文经学研究。他治学的特点有三。其一,治经注重联系实际,通经致用,发扬西汉学者的传统,"以《周易》决疑,以《洪范》占变,以《春秋》断事,以《礼》《乐》服制兴教化,以《周官》致太平,以《禹贡》行河,以《三百五篇》当谏书"。② 他与龚自珍一样,主张"以经术作政论"。其二,主张摆落传注,直求经文,并将研究的重点,转向西汉的微言大义。在这方面,他著有《春秋繁露注》《董子春秋发微》,标举董仲舒的经学传统。其三,不满足于辨析今、古文家法之异同,转而猛烈攻击古文经是伪作,从而造成了古、今文经学的鲜明对立。他的《诗古微》《书古微》就是这方面的作品。这两部书大肆发挥今文经学家的说法,否定古文经学的《诗经》《书经》,助长了"疑经"风气。

稍后于龚、魏而治今文经的学者,有陈立、陈乔枞、邵懿辰等。他们的学风与常州学派有别,长于论学,短于议政,不好发挥微言大义。这里重点介绍邵懿辰。

邵懿辰与龚自珍是同乡。邵氏以治《礼经》闻名。他的《礼经通论》一书,不赞成古文经学派的《逸礼》39 篇之说,认为《仪礼》并非残经,今存 17 篇为完经,即《礼经》;古文经学派所推崇的《周礼》是后人附会出来的。该书还指出,与《礼》相并提的《乐》本无经。这些观点,对当时古文经学派的主流说法,即经秦火后,《礼经》残阙,《乐经》亡佚,形成了有力冲击。廖平称:邵氏《礼经通论》以经本为全,为石破天惊之论。③

---

① 梁启超:《清代学术概论》,汤志钧、汤仁泽编:《梁启超全集》第 10 集,中国人民大学出版社 2018 年版,第 270 页。

② 魏源:《默觚上·学篇九》,《古微堂内集卷一》,《魏源全集》第 13 卷,岳麓书社 2011 年版,第 22 页。

③ 李耀仙主编:《廖平选集》(上),巴蜀书社 1998 年版,第 210 页。

　　至此，古文经学家所主张的《左传》《诗经》《书经》《礼经》《乐经》全部遭到了否定。

　　甲午战争之后，王闿运、廖平、皮锡瑞、康有为是影响较大的人物。

　　王闿运治经尊今文，长于《公羊春秋》《礼记》《尚书》，好谈经世。光绪初年，王闿运先后主讲四川尊经书院、长沙思贤讲舍、衡阳船山书院，促进了今文经学在四川、湖南的传播。王闿运的弟子，比较有名的是廖平、杨度。

　　廖平一生治经多变，代表作有《今古学考》《辟刘篇》《知圣篇》等。其中，《辟刘篇》强调今文经学为孔学的正宗嫡传，主张《周官》是刘歆的伪书，古文经乃刘歆的伪作。《知圣篇》发挥孔子的思想，为现实所用。这两篇文章启发康有为写了《新学伪经考》和《孔子改制考》。

　　皮锡瑞是近代著名的经学家。他因为景仰西汉今文经学大师伏胜，将其居所定名为"师伏堂"，人称"师伏先生"。光绪中叶，公羊学盛行科场，为了迎合考试，皮锡瑞开始留意今文经学，后屡试不第，遂潜心著述讲学。戊戌年间，他参加南学会，宣传变法，遭受党禁。他的著作很多，其中影响较大的，当推《王制笺》《经学历史》《经学通论》。直至今天，这三本书仍是研究经学史的重要参考书。

　　在今文经学派中，如果说皮锡瑞是从学术上做了很好的总结，那么，康有为则把"微言大义"发挥到了极端。1888 年（光绪十四年），康有为参加顺天乡试，并上书光绪帝，请求变法维新，遭到拒绝。两年后，他在广州见到廖平，受廖启发，正式接受今文经学观点，先后写了《新学伪经考》《孔子改制考》，用经学作招牌，宣传变法维新思想。

　　《新学伪经考》刊于 1891 年（光绪十七年），主要是考证东汉以来的经学多出自刘歆伪造。因刘歆曾帮助王莽篡汉，建立"新朝"，故康有为嘲讽其为"新学"。从经学史角度看，该书可谓集清代今文经学派辨伪之大成，不仅继承发挥了自刘逢禄以来驳难古文经学的观点，而且登峰造极，将东汉以来古文经学的绝大部分典籍予以否定。

《孔子改制考》刊于 1898 年（光绪二十四年）。该书不拘于公羊学说书法义例之小节，专求微言大义，发挥"非常异义可怪之论"。该书提出，孔子是神明圣王，是改制教主，《五经》是孔子的作品，《春秋》是孔子为宣传变法改制而作，"三统""三世"说寓藏着孔子创教改制的大义。他还将今文经学家的"三世"说与维新变法、进化理论、民主学说等近代资产阶级思想学说糅合在一起。

客观地说，这两部书的价值主要不在学术方面，它在思想上给中国社会带来了空前的震荡。《新学伪经考》驳斥汉、宋以来人们奉为正统的经书为"伪经"，认为是伪造的，打击了占据学界统治地位的汉学与宋学。这有利于破除时人对于经学的迷信，为变法扫清障碍。《孔子改制考》"旧瓶装新酒"，把孔子改造为托古改制的圣王，把近代的新思想新学说扮成孔子的学说，其目的是借助于孔子的权威，宣传变法维新思想。这两部书在当时影响巨大，梁启超将他们分别比作思想界的"大飓风"、"火山大喷火"。

光绪年间，主张或倾向于维新的梁启超、谭嗣同、夏曾佑、陈千秋、徐仁铸、樊锥等都曾一度赞同过今文经学的观点。他们也主要是发挥微言大义，借今文经学为变法作宣传，附会的成分较多，在学理上并无大的进展。

清朝灭亡后，廖平、皮锡瑞、康有为等人沦为了孔教的拥护者，梁启超等则以孔学的继承者自任，专门的今文经学家已不多见。不过，清代今文经学者所造就的疑古风气却延续了下来，对民国时期的"古史辨"派产生了较大影响。

从应对社会危机的角度看，晚清时期今文经学家的特色比较鲜明，即主动求新，怀疑传统，直接用经学表达对现实的看法。但缺点也非常明显，他们对古文经学的批判和攻击，往往缺乏充足的学理支持，主观臆断的成分较多，这就造成他们的许多观点难以站得住脚，难以让人信服。

综上，清代的儒学各派，无论是程朱理学、古文经学还是今文经学，不过是历史传统的延续，旧学所提供的经验和智慧已然不能应对大变局下的危机和难题。今文经学虽显示出一定的时代活力，但由于它采取了"以经术作政论"的思路，经学沦为了时代的注脚，故在时人眼中，康有为等所讲的今文经学不是中国古已有之的经学了，而是"野狐禅"，并不可信。由此可见，仅靠传统学术，已难以解救中国。

第 二 讲

以礼为主轴看儒家文化的近代命运

"不学礼,无以立。"礼是古人的核心观念和做人规范,关乎从修身、齐家到治国、平天下等方方面面。中国素有"礼仪之邦"、"礼义文明"之称,不识礼不仅难以认清中国传统文化,而且难以理解新文化在近代的兴起和演变。

儒家文化为中国人提供了精神家园。这一家园既现实又超越,有智慧,有人情,有理想。比如,《礼记·礼运》篇所提出的"天下为公"的大同思想:

> 大道之行也,天下为公。选贤与能,讲信修睦。故人不独亲其亲,不独子其子。使老有所终,壮有所用,幼有所长。矜寡孤独废疾者,皆有所养。男有分,女有归。货恶其弃于地也,不必藏于己。力恶其不出于身也,不必为己。是故谋闭而不兴,盗窃乱贼而不作。故外户而不闭。是谓大同。

"天下为公"是孔夫子的理想,也是孙中山的追求。从孔夫子到孙中山,甚至直到今天,中国人仍为之魂牵梦绕,孜孜以求。可见儒家文化所具有的魅力。

《礼记·大学》说:"好而知其恶,恶而知其美。"综观儒家文化的历史,它有精华亦有糟粕,有上升也有衰落。在此以"礼"为关键词,看看儒家文化在近代的没落与转生。

一、天崩地解:礼秩的丧失

礼秩,即以礼为原则确立的社会秩序,涉及人与人、家与家、族与族、国与国之间的关系。兹以华夷关系为例,阐述儒家的天下秩序在近代是如何解体的。

(一) 古代的华夷秩序

中国人长期奉行"天下"观念,是与儒家所建立的礼治秩序相统一的。中国在与西方接触之前,没有现代意义上的"世界"与"国家"概念。天下观念是中国古人关于世界秩序的核心观念,该观念至迟在周代就形成了。

对于前近代的中国人而言,"天下"就是中国人的世界,这个世界是一个整体,不可分割。它以京师、中原和中国为中心,逐渐向周边延展,没有边际。从文化空间上说,这是一种中心—边缘的思维方式。以宗藩关系为例,它在形态上呈同心圆状态,"内中国而外诸夏,内诸夏而外夷狄"。夷狄又可分为内藩和外藩,内藩是归化的边疆民族,外藩相当于后来的周边国家。

作为宗主国,中国与藩属国的关系,不同于近代的殖民与被殖民的关系。宗主国处理与藩属的关系,遵循的是儒家华夷关系,是以礼教为标准的。杨度曾在《金铁主义说》一文中指出,"《春秋》之义,无论同姓之鲁、卫,异姓之齐、宋,非种之楚、越,中国可以退为夷狄,夷狄可以进为中国,专以礼教为标准,而无亲疏之别。"①维系宗藩关系最重要的纽带,是中国的文化而不是武力。诸藩属国之所以愿意尊中国为宗主,其中很大因素是因为被华夏先进文化所吸引。

作为宗主国,中国的统治者对待诸藩属国政采取"王者不治夷狄",来者不拒、去者不追的怀柔政策。其理想状态是孔子所说的"近者悦,远者来",

---

① 杨度:《金铁主义说》,刘晴波主编:《杨度集》,湖南人民出版社 1986 年版,第 374 页。

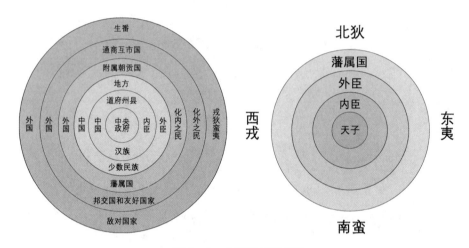

图 2—1 宗藩关系示意图

以德治天下。礼尚往来,在朝贡问题上,最高统治者为了显示"天朝上国"的富有和大度,总是本着"薄来厚往"的原则,尽可能给予朝贡者以赏赐。各藩属国朝贡的是各地所谓的奇珍异宝和地方特产。最高统治者赏赐的是绫罗绸缎,能工巧匠,生产工具,等等,礼品极为丰厚。而且,在藩属国处于危难之时,宗主国能够提供一定程度的保护和帮助。所以,藩属国大都主动要求朝贡,愿意来华朝贡。简言之,宗主国在文化上、经济上、军事上向藩属国的给予远远大于索取。

当然,华夷双方的地位不是平等的,是君主与臣下的关系。而且,儒家主张华夏中心主义,认为以中原为核心的华夏文明,与周边的蛮、狄、夷、戎比较,存在文明与野蛮之别。中国位居天下中心,代表了先进文明,惟我独尊。所以,历史上有"严华夷大防"之说,认为可以华变夷,而不能用夷变华。

简言之,华夏中心主义实质上就是儒家文化中心主义,它维持天下秩序的理论基础就是儒家的礼。这种礼义秩序,在今天周边国家的一些历史文化遗产中仍有保存。

(二) 礼治秩序瓦解

步入近代后,中国被迫融入世界,"天下"变为"列国",中国人的礼治秩序和天下观念受到了前所未有的冲击。这种冲击来自方方面面,其中最残酷的是西方的入侵。

西方列强侵略中国,打着国际法的名义。国际法作为独立的法律体系,是近代欧洲的产物。17世纪前期,欧洲出现了为数众多的独立主权国家。1648年,《威斯特伐利亚和约》订立。这个公约标志着近代国际法的产生。1689年,中俄签订尼布楚条约。葡萄牙耶稣会士徐日升在谈判中充当中国代表团的译员,他在日记中曾多次提到国际法。不过,当时清朝官员是否阅读过译成中文的国际法著作,或者是否通过耶稣会传教士了解到国际法的一些内容,不得而知。从那时起,一直到1840年的鸦片战争,在长达150多

图 2—2 首里城守礼牌坊

年的时间里,中国没有人明确提到国际法。直到鸦片战争以后,中国人在与西方列强交往时才对此有所认识。

事实上,近代以来,西方国家也从没有按照国际法来处理他们与中国的关系。他们从没有将中国看作主权平等的国家。他们将中国视为"非文明"国家,划在国际法的适用范围之外。

西方列强侵略中国,底气来自强大的武力。他们用武力摧毁了中国人沿袭数千年的华夷秩序,撬开了中国的大门。

借助清代的疆域形势地图,我们可以直观地认识华夷秩序的解体过程。清鼎盛之时,藩属国东有朝鲜、琉球,南有安南(越南)、南掌(老挝)、暹罗(泰国)、缅甸,西南有廓尔喀(尼泊尔)、哲孟雄(锡金)、不丹,中亚西亚有浩罕、哈萨克、布鲁特,等等,达数十个之多。晚清几十年间,纷纷落入西方列强之手,多数成了列强的殖民地。最终,维系上千年的宗藩体系土崩瓦解。

再看内部。

即便治内之地,清廷也无奈地任人宰割。俄国、英国、法国、日本等国,通过历次侵略战争和不平等条约,鲸吞蚕食,割走了至少330万平方公里的中国领土。

列强还通过强占租界地和划分势力范围等手段,侵略中国主权,对中国进行野蛮的掠夺。

而且,作为首善之区的首都,于1860年、1900年两次陷落于西方列强手中。首都沦陷,某种程度上可以说是亡国的象征。

1900年夏,八国联军入侵北京,华夷纲秩被彻底倒置。

一方是来自西方的八国联军,鸠占鹊巢,在天朝的首善之区,烧杀抢掠,无恶不作。他们公然在代表天朝威严的紫禁城阅兵庆祝,联军头目还放肆地坐上了乾清宫皇帝的宝座。一方是天朝的太后与天子,如丧家之犬,惶惶不可终日,其狼狈不堪,尽失天朝威仪。

"九重城阙烟尘生,千乘万骑西南行","行宫见月伤心色,夜雨闻铃肠断声。"这两句诗出自白居易的《长恨歌》,叙说的是唐代玄宗朝战乱的凄

图2—3　八国联军侵占紫禁城

惨。这种乱世的景象在中国历史上曾多次上演,如今慈禧太后所要面对的是千古未有的对手。她的对手,不是文化上落后的蛮夷,而是以文明人自居的洋人。

吴永当时任怀来县令,有幸接待过"西狩"的太后和天子。他在《庚子西狩丛谈》序中形容当时的情形:"纪纲坐是不振,阴阳如日将昏。"①

"量中华之物力,结与国之欢心。"这是大清国的上谕。从上谕中的这句话,已看不出"天朝上国"的尊严。

短短数十年间,中国沿袭达数千年的华夷秩序土崩瓦解。西方人取代中国人自居于世界中心。"天下非一人之天下",非天子之天下,天下也不再是中国人的天下。即便治内之地,也无奈地任人宰割。甚至于,中国人连与西方人平起平坐的资格也没有了。

当年,乾隆帝接受英国使臣马戛尔尼(George Macartney)行跪拜礼的场景,仿佛就在眼前。前后对比,恍如隔世!

礼秩倒置,素有礼仪之邦称呼的中国,被对方视作未开化的野蛮国家。从此,历史上的华夷文野之分,失去合法性。儒家以礼为核心的文化秩序和意义世界分崩离析,中国的礼义秩序败落了。

1901年,留日学生如此形容当时的中国:"亚西亚之东,有大地焉,为白人所公有。凡其地重大之事,执其权者无一而非白人。故白人之至其地者,纵横跋扈,无所不至。盖已奴隶其土人,牛马其土人也久矣。然其土人冥然罔觉,自称其地曰'中国'。其实濒海之东,既不可谓'中';偷生苟活,更无以为'国'。"②这是儒家文化衰败下中国形象的写照。

儒家文化为什么会衰落到这个地步? 原因当然是多方面的。原因之一,是患了科学缺乏症。西方列强以武力来犯,背后依恃的是科技实力。中国人科技落后,缺乏基本的近代科学知识。

下面以地理知识为例,加以说明。

---

① 吴永口述,刘治襄记:《庚子西狩丛谈》,广西师范大学出版社 2008 年版,"序言",第 1 页。
② 《原国》,《国民报》第 1 卷第 1 期,1901 年 5 月 10 日。

图 2—4 被八国联军炮火摧毁的北京正阳门

客观地说,中国古代的天文、历算、地理等知识并不落后,但这些自然科学知识没有引起士大夫的足够重视。到清代中叶,这种状况无根本性改变。魏源被誉为近代中国"开眼看世界"的先进人物,坦白地说,他仍然没有突破传统的华夷观念。比如,他的名言"师夷长技以制夷",并不完全具备后来所说的"学习西方"的意义。因为,他"师夷长技"的根本目的不是为了提高自我、超越自我,而是为了"制夷",维护华夷秩序。他的计谋看似高明,实际上不过是古代纵横术的翻版。"师夷制夷"、"以夷攻夷"是一种权宜之计,并不能解决根本问题。明治初年,日本著名学者重野安绎曾挖苦魏源说:"近时有魏默深者,好论海防,能通天下之故,然其著书,题曰《海国图志》,是以五洲诸邦为海国也。夫大瀛环之,何往而不然? 汉土亦一海国而已,何问大小哉? 彼虽国大,而不过方数万里。寝处乎方数万里之内,目不接海波,而自外来者皆帆于海,遂目以海国,而自称曰中土,是童观耳,井底之见耳。默深以达识著称,犹局于素习而不自察,则其他可知已。"①这句话并不难理解。在此,他一语道破:魏源所秉持的依旧是华夏中心主义,而非现代意义上的世界观。话虽不好听,但却点到了中国人的痛处。"井底之蛙耳!"这是一个事实:中国开明的士大夫对世界的认识,相当落后。

实际上,直到戊戌维新时期,中国士大夫的西方地理学知识仍相当贫乏。1895 年甲午战争后,康有为跑遍了琉璃厂的书肆,也没有买到世界地图。璃璃厂是当时北京文化的中心,书肆林立。康有为不禁感叹道:"京师锢塞,风气如此,安得不败?"②针对当时中国人缺乏近代世界地理常识的状况,1898 年春,经学大师皮锡瑞之子皮嘉祐撰写了一首《醒世歌》,发表在了维新派所办的《湘报》。歌词写道:"若把地图来参详,中国并不在中央。""地球本是浑圆物,谁是中央谁四傍?"③歌词很通俗,目的是向民众普及地理常识:中国仅是世界的一部分,仅是"列国"之一,并不是天下的中心。出

---

① 重野安绎:《序》,见冈本监辅编:《万国史记》,内外兵事新闻局 1879 年版,"序一",第 2 页。

② 楼宇烈整理:《康南海自编年谱外二种》,中华书局 1992 年版,第 30 页。

③ 皮嘉祐:《醒世歌》,《湘报》第 27 期,1898 年。

人意料的是,《醒世歌》刊出后,引起了守旧士大夫的强烈不满。大学者叶德辉驳斥说,"天地开辟之初,隐与中人以中位"。① 中国是否在地球中央,不简单地是地理方位的问题,而是关乎中国人的天下观念——儒家的华夷秩序问题。大学者如此,由此不难想见普通民众的科学知识和思想观念。

二、礼崩乐坏:礼教的衰败

"礼教"二字出自《列子·杨朱》:"卫之君子多以礼教自持。"顾名思义,礼教即以礼为教、礼的教育。揆诸先秦历史,提倡礼教者不限于儒家,但以儒家对后世影响最大。

清代著名学者凌廷堪说:"圣人所以教,大贤所以学,皆礼也。"②"圣人之道,一礼而已矣。"③新文化运动的领导者陈独秀也明确指出,"孔教之精华曰礼教,为吾国伦理政治之根本。"④从中可见礼教在中国文化中的地位。礼教的内容,因应时代而有所调整。孔子改变周代"礼不下庶人"的规则,主张把周礼运用到庶民阶层,"道之以德,齐之以礼",扩大了受教者的范围。他还提出"正名论",主张"君君、臣臣、父父、子子",强化伦理观念。《论语·八佾》记载,鲁定公问孔子:"君使臣,臣事君,如之何?"孔子对曰:"君使臣以礼,臣事君以忠。"汉代尊崇儒术,明确提出三纲五常说,礼教走上细密化和程式化的道路。此后,纲常学说长期被奉为礼教的基本规范。

宋代以降,礼教与程朱理学紧密结合在一起,进一步巩固了它在社会政治生活中的地位,礼教之风大为流行。就像清代士人所说:"吾人舍名教纲常,别无立足之地,除忠孝节义,亦岂有教人之方?"⑤可以说,从孩提时代的

---

① 叶德辉:《叶吏部与南学会皮鹿门孝廉书》,见苏舆编:《翼教丛编》,上海书店出版社 2002 年版,第 167 页。
② 凌廷堪:《复钱晓徵先生书》,《校礼堂文集》,中华书局 1998 年版,第 221 页。
③ 凌廷堪:《复礼上》,《校礼堂文集》,中华书局 1998 年版,第 27 页。
④ 陈独秀:《宪法与孔教》,《新青年》第 2 卷第 3 号,1916 年 11 月。
⑤ 《宾凤阳等上王益吾院长书》,见苏舆编:《翼教丛编》,上海书店出版社 2002 年版,第 144 页。

《童子礼》《三字经》等启蒙读物,到身后的各类牌坊碑传,都是礼教的体现物。

以礼为教,彬彬有礼,初衷是使人由野蛮走向文明。《礼记·曲礼》说,为了让人"自别于禽兽",有圣人起,"为礼以教人,使人以有礼"。然而,物极必反。明清时期,礼教走上了极端,扭曲了人性,呈现出严重的病态。礼教之病态,至近世尤为惨烈。

礼教病态表现之一,单向化。从思想起源上看,所谓的君臣、父子、夫妇,对双方都有要求,权利与义务是对等的。《晏子春秋》:"君令臣忠,父慈子孝,兄爱弟敬,夫和妻柔,姑慈妇听,礼之经也。君令而不违,臣忠而不二,父慈而教,子孝而箴,兄爱而友,弟敬而顺,夫和而义,妻柔而贞,姑慈而从,妇听而婉,礼之质也。"《礼记·礼运》:"何谓人义,父慈、子孝、兄良、弟悌、夫义、妇听、长惠、幼顺、君仁、臣忠。十者谓之人义。"正是从原初义上,陈寅恪指出:"吾中国文化之定义,具于《白虎通》'三纲六纪'之说。"①然而,现实生活中,礼教却是君对臣、父对子、男对女的欺压工具,造成了君权、父权、夫权绝对化,严重加剧了社会的不平等。即便英君、名儒也不例外。康熙帝以"尊儒重道"著称,十分重视纲常教化,但他所看中的仅是臣下的忠诚。雍正、乾隆等帝王也是一样,宽以待己,严以律人,对臣下要求甚严。父对子也是如此。曾国藩被尊为"一代儒宗",他所理解的纲常也是单向度的。他在家书中教导长子曾纪泽说:"君虽不仁,臣不可以不忠;父虽不慈,子不可以不孝;夫虽不贤,妻不可以不顺。"②从上到下,他们普遍把"三纲"上升为最高原则,强调的仅是臣、子、妻对君、父、夫的绝对服从。

礼教病态表现之二,愚民化。有什么样的文化就有什么样的人。对于忠臣义士、孝子节妇来说,礼教代表了人生的意义,寄托了人生的信仰。他们甘愿为名教而献身,他们去世后,又进而成为他人宣传的教材和学习的榜

---

① 陈寅恪:《王观堂先生挽词并序》,《陈寅恪集·诗集:附唐筼诗存》,生活·读书·新知三联书店 2015 年版,第 12 页。
② 曾国藩:《谕纪泽》,《曾国藩全集·家书》(二),岳麓书社 2011 年版,第 117 页。

图 2—5　清末的难民

样。近代社会动荡,战祸频仍,普通民众中甘愿为名教殉身者数目惊人。

仅 1863 年(同治二年)七月,安徽六安获准旌恤入祀的殉身绅、民、妇女就达 1887 名,山东莱州则有 3282 名。据同治朝《徐州府志》,从清初至同治年间,夫亡守节者达 4151 人,遇变捐躯者 1381 人,夫亡身殉者 918 人,未嫁殉烈守贞者 146 人。① 安徽桐城为理学发达之地,妇女的贞节观念较重,入清以后,节烈妇女增长速度惊人。桐城烈女祠建于明代,当时祀有 93 人,至道光中叶,所祀节烈贞孝妇女已达 2774 人。② 清代中后期,贞节牌坊四处可见。今天可查的徽州最后一座贞节牌坊,立于光绪末年,坊上刻着这样一行字:"徽州府属孝贞节烈六万五千零七十八名。"③ 与明代相比,清代守节孀妇的绝对人数增长惊人。而能够获得表彰、有案可查者,仅是"幸运者"。因为,按《大清会典》规定,30 岁以后居孀者或守节不足 20 年者,皆无表彰资格。无表彰资格、无案可查的"失语"者不知又有多少人。

礼教名目更是五花八门。据俞樾《右台仙馆笔记》,粤东地区,不仅妻子要为亡夫"守节",而且未婚之妻要为未婚而亡之夫守节,名之"守清",甚且有人为获得旌表,故意让女子缔婚于已死之男子,谓之"慕清"④。

福建地区,节烈观念极其严重,有"搭台死节"的陋俗。当地以家有贞女节妇为尚,一些年轻女子因丈夫(或未婚夫)不幸去世,父兄便在公共场合搭建高台迫使她悬颈自尽,以博取"礼教之家"的声誉。林纾的《畏庐琐记》和施鸿保的《闽杂记》等对此有明确记载。

林纾《畏庐琐记》记载:"闽中少妇丧夫,不能存活,则遍告之亲戚,言将以某日自裁。而为之亲戚者,亦引以为荣,则鸠资为之治椿。前三日,彩舆鼓吹,为迎神人,少妇冠帔衮服,端坐舆中,游历坊市,观者如堵。有力者,设

---

① 赵明奇主编:《全本徐州府志》,中华书局 2002 年版,第 1615—1848 页。

② 姚莹:《桐城烈女三祠堂记》,《东溟文后集》卷 9,同治六年安福县署刻本,第 22 页。

③ 邹元江:《汤显祖〈牡丹亭〉中杜丽娘的生存场域》,《光明日报》2016 年 9 月 1 日。按,该坊名"贞孝节烈坊",今仍存,在歙县(清徽州府治)县城南街,立于光绪三十一年(1905),是集中表彰徽州府贞孝节烈妇女的总坊。

④ 俞樾:《右台仙馆笔记》第 1 卷,齐鲁书社 2004 年版,第 4 页。

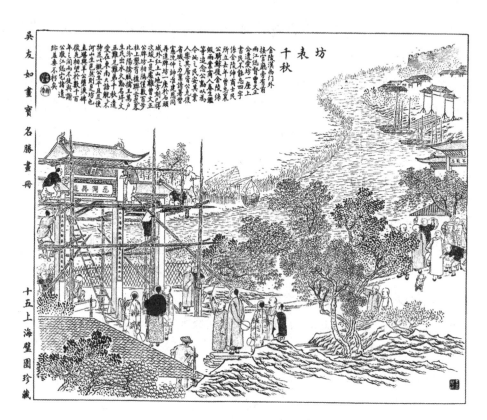

图 2—6 坊表千秋(《点石斋画报》)

筵饮之。少妇手鲜花一束,凡少年之未诞子者,则就其手中乞花,用为生子之兆。三日游宴既尽,当路结彩棚,悬彩绳其上,少妇辞别亲戚,慨然登台,履小凳,以颈就绳而殁。万众拍手称美。"①

施鸿保《闽杂记》记载:"凡女已字人,不幸而夫死者,父母兄弟皆迫女自尽。先日于众集处,搭高台,悬素帛,临时设祭,扶女上,父母外皆拜台下。俟女缢讫,乃以鼓吹迎女归殓。女或不愿,家人皆诟詈羞辱之,甚有鞭挞使从者。"②

女子自尽,自愿者有之,但绝大多数是由于父兄逼迫。清代诗人描述说:"闽风生女半不举,长大期之作烈女。婿死无端女亦亡,鸩酒在尊绳在梁。女儿贪生奈逼迫,断肠幽怨填胸臆。族人欢笑女儿死,请旌藉以传姓氏。三丈华表朝树门,夜闻新鬼求返魂。"③

据统计,清代泉州搭台自尽的女性至少有50人,福清县有41人④。

诸如此类的记载,在《清实录》、地方志中不胜枚举。礼教已发展到灭绝人性、令人发指的地步,而多数民众身陷其中,竟浑然不觉。

民国初年,这种状况并无改变。1914年3月,袁世凯政府颁布《褒扬条例》,明文褒扬割股疗亲式的愚孝及烈女殉夫式的节烈⑤。条文规定:30岁以前守节至50岁不改节者,或未及50岁身故,其守节已满6年者,称为节妇;凡遇强暴不从致死,或羞忿自尽,及夫亡殉节者,称为烈妇或烈女;许嫁未婚,夫死闻讯自尽或往夫家守节者,且年限达6年以上,称贞女⑥。这还不包括30岁以后孀居者,或守节不足6年未及50身故者。新文化运动前

① 林纾:《严禁贞烈》,见王红军校注:《畏庐琐记》,漓江出版社2013年版,第78页。
② 施鸿保:《搭台死节》,见来新夏校点《闽小记·闽杂记》,福建人民出版社1985年版,第106页。
③ 见俞正燮:《贞女说》,《癸巳类稿》第13卷,道光年间刻本。
④ 田汝康:《男性阴影与女性贞节》,刘平、冯贤亮译,复旦大学出版社2017年版,第58页。
⑤ 关于近代的割股疗亲,可参张凤花:《近代"割股疗亲"风气探析》,《大家》2012年第9期;吴佩林、钟鸣:《传统中国"割股疗亲"语境中的观念与信仰》,《史学理论研究》2013年第4期。
⑥ 转自胡适:《贞操问题》,《新青年》第5卷第1号,1918年7月。罗检秋《褒扬贞节烈女风勃起》(载《近代中国社会文化变迁录》第3卷,浙江人民出版社1998年版,第178—180页)对此也有阐述。

夜,褒扬贞节烈女之风呈愈演愈烈之势,一些报刊公然登载和表彰贞节烈女的事例。1914 年,《妇女时报》刊登专文表扬孝感一朱姓殉节女子:"朱烈女君之死,非特个人交谊上之光荣也,亦非我孝感一邑之光荣也,亦非我全国女学界之光荣也,是我中华古国对于世界上之光荣也。幸记者有以表彰之。"①

有学者认为,礼教扭曲人性、压制人权,这应由法家、由"秦家店"负责。儒家真的可以摆脱干系吗?以安徽桐城为例。桐城理学发达,妇女的贞节观念较重。入清以后愈演愈烈的殉节之风,并未引起理学人士的省思。他们不以为忧,反以为喜。著名学者姚莹为此专门作《桐城烈女三祠堂记》予以旌表,并颇为自豪地称:"呜呼!吾桐城一邑耳,而贞节之女若妇,宋代以前不过数人,明以后及今乃如此。世谓桐城风俗气节高于江左,非虚语也。旷观史传,忠贞节孝之事古以为难,宋、明至今一若为之甚易者,岂非宋儒讲学之力哉!……然则吾桐贞烈节孝之妇女,吾犹不以为多,必胥天下为妇人者人人知以贞烈节孝为事,然后不负圣人垂教、天子旌名之意,则二千七百七十四人,固多乎哉!"②数以千计为名教而死去的女性,竟成为理学家津津乐道的对象和大力表彰的楷模。

完全可以说,至晚清时期,礼教已走到了极端,陷入了严重病态。病态不是礼教的发展,而是礼教的败落。败落的礼教是中国文化的负担,代表了中国文化在近代腐朽、落后、愚昧的一面。

另一方面,礼教又受到了新思潮的大扫荡。无论是维新派、革命派,还是新文化派,均把纲常名教作为重点批判对象。

维新派首举义旗,向旧礼教发起了猛攻。他们把礼教比作阻碍中国社会进步的"桎梏""囹圄"和"网罗",力主破除礼教的束缚。康有为从个性解放出发,控诉礼教压制人性。谭嗣同以激烈抨击纲常名教著称,所著《仁学》明确提出要"冲决网罗"。他指出,礼教并不是神圣永恒的"天理",而是

① 陈左明瑛:《妇女谈话会·孝感朱烈女》,《妇女时报》第 19 期,1916 年 8 月。
② 姚莹:《桐城烈女三祠堂记》,《东溟文后集》第 9 卷,同治六年安福县署刻本,第 22 页。

统治者为了"钳制天下"而制造的"钳制之器",是君桎臣、官轭民、父压子、夫困妻的工具。在维新派的著作中,包括他们设计的改革计划中,礼教都是重点批判的对象。

20 世纪初,革命派对礼教的批判又深入了一步,认为礼教是野蛮时代的象征物。有人说:"礼者非人固有之物也,此野蛮时代圣人作之以权一时,后而大奸巨恶,欲夺天下之公权而私为已有,而又恐人之不我从也,于是借圣人制礼之名而推波助澜,妄立种种网罗,以范天下之人。背逆之事,孰逾于此!夫人所以为万物之灵者,非以其有特别高尚之质格欤?自由平等,是其质格中之最高尚者,所以异于禽兽者在此。而立上下贵贱之别,以丧其质格。而天下之人,犹动言礼教奉若神明而不敢渝,侈言古圣先王之大法而不敢犯,何其愚哉!"①他们还指出,礼教乃制造社会不平等的重要源头,适同杀人的凶器。"君要臣死,不得不死;父要子亡,不得不亡"等说法,对君权、父权不加以限制,多少人死在这句话之下。② 当时,革命家章士钊曾写了一篇文章《箴奴隶》,他犀利地指出,中国人身上有一种奴性,这种奴性即从礼教而来。在革命家口中,数千年来中国人津津乐道的礼教,变成了野蛮和罪恶的代名词。

新文化运动时期,陈独秀、李大钊、胡适、鲁迅、吴虞等向旧伦理旧道德发起了空前批判。启蒙思想家们把礼教与吃人联系在一起,搏击力度入木三分。鲁迅在《狂人日记》中写道:"我翻开历史一查,这历史没有年代,歪歪斜斜的每叶上都写着'仁义道德'几个字。我横竖睡不着,仔细看了半夜,才从字缝里看出字来,满本都写着两个字,是'吃人'。"③吴虞在《新青年》发表《吃人与礼教》,进一步发挥说:"孔二先生的礼教讲到极点,就非杀人吃人不成功,真是惨酷极了!一部历史里面,讲道德、说仁义的人,时机一

① 《权利篇》,张枬、王忍之编:《辛亥革命前十年间时论选集》第 1 卷上册,生活·读书·新知三联书店 1960 年版,第 479 页。
② 《箴奴隶》,张枬、王忍之编:《辛亥革命前十年间时论选集》第 1 卷下册,生活·读书·新知三联书店 1960 年版,第 704—705 页。
③ 鲁迅:《狂人日记》,《鲁迅全集》第 1 卷,人民文学出版社 2005 年版,第 447 页。

到,他就直接间接的都会吃起人肉来了。就是现在的人,或者也有没做过吃人的事,但他们想吃人,想咬你几口出气的心,总未必打扫得干干净净! 到了如今,我们应该觉悟:我们不是为君主而生的! 不是为圣贤而生的! 也不是为纲常礼教而生的! 什么'文节公'呀、'忠烈公'呀,都是那些吃人的人设的圈套来诳骗我们的! 我们如今应该明白了! 吃人的就是讲礼教的、讲礼教的就是吃人的呀!"①他们把吃人和礼教画了等号,彻底改变了礼教在中国人心目中的形象。新文化运动之后的近百年中,反礼教运动愈演愈烈,以至于"礼教"变成了贬义词。实际上不限于"礼教",连同整个儒家文化,一起沦为了被批判的对象。

20 世纪初以来,中国的教育转而以民主和科学为指向,礼教在中国无可挽回地败落了。

三、道不在兹:礼义的没落

唐代诗人刘禹锡有一首诗《佛衣铭》,其中写道:"佛言不行,佛衣乃争";"俗不知佛,得衣为贵;坏色之衣,道不在兹。"大意是说,佛陀在世时,佛弟子遵照师说行事,而在佛陀圆寂之后,他们争夺代表禅宗接法信物的衣钵,胜过了对佛法本身的研修。礼义的变迁亦出现了类似问题。人们将之凝固化、教条化,忘记了"礼,时为大"的原则,在理论上没有能够做到随着社会变化,与时俱进。

礼义,通俗地说,就是礼之"道",或者礼的理论根据。礼义是对礼本身所蕴含意义的阐释,内容相当丰富。《论语·先进》:"为国以礼。"《左传·僖公十一年》:"礼,国之干也。"《荀子·议兵》:"礼者,治辨之极也,强国之本也,威行之道也,功名之总也。"礼的核心在仁、义,即亲亲尊尊的人伦精神。《中庸》:"仁者人也,亲亲为大。义者宜也,尊贤为大。亲亲之杀,尊贤

---

① 吴虞:《吃人与礼教》,《新青年》第 6 卷第 6 号,1919 年 11 月。

之等,礼所生也。"为国以礼,为政以礼,为人以礼,礼义涉及面何其广泛。

然而事实是,清代以来,包括理学、汉学在内的儒家各派对礼之大义无所发明,只是抱残守缺,导致礼义严重偏枯。士为四民之首,负有转移天下风气之责,同时担负着学术研究和理论创新的使命。下面,我们借助清代士大夫之表现,来具体分析礼义学说的社会际遇。在此从与礼相关联的角度,把清代士大夫分为四种类型。

其一,"假道学"派。儒学是修身的学问,要求做人襟怀坦荡,身体力行,知行合一。而"假道学",道貌岸然,满嘴仁义道德,背地则为非作歹,甚至丧尽天良。我们不否认当时有一批表里如一的学者,但"假道学"、伪君子不在少数。

纪晓岚在《阅微草堂笔记》中记载了这样一则故事:有两个塾师皆以道学自任。一日,相邀会讲,学生侍坐者十余人。两人谈天论道,剖析理欲,严词正色,如对圣贤。忽然起风,从其中一人衣袖中吹出一张字纸,学生拾起来一看,原来这是两位塾师秘商侵夺寡妇田产的信札。① 这两位塾师说一套做一套,言行不一,在当时具有一定典型性。

晚清名士方宗诚长于程朱理学,著述等身。其人品值得怀疑。据记载,他不仅剽窃他老师方东树的遗稿,而且好女色,有越轨之举。他任枣强县令五年,敛财不下四十万金。以至于他离任那天,当地百姓聚于城门,以粪秽相送。② 士大夫中,像方宗诚这样品行不端的人并不罕见。

徐桐是同光年间的大学士,也被人目为"假道学"。不过,他的情况有所不同。他官至吏部、礼部尚书,位高权重,却能洁身清廉,勤谨任劳,应当说是难得的忠臣和清官。问题出在他闭塞耳目,不识时务,违背潮流。他嫉恶洋人洋务如仇。戊戌维新时期,极力反对变法。义和团运动时期,他对神灵、咒符信以为真,鼓动朝廷对外宣战。他主持了围攻教堂和使馆、杀害洋人等排外事件。他自以为能灭洋人,靖国难,结果则适得其反,京师陷落,大

---

① 纪晓岚:《阅微草堂笔记》,天津古籍出版社 1980 年版,第 92 页。
② 张祖翼:《道学贪诈》,《清代野记》(卷下),中华书局 2007 年版,第 223—228 页。

局糜烂。最终,他选择自杀,以自缢谢天下。徐桐有理学名望,曾被选为同治帝师傅。但正是这样一位誉满天下的理学名臣,却不识时务,迷信神灵、咒语。人们有理由怀疑他的真才实学,所以,有人也给他送上了"假道学"之名。与方宗诚等人相比,这类人的问题不在道德品质,而出在了思想的窳陋和僵化。

以上诸人对于礼义学说非但没有推进,反而抹黑了其形象。

其二,株守派,又叫践行派。

清代还有"真理学"的说法。所谓"真理学",就是真心诚意崇奉程朱理学者。他们声称,"天不生尼父,万古曚其视。天不生紫阳,百代聋其声。"①他们奉孔子、朱子为神明,甘愿匍匐于脚下,亦步亦趋。这类人是礼教的产物,又是礼教在现实社会中的维护者和践行者。在上层士大夫中,从清代前期的名臣李光地,到中期的陈宏谋,再到晚期的倭仁,均株守程朱之道,以宣传和践行纲常名教为职责。

李光地,人称"安溪李相国",系康、雍两朝公认的清官和理学名臣,官至吏部尚书,授文渊阁大学士。康熙帝曾三次授予御匾,表彰其功,称赞他"谨慎清勤,始终一节,学问渊博"。他后来辅助雍正帝,雍正帝也对他欣赏有加,誉之为"一代之完人"。李光地对于孔、孟、程、朱之学由衷服膺,他在康熙帝面前表示:"然臣之学,则仰体皇上之学也,近不敢背于程、朱,远不敢违于孔、孟,诵师说而守章句,佩服儒者,摒弃异端。"②

陈宏谋,被尊为乾隆朝"理学名臣之冠"。他对理学也无所创新,只是株守前人成说。他宣称:"讲学人不必另寻题目,只将《四书》《六经》发明,得圣贤之道,精尽有心得,此心默契千古,便是真正学问。"③

倭仁,曾任同治皇帝的师傅、翰林院掌院学士、户部尚书等要职,时人称

---

① 罗泽南撰,符静点校:《罗忠节公遗集》卷2,岳麓书社2010年版,第32页。

② 李光地:《进读书笔记及论说序记杂文序》,泉州文库整理出版委员会编:《榕村全集》(上),商务印书馆2023年版,第168页。

③ 陈宏谋:《陈榕门先生遗书补遗·语录》,《陈榕门先生遗书》第14册,1943年广西省乡贤遗著编印委员会编印本,第34页。

他有圣贤气象。他对理学的诠释完全以程、朱为转移。或者说,他竭尽心力所做的,就是要对程朱理学做出合乎程朱的解释。他本人对此高度自觉,曾在日记中写道:"孔、孟大路,经程、朱辨明后,惟有敛心逊志,亦趋亦步,去知一字行一字,知一理行一理,是要务。"[1]他明确反对在程朱之外读书用功。

值得注意的是,他们对理学的尊奉,并未停留在理论的认识层面,而是注意在日用伦常中身体力行,将思想信仰与道德实践切实结合起来。如倭仁,作为清廷重臣,他思路明确,即严格遵照程朱理学的要求来治理国家。他有一句名言:"治国之道,尚礼义不尚权谋;根本之图,在人心不在技艺。"[2]后人以此为证据,说他是顽固派。其实,从学理上看,这句话恰恰来自于中国传统,与《礼记》中所记载的孔子所云"忠信为甲胄,礼义为干橹",一脉相承。

这类人对于前贤的道理可谓兢兢恪守,无比忠诚,故此派亦可称为"践行派"。但从客观效果看,他们并不能改变儒家学说衰落的厄运。原因何在? 就在于他们把儒学神圣化、教条化、政治化了。他们不求学理的创新,只是株守前人的成说。当一种学说,变成了政治教条,其生命活力可想而知。

其三,书斋派。

客观地说,有清一代,礼经研究成就突出,不仅官方编有《大清通礼》《三礼义疏》等重要典籍,而且涌现出一批专家学者。清代前期的徐乾学、李光地、方苞、秦蕙田,中期的凌廷堪、阮元,均对礼经有较深入研究。晚清时期,胡培翚所著《仪礼正义》、黄以周所著《礼书通故》、孙诒让所著《周礼正义》等,是礼经研究领域公认的代表作。由此,有学者认为清代乃礼学复兴时期,但礼学在何种意义上"复兴",值得具体分析。因为,这些著述的学

① 倭仁:《日记》,《倭文端公遗书》卷4,光绪二十年(1894年)山东书局刊本(影印电子版),第21页。
② 李书源等整理:《筹办夷务始末》(同治朝)第5册,中华书局2008年版,总第2009页。

术风格偏于考据,内容主要表现为对前人研究成果的整理和总结,而不是思想理论的创新。即便有学者重新阐释一些礼学命题,但也并没有带来根本性突破,且不说其中夹杂有强烈的门户之见和意气之争。

总体上看,汉学家的礼经研究学术性强,书斋味浓,与现实距离较远。正如钱穆所批评,"社会性的礼乐是该与时俱变的,专靠考据古礼,创兴不起今礼来。而且清代政权,也不许当时的学者在实际上有所建树与作为,而中国思想之特质,又是除却人生实践,便很难有大推演。因此清儒在中国思想史里的贡献,终于会微薄得可怜。"[1]特别是在近代,中国与世界的关系日趋密切,与新派人物相比,汉学家往往缺乏一种宽阔的世界视野。他们难以回答时代所提出的课题,在所难免。

其四,记诵派。

此派又可称为考试派,人数最多。《礼》为五经之一,是科举考试必考的内容。读书人虽自小读圣贤之书,但主要是为博取功名。他们以记诵、科考见长,对礼义学说缺乏深刻认识,甚至把读书与做人判为两橛。晚清时期,多数读书人参加科举考试,读圣贤之书,却并不关心圣贤之道,不在意做人的道理。罗泽南描述湖南当地的情形说:读书人以作文考试为急务,谈及道德修养、成己利人,莫不以为迂腐。[2] 陕西学者贺瑞麟称:读书人以科举考试为目的,功利心很强,一有人谈及程朱之道,不是讥笑,就是诋毁、挖苦。[3] 这是对当时多数读书人的真实写照。

总之,时代变了,步入近代后,儒家由于不能适应"中西大通之局",迅速地衰落了。

儒家文化衰落的原因在哪里? 原因当然很多。一言以蔽之,缺乏创新。到了清代,儒家士大夫已没有了开创者孔子等人的创新精神,只是抱残守

① 钱穆:《中国思想之主流》《世界局势与中国文化》,《钱宾四先生全集》第43册,台北联经出版事业股份有限公司1998年版,第130页。
② 罗泽南:《贺彝斋传》,符静点校:《罗忠节公遗集》(卷2),岳麓书社2010年版,第119页。
③ 贺瑞麟:《答冯展云中丞书》,王长坤、刘峰点校整理:《贺瑞麟集》(上册),西北大学出版社2015年版,第317—318页。

缺,株守教条。中国数千年的文化,数千年的历史,成了沉重的包袱。

四、凤凰涅槃:礼的新生

儒家文化在近代遭遇了前所未有的危机,幸运的是,中国文化并没有灭亡,以儒家文化为主干的传统文化与外来的西方文化化合而形成了中国的新文化。这种新文化无论精神,还是内容,都是崭新的,与固有文化大异其趣。但不同之中又具有统一性,裂变之中寓有传承。中国文化的主体并没有变,中国依然为中国,中国人依然为中国人。因此,从绝对意义上说,中国现代新文化是中国传统文化凤凰涅槃的产物,是中国文化新陈代谢的结晶。它与传统文化是一种否定之否定的辩证关系,是一种扬弃关系,不能简单地把二者对立起来。兹举两例,也是值得思考的两个大问题。

第一,关于民族和国家形态,中国为什么没有走帝国主义道路? 第二,关于社会制度,中国为什么没有选择资本主义? 这两个问题均与中国的文化传统密切相关。

(一) 关于民族和国家形态

众所周知,民族(nation)是一个外来的概念。按照近代西方主流的理论,国家以民族自决为基础,采取单一民族建国的方式。以此运用于中国,会造成国家的分裂和种族的仇杀。在中国现代民族国家制度的创建过程中,梁启超、孙中山、李大钊等先进人物发展了"中华民族"概念,并创造性地提出了"五族共和"、"大中华民族主义"思想。

所谓"中华民族",辛亥革命时期主要用来指汉族。当时,梁启超反对"排满革命",强调民族统一,提出了"大民族主义""小民族主义"的说法。他主张中国人要抛弃以汉族为本位的"小民族主义",实行融合满、蒙等在内的"大民族主义","中华民族"不仅要包括汉族,而且要代表中国境内的其他各民族。孙中山专门指出,汉族当牺牲其自尊自大的"中华民族"称号,与其他各族人民平等相见,友好相处,共同铸造成一新的中华民族。经过现代转化,民族革命中狭义上的"排满",变为了多民族融合;"中华民族"由单一汉民族的称谓,化为了多元一体的共称。所谓"五族共和",就是说,汉、满、蒙、回、藏等各民族要消除各自成见,不分地域,共享国民之自由,实现民族的大统一。1912年元旦,孙中山就任临时大总统的宣言书明确说明:"国家之本,在于人民。合汉、满、蒙、回、藏诸地为一国,即合汉、满、蒙、回、藏诸族为一人。是曰民族之统一。"①民国肇建采取"五族共和",超越了西方单一民族(种族)建国的模式,显示了中国人的智慧。在此过程中,儒学发挥了不可替代的重要作用。

前已有述,儒家以礼治国,在处理华夏民族与其他民族,或者说华夏与夷狄的关系时,所采取的不是种族主义的态度,而是从文化上进行礼义的教化,即"夷狄入中国,则中国之"②。与此一致,儒家文化一直抱持"大一统"观念和"天下太平""天下为公"的理想,拥有多民族团结、交好、和平共处的传统。它与西方人的种族歧视和殖民主义,有着实质性不同。换言之,中国人自古就缺乏一种边界意义上的近代国家观念,也没有严格种族意义上的近代民族观念,有的是文化认同意义上的多民族融合的传统。清末,梁启超等主张把"中华民族"扩大到中国境内的各个民族,孙中山等主张实行"五族共和",不能不说是对中国文化的继承和超越。同时,也是对西方现代民族国家理论弊病的有效规避和纠错。

在孙中山等人的努力下,辛亥革命最大程度上避免了种族仇杀,并为现代多民族国家的建立奠定了基础,开出了新路。孙中山的民族思想对于后来国共两党的民族政策产生了重大影响。中华民族多元一体的观念,已融入到了广大普通民众心中,沉淀成了中国文化的重要组成部分。

对外,在处理国与国之间的关系时,孙中山等人同样继承了儒家文化的传统。

---

① 孙中山:《临时大总统宣言书》,《孙中山全集》第2卷,中华书局1982年版,第2页。
② 韩愈说:"孔子之作《春秋》也,诸侯用夷礼则夷之,夷而进于中国则中国之。"

20 世纪初,在国际社会,民族—帝国主义曾演化为一股声势浩大的思潮,受此影响,中国最早走出国门的一批知识分子,一度认为帝国主义是民族主义的必然归宿。然而,最终他们并没有选择帝国主义的军事扩张道路。原因何在? 一方面,他们通过第一次世界大战认识到了帝国主义的严重弊端,另一方面,侵略扩张不符合儒家的大同理想和仁爱精神,不符合中国的文化传统。

例如,1914 年 10 月 19 日,胡适在日记中称,"余为大同主义之信徒。以人道之名为不平之鸣。"[①]10 月 26 日,胡适又写道:"己所不欲,勿施于人。所不欲施诸同国同种之人者,亦勿施诸异国异种之人。"[②]此时胡适在美国留学,"强权即公理"的国家主义思潮在西方相当流行。胡适能免于国家主义思潮侵蚀,恰是儒家文化熏陶的结果。

作为政治家,孙中山在宣讲民族主义时,已充分注意到了进化论所说"优胜劣汰"的危险性。1924 年,他在广州国立高等师范学校礼堂的演讲中,把中国的民族主义定义为国族主义。他鲜明地指出,国族主义是以中国人的家族观念和宗族观念为纽带团结而成,是建立在由王道自然力结合而成的民族基础之上的,这与英国等西方国家建立在由霸道人力结合而成的国家基础上的民族主义,有根本不同。他主张中国要行王道,跟周边国家建立亚洲联盟,走和平共处的发展道路。在论证过程中,他援引和发挥较多的也是"修、齐、治、平"、"天下为公"、"协和万邦"等儒家政治哲学。

总之,孙中山等选择走和平发展之路,与儒家文化基因有着直接的关系。

(二) 关于社会制度

中国人选择社会主义制度,与中国的文化传统有密切关系。

近代中国的仁人志士,一直把"公天下"作为一种政治追求。从洪秀全、

---

① 胡适著、曹伯言整理:《胡适日记全编》(一),安徽教育出版社 2001 年版,第 502 页。
② 胡适著、曹伯言整理:《胡适日记全编》(一),安徽教育出版社 2001 年版,第 512 页。

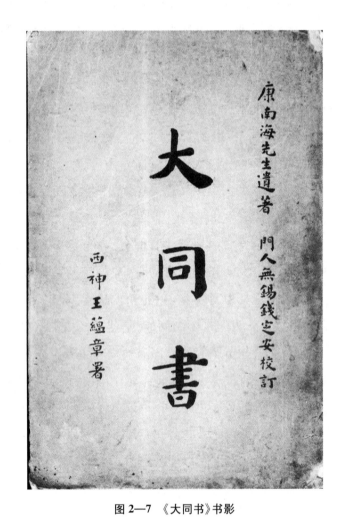

图 2—7　《大同书》书影

康有为到孙中山,都十分重视《礼记·礼运》篇关于"公天下"的描述,注意从中汲取思想养料。

在洪秀全那里,太平天国欲实现的"皇上帝"领导下的理想社会,其原型就是《礼运》篇的大同社会。他在《原道醒世训》中说:"天下多男人,尽是兄弟之辈,天下多女子,尽是姊妹之群,何得存此疆彼界之私,何可起尔吞我并之念?是故孔丘曰:'大道之行也,天下为公,……是谓大同'。"①

康有为将大同社会作为最高理想,尽管他以实行资本主义为改革目标。他在《大同书》中,把大同社会设计为:大同社会,人人平等,无国界,无阶级,无家界,"凡人皆天生,不论男女,人人皆有天与之体,即有自主之权,上隶于天,与人平等,无形体之异"②。康有为还专门为《礼运》作注,阐发和表彰其中的"公天下"思想。

在孙中山的思想中,大同社会是三民主义的归宿。1924 年 6 月,他在黄埔军校开学典礼上的训词中说:"三民主义,吾党所宗,以建民国,以进大同。"③他主张,在民族主义方面,"我们要将来能够治国平天下,便先要恢复民族主义和民族地位。用固有的道德和平做基础,去统一世界,成一个大同之治,这便是我们四万万人的大责任。"④在民权主义方面,"我们这次把满清推翻,改革专制政体,变成共和,四万万人都有主权来管国家的大事,这便是古人所说的公天下。这项公天下的道理,便是三民主义中第二项的民权主义。"⑤

孙中山的民生主义与儒家大同思想的关系更为密切。民生主义思想的核心内容为"平均地权,节制资本"。它是对中西方历史和现实综合考察后

---

① 《原道醒世训》,见中国史学会主编:《太平天国》(一),"中国近代史资料丛刊",神州国光社 1952 年版,第 92 页。

② 康有为:《大同书》,姜义华、张荣华编校:《康有为全集》第 7 集,中国人民大学出版社 2020 年版,第 57 页。

③ 陈锡祺主编:《孙中山年谱长编》(下册),中华书局 1991 年版,总第 1928 页。

④ 孙中山:《三民主义》,《孙中山全集》第 9 卷,中华书局 1986 年版,第 253 页。

⑤ 孙中山:《在广州欢宴各军将领会上的演说》,《孙中山全集》第 8 卷,中华书局 1986 年版,第 470 页。

图2—8　孙中山题"天下为公"

的选择，一要规避中国古代社会土地高度集中的弊病，二要规避资本主义制度下财富过于集中、贫富分化严重的弊病。

"平均地权"的思想源头，可追溯至儒家的大同思想。据冯自由《革命逸史》所载，20世纪初，孙中山曾多次与章太炎、梁启超、冯自由等讨论古今社会问题和土地问题。比如三代之井田，王莽之王田与禁奴，王安石之青苗，洪秀全之公仓，均在他们的讨论之列①。孙中山的主张类似于古代的井田制或均田制，在废除土地私有制后实行耕者有其田。

关于"节制资本"，孙中山认为，"外国因为大资本是归私人所有，便受资本的害，大多数人民都是很痛苦"，民生主义"就是要全国人民都可以得安乐，都不致受财产分配不均的痛苦。要不受这种痛苦的意思，就是要共产。""人民对于国家不只是共产，一切事权都是要共的。这才是真正的民生主义，就是孔子所希望之大同世界。"②

孙中山一生在很多地方留下过"天下为公"的题词。他还多次抄写《礼运·大同篇》送给友人。

简言之，《礼记·礼运》篇所提出的"天下为公"、"天下大同"的梦想，已积淀为民族心理不可或缺的一部分。中国人不走资本主义，选择社会主义，不能说与民族文化传统没有密切关系。

儒家文化在近代总体上说是衰落了，但其基因却潜移默化地传给了新文化。全面地看，这些基因有优根的，也有劣根的。这就提示我们，传承和复兴民族文化，必须坚持辩证发展的观点，始终保持清醒的批判意识和忧患意识。当下，中国传统文化又"热"了起来，我们该采取什么样的态度？是值得每一个中国人冷静思考的。《大学》所说"好而知其恶，恶而知其美"，就是很好的回答。

---

① 冯自由：《革命逸史》第3集，中华书局1981年版，第206页。
② 孙中山：《三民主义》，《孙中山全集》第9卷，中华书局1986年版，第393—394页。

第 三 讲
近代中国文化自觉的历程

文化自觉是审视中国近代历史的一个视角。这一视角有助于从整体上理解和把握近代文化的发展历程。

一、什么是文化自觉?

(一) 文化自觉的内涵

"文化自觉"这一概念是费孝通在北京大学社会学人类学研究所于1997 年主办的"第二届社会文化人类学高级研讨班"上提出的。此后,他不断将其"文化自觉"理论予以充实、完善。

2003 年,他在第八届"现代化与中国文化"研讨会上,对"文化自觉"作了如下表述:

> 文化自觉是指生活在一定文化中的人对其文化有'自知之明',明白它的来历、形成过程、所具有的特色和它的发展方向,不带任何'文化回归'的意思,不是要'复旧',同时也不主张'全盘西化'或'全盘他化'。自知之明是为了加强对文化转型的自主能力,取得决定适应新环境、新时代对文化选择的自主地位。文化自觉是一个艰巨的过程,首先要认识自己的文化,理解所接触到的多种文化,才有条件在这个正在形成的多元文化的世界里确立自己的位置,经过自主的适应,和其他文

化一起,取长补短,共同建立一个有共同认可的基本秩序和一套与各种文化能和平共处、各抒所长、联手发展的条件。①

费孝通还曾用"各美其美,美人之美,美美与共,天下大同"十六个字来概括"文化自觉"的内涵。这十六个字言简意赅,具有鲜明的中国文化特色和世界胸怀,传神地表达了"文化自觉"的思想内涵。

概要地分析,"文化自觉"的思想内涵可分为四个层面。

第一,"各美其美"。"文化自觉"的前提是要有"自知之明",知道我们的文化是从哪里来的,走过了怎样的路,它的实质是什么。要明白我们民族文化的来历、形成过程、所具有的特色和它的发展方向。简言之,就是"认识你自己"。对于自己的文化有"有知之明",不是妄自菲薄,也不是夜郎自大。而要做到文化自知,必须对自己的历史有比较深入、全面的研究。

第二,"美人之美"。"各美其美"不是要复古,也不是孤芳自赏,封闭自守,而是要求采取开放的态度,积极地理解所接触到的多种文化,特别是西方文化。如果说,"各美其美"要求做到"知己",确立自尊自主的地位,那么"美人之美"就要做到"知彼",要求对其他文化有较深入、全面、客观的了解,对其他文化秉持一种尊重、平等、包容的态度。

第三,"美美与共"。古人讲"己欲立而立人,己欲达而达人","己所不欲,勿施于人"。"美美与共",是费孝通在全球化时代对古人"忠""恕"思想的继承和发展,是费孝通反思和解决近代以来西方文化弊病而开出的药方。长期以来,功利主义、霸权主义、西方中心主义等广为流行,造成了对不发达国家的严重歧视,甚至引发了战争和暴力冲突。"美美与共",指出了在全球化时代,多元文化、不同文明,要互相取长补短,走和平共赢的道路。这不能不说是一种大智慧。

第四,"天下大同"。"天下大同"语出儒家典籍《礼记·礼运》篇。这是中国古人长期追求的一种理想社会,也是近代以来志士仁人的奋斗目标。

---

① 费孝通:《对文化的历史性和社会性的思考》,见乔健等主编:《文化、族群与社会的反思》,北京大学出版社 2005 年版,第 14 页。

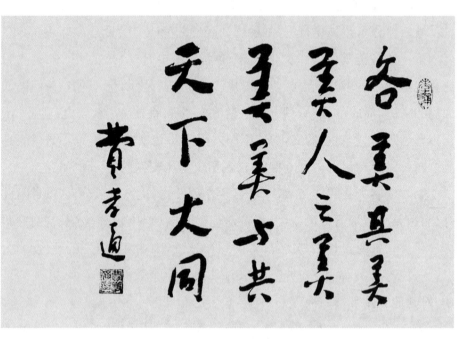

图 3—1　费孝通书"各美其美"

直至今天,这仍然是一幅美好而迷人的蓝图,是一个和平而又善良的愿景。它对于构建人类文明新秩序和认识世界文化的发展方向,仍有建设性意义。

费孝通曾强调,他的文化自觉理论是在回顾和反思近代以来中国现代化道路的过程中形成的,是对中国文化史特别是近百年来的思想文化史和文化理论深入探讨的结晶。我认为,他关于文化自觉的论述对于今天审视和研究近代文化史具有重要理论价值,很值得近代文化史研究者重视。

（二）从世界历史看近代中国的文化自觉

如何理解近代中国的文化自觉,可以有不同的角度。我试将近代中国的文化自觉放到人类精神发展史的大背景下来讨论。

历史发展到今天,人类精神至少已有两次伟大的觉醒。

第一次觉醒发生在公元前 800 至公元前 200 年之间,即人类文明的"轴心时代"。

雅斯贝斯在《历史的起源与目标》一书中,将公元前 800 至前 200 年之间,尤其是公元前 600 至前 300 年间,定义为人类文明的"轴心时代"。他说,"轴心时代"是人类文明的重大突破期。在这一时期,各大文明都出现了伟大的精神导师,形成了各自的文化传统。古希腊有苏格拉底、柏拉图、亚里士多德,以色列有犹太教的先知们,古印度有释迦牟尼,中国有孔子、老子等,他们提出的思想和原则塑造了不同的文化传统,长期影响着各民族的生活。[①]

需要指出的是,虽然中国、印度、中东和希腊天各一方,步入文明期的时间不尽相同,但各个文明又有许多共同特征。其重要表现之一,便是发生了"终极关怀的觉醒"。换句话说,这几个地方的人们开始用理智的方法、道德的方式来面对世界,建立秩序,同时也产生了宗教。这次觉醒,是对原始

①　[德]卡尔·雅斯贝斯:《历史的起源与目标》,魏楚雄、俞新天译,华夏出版社 1989 年版,第 8—13 页。

文化的突破和超越,使人类摆脱了原始、野蛮和蒙昧状态。

这次精神觉醒的成果:为了处理人与人的关系,产生了语言、伦理、国家和社会;为了处理人与神,或者说人的内心世界问题,产生了道德和宗教。

轴心时代人类精神的觉醒,某种程度上奠定了西方、印度、中国等文明的不同形态,不同个性。如我们中国号称礼义文明、礼仪之邦,以儒家文化的价值观为中国文化的核心,主张忠孝、仁爱等,就是这方面的例子。

从总体上说,这次文化觉醒的成果,在处理个体与群体的关系上,更重视人类社会的群体利益,强调秩序和信仰。这次觉醒所建立的理论体系、价值观念和社会秩序,到中世纪达到顶峰。但物极必反,原是为了人类生存,为了人类的尊严而创造出的宗教、道德和伦理,反过来却成为束缚人类社会进步的绳索。由此,出现了人类精神的第二次伟大觉醒。

第二次觉醒首先发生在 17、18 世纪的欧洲,然后从欧洲向世界各地传播开来。这次觉醒,以启蒙运动为中心。

"启蒙"一词源于法语,原意是"光明",借用它来指代智慧和理性。洛克的学生沙夫茨伯里伯爵就曾表示:"有一股强大的光在全世界散播开来……"①启蒙思想家主张用理性和知识之光来驱散迷信、蒙昧、狂热和专制造成的黑暗。

第二次人类精神的觉醒,其最重要的成果,可用两个关键词来说明。

一是个性解放。启蒙运动将人从上帝的统治下解放出来,强调人的独立性。原来是群体中的人,是依附于上帝的人,现在是个体的人,是自由的人。具体说,西方是从中世纪教会统治下解放出来,中国则是从僵化的思想观念和人伦秩序(如"天理"、"礼教")中解放出来。人的个性解放,较为核心的内容是提倡自由、平等、民主、博爱精神。

---

① Rex A.Barrell: Anthony Ashley Cooper, Earl of Shaftesbury (1671—1713), and le Refuge Francais' orrespondence, Lewiston, N.Y., 1989, p92,转引自[美]乔伊斯·阿普尔比、[美]林恩·亨特、[美]玛格丽特·雅各布:《历史的真相》,刘北成、薛绚译,上海人民出版社 2011 年版,第 34 页。

　　二是理性至上。启蒙运动的另一特色,是表现为不受束缚地、但常常也是不加批判地使用理性,去质疑传统、权威和教条。

　　17、18世纪是人类摆脱蒙昧,走向理性的时代。自然科学、人文社会科学诸领域群星闪耀。

　　自然科学方面,伽利略(Galileo)、开普勒(Johannes Kepler)、牛顿(Isaac Newton)、笛卡尔(René Descartes)等人,在天文学、物理学、数学等方面取得了巨大成就,开创了自然科学和人类社会的新时代。

　　人文社会科学领域,英国的霍布斯(Thomas Hobbes,1588—1679)向君权神授发起进攻,洛克(John Locke,1632—1704)提出了人民主权与分权的思想,弥尔顿(John Milton,1608—1674)宣传共和思想。法国在17、18世纪,诞生了一批伟大的启蒙思想家。孟德斯鸠(Montesquieu,1689—1755)《论法的精神》提出了三权分立学说,伏尔泰(Voltaire,1694—1778)提出自然权利学说,卢梭(Jean-Jacques Rousseau,1712—1778)《社会契约论》提出人民主权概念,主张人生而自由。18、19世纪,德国诞生了古典哲学三大家康德(Immanuel Kant,1724—1804)、黑格尔(Hegel,1770—1831)和费尔巴哈(L.A.Feuerbach,1804—1872),诞生了马克思(Karl Marx,1818—1883)和恩格斯(Friedrich Engels,1820—1895)。

　　个体自由、权利平等和政治民主,是启蒙精神的核心。从一定意义上说,1776年美国独立战争时期诞生的《独立宣言》,1789年法国大革命时期颁布的《人权宣言》,1848年马恩发表的《共产党宣言》,1948年联合国颁布的《世界人权宣言》,都是人类精神第二次觉醒的重要标志。

　　简言之,第一次大觉醒,奠定了世界上不同民族的文化个性和基础,形成了各自的文化传统。第二次大觉醒,由西欧发端,传播到世界各地,形成了带有共同特征的现代文化。

　　19世纪后半期,西方的启蒙思想传入中国。"近代中国的文化自觉",可以看作是人类精神第二次伟大觉醒的一部分。

二、昏睡的中国

我们说，文化自觉是指生活在一定文化中的人对其文化有"自知之明"，对所接触到的各种文化有深刻的认识；但在很长的一段时间内，中国人不仅对西方文化如雾里观花，了解得不真切，对自身的文化也是懵懵懂懂，缺乏清醒的认识。

近代中国的文化自觉是在中国固有之文化与欧洲输入之文化相互接触、相互冲突的过程中觉醒的。但这并不意味着，中西文化的接触与冲突就必然带来文化的觉醒。

明末清初，儒学与西学，两种异质的文化首次大规模相遇。

当时，西方宗教和器物传入中国，大多数中国人对之感到既陌生又惊奇，采取持斥态度，这无可厚非。但到了清代前期，西洋火器的威力和西洋历法的精确性，已得到验证，在事实面前，除康熙帝等极少数人外，绝大多数士大夫对之采取了顽拒固斥的态度。他们自命天朝上国，以居高临下的姿态，对西方社会和文化不仅不去加以研究，反而罗织罪名，制造冤狱，对传播西学的人加以迫害。

与西方人的进取、开放相比，中国人裹足不前，思想落后。雍正、乾隆年间，也就是 18 世纪，中国人自我陶醉在所谓的君主专制下的"太平盛世"，对西方资本主义世界的突飞猛进蒙在鼓里，不明就里。乾隆帝在致英王的信中说："天朝物产丰富，无所不有，原不藉外来货物以通有无。"作为最高统治者，乾隆帝的这句话，既无自知之明，也无知人之见，可以说是中国人心态的缩影：无知、自大、封闭。无知、自大、封闭，能称得上是文化自觉吗？当然，雍正、乾隆们并非对西方事物一概排斥。他们对民主、科学不感兴趣，也不知道什么叫民主、科学；但对西洋的"奇器"，那些供他们赏玩的西洋的奇珍异宝感兴趣。今天，从故宫珍宝馆和钟表馆中的陈列品，仍可见最高统治者喜好之一斑。

19世纪中叶,西方列强挟武力东来。两次鸦片战争,直接打败中国人的是西方的坚船利炮,中国人震惊之余,感兴趣的也是西方的坚船利炮。

魏源的《海国图志》在近代史上被给予了很高的地位,甚至被视作时代先声。但他最为重视的是"夷之长技"。正如冯桂芬所说,魏源"以夷攻夷、以夷款夷、师夷制夷"的策略是纵横家的旧习。魏源的策略近于"以彼之道,还施彼身"。魏源对西方国家强大的原因并无深刻的认识,他师夷长技的目标在"制夷",而不是用于自我提高。明治初年,日本学者重野安绎就曾指出,魏源所秉持的是儒家的华夏中心主义,而非现代意义的世界观。

第二次鸦片战争,英法联军侵占北京,首都陷落,震动朝野,从而有了洋务自强运动。洋务运动兴办了一批军用、民用企业,以及一些培养军事、技术人员的学校,并派人赴西洋留学。洋务思想家提出的"中体西用"思想,强调中西文化的兼容互补,应当说,这些思想和措施在客观上有利于西方文化在中国的传播,某种意义上是对时代问题做出的积极回应。

但就本质而言,洋务派和早期维新派虽感觉到中国文化之不足,但主要限于器物层面,对西方文化之长尚缺乏真切认识。曾国藩之子曾纪泽曾出任驻英、法、俄等国大臣,是晚清著名外交家。1887年,他在伦敦的《亚洲季刊》用英文发表了著名的《中国先睡后醒论》,不过,从文章内容看,他所说的觉醒是以北洋海军的军事现代化为中国觉醒的根据,并未触及文化和政治层面。

对于洋务运动,陈独秀五四时期曾总结指出:

> 曾、李当国,相继提倡西洋制械练兵之术,于是洋务西学之名词发现于朝野。当时所争者,在朝则为铁路、非铁路问题,在野则为地圆地动、地非圆不动问题。今之童稚皆可解决者,而当时之顽固士大夫奋笔鼓舌,哓哓不已,咸以息邪说、正人心之圣贤自命。其睡眠无知之状态,当世必觉其可恶,后世只觉其可怜耳![1]

---

[1] 陈独秀:《吾人最后之觉悟》,《青年杂志》第1卷第6号,1916年2月。

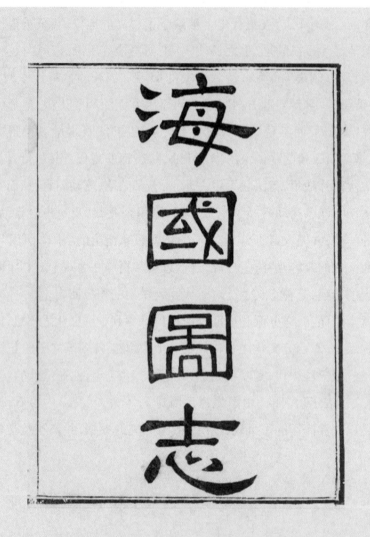

图 3—2 《海国图志》书影

"其睡眠无知之状态,当世必觉其可恶,后世只觉其可怜耳!"这句话可以视为当时中国人形象的写照。

三、维新变法时期的文化自觉

甲午战败,丧权辱国,给中国带来了深重灾难。灾难和屈辱对中国人的精神形成了空前的冲击,唤起了一部分读书人的觉醒。身历其事的梁启超在《戊戌政变记》中回忆说:"唤起支那四千年之大梦,实自甲午一役始也。……支那则一经庚申圆明园之变,再经甲申马江之变,而十八行省之民,犹不知痛痒,未尝稍改其顽固嚣张之习,直待台湾既割,二百兆之偿款既输,而鼾睡之声,乃渐惊起。"①早期维新思想家何启、胡礼垣也指出:"未之战也,千人醉而一人醒,则其醒者亦将哺糟啜醨,宜其醉醒无时也",但是"一战而人皆醒矣,一战而人皆明矣"。②

康有为、梁启超、谭嗣同、孙中山、章太炎、杨衢云、陈少白、包天笑等人,正是在甲午战争的刺激之下,改变了人生理想和文化观念,由旧式士人转变为新派人物,走上了改良或革命的道路。

其中,从甲午战争到庚子事变,以康有为为首的维新思想家群体成为中国文化自觉的代表人物。维新时期的文化自觉,我将其归纳为以下四点。

(一) 重建中国文化的坐标系

中国古人以"子曰诗云"、"祖宗之法"为至高无上的权威。他们崇儒重道,儒家的伦理纲常是最为基本的价值观,也是做人做事最为重要的标准。

甲午战败,引发了有识之士的深思:战争的失败究竟是由传统纲纪不振、人心败坏造成的,还是因固守传统、不知变革造成的? 他们通过中西文

---

① 梁启超:《戊戌政变记·附录一·改革起原》,汤志钧、汤仁泽编:《梁启超全集》第1集,中国人民大学出版社2018年版,第598页。

② 何启、胡礼垣著,郑大华点校:《新政真诠》,辽宁人民出版社1994年版,第182—183页。

化比较得出了自己的结论。

康有为说:中国为一统之国,君主专制,其为法也守,其为治也疏;泰西则列国争雄,君虚己而下士,士尚气而兢功,法变而日新。中国义理,先立三纲,尊卑有阶,锢塞不通;泰西则君民有平等之俗,其美处在下情能达。① 在此,康有为的坐标系发生了显著变化。他不再以"中国之是非"为是非,不再以儒家伦常为评判准则,不再遵循华夏中心主义,而是通过与西方比较来确立中国的位置,从世界范围来考察和解释中国落后的原因。

严复对中西文化的比较更为深入、系统。他曾留学英国多年,长期研习西学,是较早以世界化的方式自觉反思中国文化的学者。他在《救亡决论》中指出:"从事西学之后,平心察理,然后知中国从来政教之少是而多非。即吾圣人之精意微言,亦必既通西学之后,以归求反观,而后有以窥其精微,而服其为不可易也。"②他利用从西方所学到的新理念新方法,建立起了"反观"中国文化的坐标,以此重新评价和定位中国文化。中国文化与西方文化的不同表现在哪里呢? 他总结说:就其大者而言,中西事理最不相同的地方,莫大于"中之人好古而忽今,西之人力今以胜古;中之人以一治一乱、一盛一衰为天行人事之自然,西之人以日进无疆,既治不可复乱,为学术进化之极则"。③ 这些不同是什么原因造成的呢? 严复回答说:择其要者而言,西盛中弱的原因,在于文化命脉的不同。"其命脉云何? 苟扼要而谈,不外于学术则黜伪而崇真,于刑政则屈私以为公而已。斯二者,与中国理道初无异也。顾彼行之而常通,吾行之而常病者,则自由不自由异耳。"④严复深刻地指出,黜伪崇真和屈私为公的道理,中国文化里并非没有,中国人在口头上并非不讲,但现实效果则是,西方人行之而常通,能够落实;中国人行之而常病,言行不一,往往落实不到位。造成这种状况的根本原因,在于"自由

① 康有为:《与洪右臣给谏论中西异学书》,姜义华、张荣华编校:《康有为全集》第1集,中国人民大学出版社2020年版,第336—337页。
② 严复:《救亡决论》,王栻主编:《严复集》第1册,中华书局1986年版,第49页。
③ 严复:《论世变之亟》,王栻主编:《严复集》第1册,中华书局1986年版,第1页。
④ 严复:《论世变之亟》,王栻主编:《严复集》第1册,中华书局1986年版,第2页。

不自由异耳",即有无真正意义上的自由。严复分析说:西方人以"自由为体",但中国历古圣贤却对自由引以为讳。由于对待自由采取了截然不同的态度,于是衍生出了一系列的不同。比如:"中国最重三纲,而西人首明平等;中国亲亲,而西人尚贤;中国以孝治天下,而西人以公治天下;中国尊主,而西人隆民;中国贵一道而同风,而西人喜党居而州处;中国多忌讳,而西人众讥评。其于财用也,中国重节流,西人重开源;中国追淳朴,而西人求寰虞。其接物也,中国美谦屈,而西人务发舒;中国尚节文,而西人乐简易。其于为学业,中国夸多识,而西人尊新知。其于祸灾也,中国委天数,而西人恃人力。"①在这篇文章中,严复虽然声称"未敢遽分其优绌",但中国与西方孰优孰劣、孰是孰非,不言而喻。

(二) 自 我 批 判

维新派对中国的文化和历史传统有着较为深刻的反省,对儒家学说、伦常名教、科举制度作了犀利的批判。

1. 批判儒家学说

数千年来,中国人读圣贤之书,用儒家学说治天下,怀有一种文化上的优越感。甲午战争败给东邻日本,对中国人的精神产生了强烈刺激。痛定思痛,人们重新审视儒家学说,重新考察儒家学说的真实性和有效性。

康有为在《新学伪经考》等著作中,对儒家正统学说古文经学(汉学)和程朱理学(宋学)作了全新的评判。他说:"凡后世所指目为'汉学'者,皆贾、马、许、郑之学,乃'新学',非'汉学'也;即宋人所尊述之经,乃多伪经,非孔子之经也。"②据他考证,儒家学说中,包括当时流行的古文经学在内,凡被后人视为汉学者,并非孔子的真经,而是汉代以后出现的,究其实质,是为王莽篡权而成立的新朝服务的,应称为"新学"。程朱理学家所尊奉的经

---

① 严复:《论世变之亟》,王栻主编:《严复集》第1册,中华书局1986年版,第3页。
② 康有为:《新学伪经考》,姜义华、张荣华编校:《康有为全集》第1集,中国人民大学出版社2020年版,第356页。

书,也多是伪经,并非孔子所作的经书。也就是说,汉末以来,直至晚清,读书人所念的经书,并非孔子所作,完全谈不上是圣贤之书。

宋恕也是一位主张变法的人士。他在文章中将矛头直指程朱理学,指责程朱理学"远乎公""远乎实"。① 所谓"远乎公",是指责程朱理学背离上古儒学"天下为公"、讲求民主的精神,沦为了维护历代统治者"家天下"的理论依据,成为党同伐异的思想工具。所谓"远乎实",是指责程朱理学不究实际,不通时务,脱离了现实。

前面讲过,程朱理学是宋代以来中国人的官方哲学和文化信仰,古文经学则处于学坛的核心位置。康有为等维新人士的这些学术观点,其公允与否暂且不论,但他们的确看到了中国旧文化的根本所在,认识到了中国文化存有严重弊病。这些观点震聋发聩,发人深省。

2. 批判伦常名教

中国人几千年来做人的道德规范和文化信仰也遭到了质疑,受到了批判。

谭嗣同以激烈抨击纲常名教闻名,他所著《仁学》一书,将纲常学说比喻为束缚人的网罗,明确提出要"冲决网罗"。

他在《仁学》一书中写道:儒家的纲常名教并不是神圣永恒的"天理",而是历代统治者为了"钳制天下"而制造的"钳制之器",是君桎臣、官轭民、父压子、夫困妻的工具。② 他着重指出,在三纲中,君臣一伦最为黑暗,最违背做人的道理:那些做皇帝的也长着耳目手足,跟常人一样,并非有三头六臂,并非智力超群。既然如此,那么,他们靠什么来统治和压迫四万万国人呢?谭嗣同自问自答说:"则赖乎早有三纲五常字样,能制人之身者,兼能制人之心。"③他们靠的就是被奉为金科玉律的三纲五常,纲常学说不仅能制人之身,而且制人之心。

---

① 宋恕:《六字课斋卑议》(印本),胡珠生编:《宋恕集》(上册),中华书局1993年版,第129页。
② 谭嗣同著,张玉亮汇校:《仁学·汇校本》,浙江古籍出版社2021年版,第24—25页。
③ 谭嗣同著,张玉亮汇校:《仁学·汇校本》,浙江古籍出版社2021年版,第101页。

宋恕则对"夫为妻纲"大加鞭挞。他以男女平等、婚姻自由思想为准绳,揭露纲常名教对妇女的迫害,批驳男尊女卑的传统观念。他指出,儒家专门为贞、节、烈女作旌作表,实际上是对妇女的摧残:"自儒者专以'贞'、'节'、'烈'责妇女,于是号称'贞者'、'节者'、'烈者',多非其本心,而劫于名议,而为妇女者,人人有不聊生之势矣。"① 历代有多少妇女,为了获得贞女、节妇、烈女的称号,牺牲了青春,甚至献出了宝贵的生命。

3. 批判科举制度

中国的落后是由于人才的缺乏。维新人士认为中国之所以缺乏人才,是由中国的人才制度造成的,其中最为直接的是科举考试制度。因此,他们对科举制度特别是八股取士制度提出了尖锐的批评。康有为在上光绪皇帝的奏折中就八股文所带来的危害做了系统阐述。他指出,方今国事艰危,人才缺乏,推其原由,皆因科举考试采用八股文之故。② 严复认为,八股制艺造成人的思维僵化、呆板,"破坏人才,国随贫弱",已失去为国求才、劝人向学的意义,并尖锐地指出它对人才培养有三大害:"锢智慧"、"坏心术"、"滋游手"。③ 梁启超也指出,改革科举考试的方式,才能改变人才难求的局面,"此实维新之第一义也"。④ 他将科举制度改革作为变法维新的第一要义。戊戌维新时期,废八股、改策论、兴学校成了有识之士的共同主张。

(三)学习西方:文化取向的根本性转变

数千年来,中国文化领先于周边地区,从而形成了周边地区学习和引进中国文化为主的传统。在观念上,中国人较普遍地主张用夏变夷,而反对用夷变夏。甲午战后,中国人的这种文化自负和自我中心主义受到了极大的打击。知耻而后勇,从此,中国人开始放低身段,主动地学习西方。

---

① 宋恕:《六字课斋卑议》(初稿),胡珠生编:《宋恕集》(上册),中华书局1993年版,第33页。
② 康有为:《上清帝第三书》,姜义华、张荣华校:《康有为全集》第2集,中国人民大学出版社2020年版,第74页。
③ 严复:《救亡决论》,王栻主编:《严复集》第1册,中华书局1986年版,第40—42页。
④ 丁文江、赵丰田编:《梁启超年谱长编》,上海人民出版社2009年版,第60页。

　　中国战败后,恭亲王奕訢有一耐人寻味的总结。他说:"中国之败,全由不西化之故,非鸿章之过。"①将战争失败的原因归为中国没有能够很好地学习西方,而不是道德人心,这是战争失败所换来的血的教训,是不得已而为之的选择。

　　上千年来,日本人在中国人心目中是倭寇,是岛夷,但战争改变了中国人的观念。对败于日本而一直怀有深深屈辱感的中国人,为了改变现状,改向日本学习,从日本引进新学说新文化。

　　《马关条约》签订不久,第一批赴日留学的 13 名学生就踏上了东渡的船只。

　　翻译日文书籍是向日本学习的重要方式。甲午战争之前的三百年,日本人所翻译的中国书籍有 129 种之多,而中国译自日本的仅 12 种,且大多数还是日本人翻译的。形成对照的是,甲午之后的十几年,日本译自中国的书籍仅 16 种,而中国译自日本的则超过 1000 种。

　　中国人以强敌为榜样,所沿袭的已不全是魏源"师夷制夷"的思路,而是出于文化自觉,出于对先进文化的理性追求。

　　中国人对西方文化的渴求,从西学书报的刊布、新式学会的建立可见一斑。1895 年至 1900 年,中国人创办报纸 20 余种,出版西学西政类大型丛书 12 种,成立新式学会 73 家,均大大超出了甲午战前的水平。一些介绍西学的书籍在维新期间备受欢迎,其中不少书籍甚至遭到了不法书商的大量盗印。

　　向西方学习,学习的内容包罗万象,其中一项重要内容是政治制度。维新人士主张学习以日本为代表的君主立宪制度。康有为在变法初期曾进呈给光绪帝一本书,名叫《日本变政考》。该书将日本明治维新的各项改革措施条分缕析,建议朝廷以开议院、实行君主立宪为改革目标。整个百日维新,一定意义上可以说就是一次师法日本君主立宪制度的政治实践。

---

① 窦宗一:《李鸿章年(日)谱》,香港友联书报发行公司 1968 年版,总第 5064 页。

（四）“变”的自觉

在中国传统文化中,伦常、秩序和稳定占据主导地位。但甲午以后,"变"成了时代强音。

"变法"是维新派的政治理想,也是文化抉择,体现了他们对中西文化的理性思考。康有为的《孔子改制考》《日本变政考》及七上皇帝书,梁启超的《变法通议》,严复的《天演论》,谭嗣同的《仁学》等,集中反映了维新派的变法主张和变的观念。

梁启超有一段名言,他说:"要而论之,法者天下之公器也,变者天下之公理也。大地既通,万国蒸蒸,日趋于上,大势相迫,非可阏制,变亦变,不变亦变。变而变者,变之权操诸己,可以保国,可以保种,可以保教。不变而变者,变之权让诸人,束缚之,驰骤之,呜呼,则非吾之所敢言矣。"①"能变则全,不变则亡;全变则强,小变仍亡。"②在万国并立、民族危机的形势下,"变"已成了不可阻挡的历史趋势。

较之古人,维新派言"变",有三个特点。

其一,"变"与"群"相联系。维新人士宣传变法,其首要目的是民族救亡。康有为主张改儒学为孔教,主旨之一即在团结人心,抵制外来宗教侵略,免于种群灭亡。严复译著《天演论》则直接激发了中国人的"合群保种"意识。百日维新期间,进步人士虽还没有明确提出"民族"的概念,但他们从"保国保种"的角度来宣传变法思想,切实促进了民族觉醒,为民族国家观念的生成做了准备。

其二,"变"与进化论相联系。维新派所宣传的进化论有两种形式,一是严复译《天演论》,一是康有为的公羊三世进化论。康有为在《孔子改制

---

① 梁启超:《变法通议》,汤志钧、汤仁泽编:《梁启超全集》第 1 集,中国人民大学出版社 2018 年版,第 28 页。
② 康有为:《上清帝第六书》,姜义华、张荣华编校:《康有为全集》第 4 集,中国人民大学出版社 2020 年版,第 17 页。

考》等著作中,引入西方的进化理论和政治学说,把《公羊传》的三世("据乱世"、"升平世"、"太平世")分别与君主专制、君主立宪制和民主共和制相对应,这样,就把历史观、世界观与社会制度的改造结合在了一起,具有质变的意义。

其三,"变"与"新"相联系。相对于中国的传统学术而言,康、梁的学说以"新学"著称。这不仅体现在他们引进了西方近代社会政治学说,具有一种新的气象,而且表现在他们反对株守陈规、勇于改过自新的精神。"新"成为一种价值取向。这实质上是一次思想文化大解放,是思想启蒙。

"变亦变,不变亦变。"近代以来,面对千年未遇之大变局,无论是顽固派、洋务派还是维新派都在寻求应对之策,都主张"变法"。但顽固派的"变",是被动而无奈的改变;洋务派的"变",是外势所迫下为维护清政权而做出的调和。只有维新派的"变",才是主动顺应世界大势,才是文化自觉。

四、辛亥革命前十年的文化自觉

戊戌政变后守旧势力抬头,延缓了中国人学习西方的步伐。义和团运动时期,许许多多中国人自我陶醉在传统文化中,分不清哪是糟粕,哪是精华,他们视"怪力乱神"为祖宗传下来的宝贝,视符咒为灵丹妙药。清末十年,也就是辛亥革命之前的这十年,不是没有觉醒者,但更多的人并没有醒来。

下面借用鲁迅先生的回忆,看看当时的情形,看看当时中国人的精神状态。

有一回,我竟在画片上忽然会见我久违的许多中国人了,一个绑在中间,许多站在左右,一样是强壮的体格,而显出麻木的神情。据解说,则绑着的是替俄国做了军事上的侦探,正要被日军砍下头颅来示众;而围着的便是来赏鉴这示众的盛举的人们。

这一学年没有完毕,我已经到了东京了,因为从那一回以后,我便觉得医学并非一件紧要事,凡是愚弱的国民,即使体格如何健全,如何茁壮,也只能做毫无意义的示众的材料和看客,病死多少是不必以为不幸的。所以我们的第一要著,是在改变他们的精神,而善于改变精神的是,我那时以为当然要推文艺,于是想提倡文艺运动了。

——《呐喊·自序》(1922 年)

第二年(1905 年)添教霉菌学,细菌的形状是全用电影来显示的,一段落已完而还没有到下课的时候,便影几片时事的片子,自然都是日本战胜俄国的情形。但偏有中国人夹在里边:给俄国人做侦探,被日本军捕获,要枪毙了,围着看的也是一群中国人;在讲堂里的还有一个我。

"万岁!"他们都拍掌欢呼起来。

这种欢呼,是每看一片都有的,但在我,这一声却特别听得刺耳。此后回到中国来,我看见那些闲看枪毙犯人的人们,他们也何尝不酒醉似的喝彩,——呜呼,无法可想!

——《藤野先生》(1926 年)①

幻灯片所示的是日俄战争的场景。一群中国人在自己的国土上围观日本人杀害自己的同胞,还发出"酒醉式的喝彩",这就是当时普通中国人的精神状态。

幻灯片事件深深地刺痛了年轻的周树人,改变了他的人生志向,使他毅然决然地选择做一个呐喊者。他要唤醒沉睡中的中国人。

历史的发展往往具有两面性。八国联军侵华及《辛丑条约》的签订,一方面给中国带来了严重灾难,中国完全沦为了半殖民地社会;另一方面,灾难对于中国人又是一剂清醒剂,促进了民族觉醒。"白鬼西来做警钟,汉人

① 分别见鲁迅:《呐喊·自序》《呐喊》,《鲁迅全集》第 1 卷,人民文学出版社 2005 年版,第 438—439 页;《藤野先生》《朝花夕拾》,《鲁迅全集》第 2 卷,第 317 页。

图 3—3　留学时代的周树人

惊破奴才梦。"①八国联军侵华事件,成为近代中国人文化自觉的新起点。

1900 年后,更多的有识之士行动起来,自觉承担时代使命。他们由此前对西方具体文化事项的提倡与模仿,转变为从理论上对中西方文化问题的整体思索;由较为单一的要不要兴西学,转变为对如何学习西方的多元回答。他们从新学与旧学之争,变为如何发展新学的方案的讨论。

辛亥革命前十年的文化自觉,具体表现为三个方面。

其一,重建中国文化的本体。

不同民族的现代文化具有共性,自由、民主、科学等文化观念不是西方人的私产,而是全人类应该共同分享的文明成果。严复首先认识到了这一文明成果适用于中国。他通过中西比较,从理论上说明了"中体西用"论的片面性和落后性。

我们知道,"中学为体,西学为用"这种说法是洋务运动时期提出来的。维新变法期间,张之洞著《劝学篇》,把"中体西用"思想系统化,给人以不偏不倚的感觉,在开明士大夫中产生了广泛的影响。②"中学为体",是说以中国儒家的纲常名教为原本,以三纲六纪为指导思想;"西学为用",是说在器物、制度层面上学习西方,为中国所用。简言之,学习西方,仅可限于器物和部分制度层面,而对西方文化的"道""体",也就是民权、平等、自由等价值观念,因为与儒家纲常相冲突,故在反对之列。

1902 年,严复发表《与〈外交报〉主人书》一文,明确表达了他的中西文化观。该文标志着中国人对现代文化的认识进入了一个新阶段。

针对张之洞等人的"中体西用"理论,他借用裘可桴(廷梁)的话说:"体用者,即一物而言之也。有牛之体,则有负重之用;有马之体,则有致远之用。未闻以牛为体,以马为用者也。中西学之为异也,如其种人之面目然,不可强谓似也。故中学有中学之体用,西学有西学之体用,分之则并立,合

① 秋瑾:《宝刀歌》,陈平原选编:《秋瑾女侠遗集》,贵州教育出版社 2014 年版,第 101 页。
② 张之洞:《劝学篇》,赵德馨主编,吴剑杰、周秀鸾等点校:《张之洞全集》第 12 册,武汉出版社 2008 年版,第 159 页。

图 3—4　严复像

之则两亡。"①在严复看来,文化具有整体性,"中体西用"论实质上是文化可分论,是一种错误的指导理论。

针对清末新政时期的"政本艺末"之说,严复指出:"其曰政本而艺末也,愈所谓颠倒错乱者矣。且其所谓艺者,非指科学乎? 名、数、质、力,四者皆科学也。其通理公例,经纬万端,而西政之善者,即本斯而立。故赫胥黎氏有言:'西国之政,尚未能悉准科学而出之也。使其能之,其致治且不止此。'中国之政,所以日形其绌,不足争存者,亦坐不本科学,而与通理公例违行故耳。是故以科学为艺,则西艺实西政之本。设谓艺非科学,则政艺二者,乃并出于科学,若左右手然,未闻左右之相为本末也。且西艺又何可末乎? ……迩者中国亦尝仪袭而取之矣,而其所以无效者,正坐为之政者,于其艺学一无所通。不通而欲执其本,此国财之所以糜,而民生之所以病也。"②在此,严复敏锐地指出,艺,也就是科学,非但不是末,而且是本。因为在西方文化中,包括政治在内,都是建立在科学之上。维新变法时期,严复曾提出"自由为体",③在此又提出科学为本。以自由、科学为本体,表明他已认识到现代文化最具本质性的东西,而且,他认为自由、科学,无论西方、中国,都是通用的。经过严复的解释,中国文化的本体,中国现代文化的本体,只能是自由、科学,儒家的伦常名教因违背自由、科学的精神,已不具有适用性。也可以这样说,严复醒悟到,三纲六纪等人类第一次精神觉醒的成果,与第二次觉醒的成果相比,已然落后了。我认为严复这篇文章实际上发出了五四时期"民主""科学"之先声,它在近代文化史上具有里程碑意义。不过,其理论价值,学界至今仍未予以足够重视。

梁启超则对中国文化的主体性问题做出了突破性的解释。

文化的主体性,也就是文化的立场问题、民族性问题。

---

① 严复:《与〈外交报〉主人书》,王栻主编:《严复集》第 3 册,中华书局 1986 年版,第 558—559 页。
② 严复:《与〈外交报〉主人书》,王栻主编:《严复集》第 3 册,中华书局 1986 年版,第 559 页。
③ 严复:《原强》,王栻主编:《严复集》第 3 册,中华书局 1986 年版,第 23 页。

20 世纪初年,中国出现了"崇洋"的现象。一些年轻留学生思想偏激,唯西方文化是尊。梁启超流亡日本后,得以大量阅读日本的西学书籍和报刊。这些著作和报刊,特别是近代启蒙思想家的著作,给了他很大启发。通过与西方文化比较,他对中国人的文化观有了较为深刻的认识。梁启超在《论中国学术思想变迁之大势》一文中写道:"凡天下事,必比较然后见其真,无比较则非惟不能知己之所短,并不能知己之所长,前代无论矣,今世所称好学深思之士有两种:一则徒为本国学术思想界所窘,而于他国者未尝一涉其樊也;一则徒为外国学术思想所眩,而于本国者不屑一厝其意也。"[1]他指出,文化自大和文化自卑都不是对待中国文化的正确态度。针对 20 世纪初年一些人盲从西学,他强调说,输入外国文化,不能忘记本国文化的主体地位,"不然,脱崇拜古人之奴隶性,而复生出一种崇拜外人、蔑视本族之奴隶性,吾惧其得不偿失也"。[2]"今日欲使外学之真精神普及于祖国,则当转输之任者,必邃于国学,然后能收其效。"[3]他认为能够担当输入西方文化之大任的人,必须要有较好的中国传统文化根柢。对盲目崇外现象的批评,体现了他文化选择的主体自觉意识。

严复对于文化时代性的理解,梁启超对于文化民族性的理解,均达到了前所未有的高度。他们识人所未识,言人所未言。闻者本应跫然色喜,但在当时知音难觅,真正能听懂其心声者,实在少之又少。

其二,改造国民性。

文化自觉以文化自知为前提,强调要有自知之明。只有直面自己的不足,从中找出差距,才能取得进步。一个人是如此,一个民族也是如此。

近代中国人对民主和科学等现代精神的追求是从批判国民性开始的。

---

[1]　梁启超:《论中国学术思想变迁之大势》,汤志钧、汤仁泽编:《梁启超全集》第 3 集,中国人民大学出版社 2018 年版,第 16 页。

[2]　梁启超:《论中国学术思想变迁之大势》,汤志钧、汤仁泽编:《梁启超全集》第 3 集,中国人民大学出版社 2018 年版,第 17 页。

[3]　梁启超:《论中国学术思想变迁之大势》,汤志钧、汤仁泽编:《梁启超全集》第 3 集,中国人民大学出版社 2018 年版,第 105 页。

批判国民性,实际上就是对民族文化的自我批判。自我批判,无论对于群体还是个体而言,都需要极大的勇气和智慧。这方面,康有为、梁启超、严复、孙中山、章太炎、陈独秀、鲁迅等人都是伟大的先行者。

其中,20世纪初,梁启超以倡导新民学说而别开生面。梁启超对国民性的改造,从反思中国的历史、分析中国的现状入手。梁启超在《自由书》中说:"今之口言经济者,辄曰中国之患,贫也弱也,官吏不忠也,乱民遍地也,外国凌逼也。其救之之法则曰练兵也,办团也,筹饷也,劝商也。其尤高识者则曰变旧法也,兴民权也。彼其持论,谁谓不然? 以吾观之,虽其所见有高下大小之不同,要之皆治近因之方法,而非治远因之方法。不治远因而欲治近因,则必不可得治。"①

第二次鸦片战争以后,中国人想方设法摆脱困境,先是搞洋务自强,后又搞维新变法,但均以失败告终。梁启超分析多年来中国图强致败的原因时说:多年来,面对内忧外患,有识之士所提出的解决办法,如练兵、办团、筹饷、劝商,如变旧法、兴民权,等等,都是治近因之法,不治远因而只治近因,治标不治本,欲速则不达。那么,什么是治远因之法呢? 梁启超指出:最为根本的是改造国民性,造就新国民。

戊戌变法时期,梁启超追随康有为,认为当务之急是政治制度的变革,依靠光绪皇帝等少数人实行自上而下的改革。变法失败后,梁启超逃亡日本。中日国民素质的巨大反差,给梁启超以很大刺激,梁启超改变了原来的看法。他认识到:"苟有新民,何患无新制度、无新政府、无新国家。非尔者,则虽今日变一法,明日易一人,东涂西抹,学步效颦,吾未见其能济也。夫吾国言新法数十年,而效不睹者何也? 则于新民之道未有留意焉者也。"②他认为如果国民素质不能提高,即便一时有英明人物行善政,但人走

---

① 梁启超:《自由书》,汤志钧、汤仁泽编:《梁启超全集》第2集,中国人民大学出版社2018年版,第55页。

② 梁启超:《新民说》(第2节),汤志钧、汤仁泽编:《梁启超全集》第2集,中国人民大学出版社2018年版,第529页。

政息,原来的善政也会荡然无存。他还说:"凡一国之进步也,其主动者在多数之国民,而驱役一二之代表人以为助动者,则其事罔不成;其主动者在一二之代表人,而强求多数之国民为助动者,则其事鲜不败!"①一个国家之强弱,取决于多数之国民,而非少数之精英。这是一个不寻常的认识。

正是出于文化上的自觉,梁启超先后创办了《清议报》和《新民丛报》,发表了《论中国学术思想变迁之大势》《自由书》《国民十大元气论》《少年中国说》《呵旁观者文》《新民说》《新民议》《保教非所以尊孔论》等一系列震聋发聩的文章,宣传新民学说,改造国民性。

什么是国民呢?梁启超说:国家为人民之公产,"国者,积民而成,舍民之外则无有国。"国家的主权属于人民,"以一国之民治一国之事,定一国之法,谋一国之利,捍一国之患,其民不可得而侮,其国不可得而亡,是谓国民。"②

国民要有国家观念,但长期以来,中国人自以为处于天下之中心,以臣民自居,既无现代的世界观念,也缺乏国家观念。因此,梁启超把培养国民的国家观念作为新民的第一项任务。他撰写了系列文章批评中国人缺乏爱国思想,以唤起国民的爱国心。

1900年,梁启超发表《呵旁观者文》,批判中国人的劣根性。作者以"深文刻薄之言",发出了"中国四万万人皆旁观者也"③的呐喊。该文把中国的"旁观者"划分为六种类型。

一是浑沌派。这一派是"无脑筋的动物",日出而作,日落而息。"饥则食,饱而游,困而睡,觉而起,户以内即其小天地,争一钱可以陨身命,彼等既不知有事,何所谓办与不办?既不知有国,何所谓亡与不亡?"也就是人们

---

① 梁启超:《过渡时代论》,汤志钧、汤仁泽编:《梁启超全集》第2集,中国人民大学出版社2018年版,第296页。

② 梁启超:《论近世国民竞争之大势及中国之前途》,汤志钧、汤仁泽编:《梁启超全集》第2集,中国人民大学出版社2018年版,第206页。

③ 梁启超:《呵旁观者文》,汤志钧、汤仁泽编:《梁启超全集》第2集,中国人民大学出版社2018年版,第227页。

常说的,家事、国事、天下事,关我啥事。他说:这类人在中国至少有三亿五千万。

二是为我派。此派即俗话所说"遇打雷还要按住钱包"的人,要财不要命,自私自利,极其贪婪。他说:无论官绅士商,凡据要津、握重权者,皆属此辈。这些人是既得利益群体,是旁观者中危害最大的一类。

三是呜呼派,也就是名士派。这些人自命清流,故作清高,天天唱高调,忧国忧民,但事到临头,又双手一摊,表示"无可奈何"、没有办法,借故推开。

四是笑骂派。这些人常站在别人背后,冷嘲热讽,指指点点,批评他人。他们不仅自己是旁观者,也逼迫他人不做事,沦为旁观者。他们既骂人家守旧,也骂人家维新,既骂人家小人,也骂人家君子,只有他们是完人。他们不做事,袖手旁观,所以成了完人。

五是暴弃派。笑骂派自命不凡,这种人则自暴自弃,自称无能之辈。他们说:中国四亿人,三亿九千九百九十九万九千九百九十九人中,能人不知有多少,多我不多,少我不少,无足轻重。未下战表,这些人先投降了。

六是待时派。用今天的话说,这一派习惯于"看看再说",拖拖拉位,有拖延症。明日复明日,最终不了了之。这类人往往抱怨生不逢时,英雄无用武之地,实际上是态度消极,逃避现实。

梁启超说,中国四万万人看似不同,实则有一个共同身份——旁观者。旁观者共同的特点是不负责任,得过且过,言行不一。常言说,一个和尚挑水吃,两个和尚抬水吃,中国的和尚太多了,旁观者太多了,结果,大家袖手旁观,国家一天天沉沦了。[1]

从 1902 年起,梁启超在《新民丛报》连载长文《新民说》。《新民说》指出,中国人缺乏国民最基本的五种素质:国家思想、社会公德、权利观念、自由思想、自治能力。他呼吁中国人"勿为古人之奴隶""勿为世俗之奴隶"

[1] 详见梁启超:《呵旁观者文》,汤志钧、汤仁泽编:《梁启超全集》第 2 集,中国人民大学出版社 2018 年版,第 226—230 页。

"勿为境遇之奴隶""勿为情欲之奴隶"。① 梁启超将奴隶性称为中国人的"劣下之根性",并旗帜鲜明地提出:中国人必须"蕲劣下之根性,涵远大之理想。"②

"劣下之根性"很可能就是后来鲁迅笔下"劣根性"一词的前身。就此而言,梁启超可谓是第一个提出"国民劣根性"概念的中国思想家。鲁迅曾说过,中国只经历过两个时代,一个是暂时做稳了奴隶的时代,一个是想做奴隶而不得的时代。这与梁启超的说法一脉相承。③

梁启超对于国民性的批判存在偏激、矫枉过正之处,这一点他本人并不讳言。但更应看到的是,这些犀利、苛刻且不乏偏激的"破坏主义"言论,蕴含着一种真正意义上的自省、自爱、自立。不破不立,涤非更生。这种自我批判不是否定自己,更不是历史虚无主义,它有着更高的理想和追求,即致力于培育现代性的国民性格和民族精神。

从建设的角度看,梁启超的新民说围绕"新民德"、"开民智"、"鼓民力"展开,核心是宣扬自由主义的民主自觉。他在《新民说》等文中写道:"自由者,权利之表证也",乃"天下之公理,人生之要具,无往而不适用";"吾中国四万万人,无一可称完人者",就是因为缺乏号称为精神界之生命的自由;"故今日欲救精神界之中国,舍自由美德外,其道无由"。④ 职是之故,他几乎不加选择地把大陆理性自由主义(卢梭)和英国经验自由主义(穆勒)相混用,把政治学上的行为自由(卢梭、穆勒)与伦理学上的意志自由(康德)相混用。他把欧美的自由粗列为四端:政治上之自由,宗教上之自由,民族上之自由,经济上之自由。以此为参照,他提出,中国目前在自由

① 梁启超:《新民说》(第9节),汤志钧、汤仁泽编:《梁启超全集》第2集,中国人民大学出版社2018年版,第569—571页。
② 梁启超:《论中国国民之品格》,汤志钧、汤仁泽编:《梁启超全集》第4集,中国人民大学出版社2018年版,第177页。
③ 鲁迅:《灯下漫笔》《坟》,《鲁迅全集》第1卷,人民文学出版社2005年版,第225页。
④ 梁启超:《十种德性相反相成义》,汤志钧、汤仁泽编:《梁启超全集》第2集,中国人民大学出版社2018年版,第287页。

问题上最急缺者为参政问题和民族建国问题。为此,他设计了从道德思想上建设自由主义的改造国民性方案。

造就新国民,代表了一条不同于政治改革的道路。这条改革中国的道路艰难而又漫长。

其三,反思和批判西方文化。

学习西方文化,并不意味着崇洋媚外和全盘西化。近代进步人士对西方文化有一种警醒,他们以理性、批判的态度看待西方。

最早从学理上较深刻地反省和批判西方文化的,是迈出国门的那批新式知识分子。他们对西方的现实越是了解,越觉得西方的文化存在矛盾。他们看到西方的社会问题重重,认为这与中国人的预期目标有较大差距,不符合中国人的理想。例如,严复在 1895 年所撰写的《原强》一文中指出:"夫自今日中国而视西洋,则西洋诚为强且富,顾谓其至治极盛,则又大谬不然之说也。""虽有益于民生之交通,而亦大利于奸雄之垄断,垄断即兴,则民贫富、贵贱之相悬滋益远矣。""其贫者之不厌糟糠,无立锥之地,与中国差相若,而连阡陌,弃粱肉,固未足以尽其富也。"①他认为西方国家虽然富强,但称不上太平盛世。交通发达,方便了人们出行,却被资本家垄断。富者富矣,贫者却食不足以果腹,宿无定所,贫富分化过于严重。

与戊戌年间的维新志士不同,20 世纪初年的革命派思想家中,许多人曾到过欧、美或日本等资本主义国家,甚至做过环球旅行。他们对西方的历史和现状有较深入的了解,对西方社会的弊端有切身的感受。

孙中山 1905 年在同盟会《民报发刊词》中指出:"欧美强矣,其民实困。"他在卸任中华民国临时大总统之后于 1912 年指出:"现今没有哪一个国家比英美更为富足……但这些国家国内贫富间的悬殊仍极明显……大多数人依然得不到生活的快乐和幸福。现在所谓幸福只是少数几名资本家才能享受的。""如果我们从中华民国存在之日起就不去考虑如何防止资本主

---

① 严复:《原强》,王栻主编:《严复集》(第 1 册),中华书局 1986 年版,第 24 页。

义在最近将来的孪生崛起,那么等待我们的就是比清朝专制暴政还要酷烈百倍的新专制暴政。"①

因此,他们不以追效西方社会政治制度为满足,而是主动规避西方资本主义的弊端,"防患于未然"。他们梦想集社会革命与政治革命于一役——既要顺应潮流,解决"贫"的问题,又能解决"不均"的问题。就像孙中山后来所说:"要集合中外的精华,防止一切的流弊。"②孙中山的三民主义思想体系,既吸收了西方先进的政治理念,又继承了中国历史文化的精华。他希望尽可能地避免中国古代社会和西方资本主义的流弊。

"两害相权取其轻,两利相权取其重。"到20世纪初,中国的文化先觉者已能对中外文化做双重的反思,他们既反思传统文化,又反思西方文化,力图在规避中外文化弊端的基础上,取长补短,尽可能实现传统性与现代性的双重超越。

五、新文化运动时期的文化自觉

中华民国是亚洲诞生的第一个资产阶级民主共和国。共和国的成立给国人带来了希望。出人意料的是,民国成立不久,即相继发生了袁世凯复辟,张勋复辟,军阀混战。社会动荡不安,希望变成了失望,苦闷和彷徨萦绕在人们心头。

鲁迅将当时的中国形容为一间铁屋,一间没有窗户、万难破毁的铁屋,一间里面住了许多熟睡的人、不久就要将人闷死的铁屋。

> 假如一间铁屋,是绝无窗户而万难破毁的,里面有许多熟睡的人们,不久都要闷死了,然而是从昏睡入死灭,并不感到就死的悲哀。现在你大嚷起来,惊起较为清醒的几个人,使这不幸的少数者来受无可挽救的临终的苦楚,你倒以为对得起他们么?

---

① 孙中山:《中国革命的社会意义》,《孙中山全集》第2卷,中华书局1982年版,第326页。
② 孙中山:《三民主义·民权主义》,《孙中山全集》第9卷,中华书局1982年版,第353页。

　　然而几个人既然起来,你不能说决没有毁坏这铁屋子的希望。

鲁迅《呐喊·自序》(1922 年)①

　　什么样的文化造就什么样的人,什么样的人产生什么的文化。当时的中国就如同这间铁屋子,里面空气稀薄,但屋内的人仍然在昏睡。人就要被闷死了,却毫无察觉。

　　值得庆幸的是,一些有识之士看清了中国的社会政治形势。他们觉悟到,文化是制度之母,要想实现民主制度,建立一个现代新国家,就需要有与之相适应的新文化,有与之相匹配的新国民。

　　传播新文化,造就新国民。以陈独秀、李大钊、胡适、鲁迅、钱玄同等为代表的一批知识分子,勇敢地站了起来,发起了轰轰烈烈的新文化运动。他们放声呐喊,努力唤醒沉睡中的国人。

　　新文化运动,是近代中国文化自觉的一座丰碑。其内容十分丰富,在此仅阐述四点。

（一）完全意义上的文化觉醒

　　作为近代史上规模空前的文化运动,五四新文化运动是对中国文化系统反思后的选择,体现了完整意义上的文化觉醒。

　　陈独秀是新文化运动的旗手,他充分认识到文化问题的重要性,认为文化而不是政治才是当前中国的核心问题。1916 年 2 月,他发表《吾人最后之觉悟》一文指出,中国的出路不在少数人的政治运动,而在全体国民的觉悟。

　　　今之所谓共和,所谓立宪者,乃少数政党之主张,多数国民不见有若何切身利害之感而有所取舍也。盖多数人之觉悟,少数人可为先导,而不可为代庖。

　　　共和立宪而不出于多数国民之自觉与自动,皆伪共和也,伪立宪

---

① 　鲁迅:《呐喊》(自序),《鲁迅全集》第 1 卷,人民文学出版社 2005 年版,第 441 页。

也,政治之装饰品也,与欧美各国之共和立宪绝非一物。①

但仅有政治觉悟,仍不能奏效。因为:

> 伦理思想,影响于政治。……三纲之根本义,阶级制度是也。……吾人果欲于政治上采用共和立宪制,复欲于伦理上保守纲常阶级制,以收新旧调和之效,自家冲撞,此绝对不可能之事。盖共和立宪制,以独立、平等、自由为原则,与纲常阶级制为绝对不可相容之物。

> 继今以往,国人所怀疑莫决者,当为伦理问题。此而不能觉悟,则前之所谓觉悟者,非彻底之觉悟,盖犹在惝恍迷离之境。吾敢断言曰,伦理的觉悟,为吾人最后觉悟之最后觉悟。②

他说:"今之所谓共和,所谓立宪者,乃少数政党之主张,多数国民不见有若何切身利害之感而有所取舍也。……立宪政治而不出于多数国民之自觉、多数国民之自动,惟日仰望善良政府、贤人政治",不可能成功。③

他认为,第一,国民的文化觉悟相对于政治革命,是更为根本的东西。第二,民主制度必须建立在国民的民主自觉意识基础之上。所以,他放声疾呼:"继今以往,国人所怀疑莫决者,当为伦理问题。此而不能觉悟,则前之所谓觉悟者,非彻底之觉悟,盖犹在徜恍迷离之境。吾敢断言曰:伦理的觉悟,为吾人最后觉悟之觉悟。"④

1923年,梁启超在为《申报》馆庆典所作《五十年中国进化概论》也曾总结说:从甲午、戊戌到辛亥,中国人主要是从政治制度上找不足,故对中国的改造和反思很不彻底;只有到了新文化运动,才"从文化根本上感觉不足","要求全人格的觉悟","觉得凡不是中国人都没有权来管中国的事","凡是中国人都有权来管中国的事"。⑤ "觉得凡不是中国人都没有权来管

---

① 陈独秀:《吾人最后之觉悟》,《青年杂志》第1卷第6号,1916年2月。
② 陈独秀:《吾人最后之觉悟》,《青年杂志》第1卷第6号,1916年2月。
③ 陈独秀:《吾人最后之觉悟》,《青年杂志》第1卷第6号,1916年2月。
④ 陈独秀:《吾人最后之觉悟》,《青年杂志》第1卷第6号,1916年2月。
⑤ 梁启超:《五十年中国进化概论》,汤志钧、汤仁泽编:《梁启超全集》第11集,中国人民大学出版社2018年版,第405—406页。

中国的事"，"凡是中国人都有权来管中国的事"，说明到新文化运动时期，中国人对民族、民主精神方面有了自觉认识。

（二）中西比较后的抉择：追求民主与科学

义无反顾地追求文化的时代性，是这一时期先进分子文化自觉的重要表现。

陈独秀是新文化运动的旗手，他勇敢地打出"民主"与"科学"的旗帜。陈独秀在《青年杂志》创刊号撰文指出："国人而欲摆脱蒙昧时代，羞为浅化之民也，则急起直追，当以科学与人权并重。"[①]后来，他又以"德先生"与"赛先生"称呼"民主"与"科学"，态度坚决地表示："若因为拥护这两位先生，一切政府的压迫，社会的攻击笑骂，就是断头流血，都不推辞"。[②]

五四时期，人们理解的民主不再局限于政治制度或政治理想，而是贯穿于经济、社会、文化各个方面，是一种具有普遍性的自由平等的价值观念。1919 年 2 月，李大钊发表《劳动教育问题》一文指出："现代生活的种种方面，都带有 Democracy 的颜色，都沿着 Democracy 的轨辙。政治上有他，经济上也有他；社会上有他，伦理上也有他；教育上有他，宗教上也有他；乃至文学上、艺术上，凡在人类生活中占一部位的东西，靡不受他支配的。简单一句话，Democracy 就是现代惟一的权威，现在的时代就是 Democracy 的时代。"[③]谭平山也指出："今日世界之最大潮流为何？稍有识者，莫不举'德谟克拉西'以对矣。"[④]"今日时代思想的根本物质，就是民治主义，今日所谓民治主义的根本概念，就是自由平等两大观念。"[⑤]这种认识代表了当时新式知识分子的普遍观念。五四以后，民主思潮虽发生分化，但中国人追求民主的脚步从未停止。

---

① 陈独秀：《敬告青年》，《新青年》第 1 卷第 1 号，1915 年 9 月。
② 陈独秀：《本志罪案之答辩书》，《新青年》第 6 卷第 1 号，1919 年 1 月。
③ 守常：《劳动教育问题》，《晨报》1919 年 2 月 14 日。
④ 谭平山：《"德谟克拉西"之面面观》，《谭平山文集》，人民出版社 1986 年版，第 37 页。
⑤ 谭平山：《国民道德教育改造论》，《谭平山文集》，人民出版社 1986 年版，第 160 页。

五四时期,人们对科学的认识更为全面,对科学的追求也更为主动。人们对科学的理解不再限于科技成就,不再停留于分科之学,而是普遍涵盖一般自然科学和社会科学,是一种广义的世界观和方法论,一种包括破除迷信、打碎偶像、崇尚理性、注重逻辑实证等在内的价值观念。陈独秀称之为"发明真理的指南针"[①],胡适将此概括为"评判的态度","重新估量一切价值"。从人类文化的发展大势看,科学与民主在根本上是相通的,不盲从、不迷信,正是人格独立、文化觉醒的重要体现。

(三) 古今比较后的抉择:"打孔家店"

若能一方面吸收和输入西方的新文化,一方面保持中国的传统道德,实现传统与现代的融合,那是最理想不过了。五四时期,为什么要对传统文化采取严厉的批判态度,甚至提出"打孔家店"呢? 直至今天仍有人表示难以理解。我认为这是五四先进分子文化自觉的重要体现。

我强调"打孔家店"是五四先进分子的文化自觉,这是因为:到五四前夜,中国传统文化与其说是一笔财富,不如说是国人难以承受的重负。其中,儒学作为中国文化的主流,兼具官方哲学和社会意识形态的地位,难辞其咎。

兹以新文化运动中首当其冲的"礼教"为例。顾名思义,礼教即以礼为教。以礼为教,彬彬有礼,初衷是使人由野蛮走向文明。然而物极必反,明清时期,礼教走上了极端,扭曲了人性,造成了人不如兽、生不如死的恶果。民国建立后,这种状况并无多少改善。1914 年 3 月,袁世凯政府颁布《褒扬条例》,继续宣扬忠、孝、节、烈,鼓吹纲常名教。报刊本是宣扬新文化的阵地,新文化运动前夜,大量贞节烈女的事例也堂而皇之地见诸报章,加以颂扬。关于这方面的具体例子,前面曾具体讲过,这里不再重复。

完全可以说,礼教已发展到灭绝人性的地步,而多数民众身陷其中,竟

---

① 陈独秀:《今日中国之政治问题》,《新青年》第 5 卷第 1 号,1918 年 7 月。

浑然不觉!

因此,才有了鲁迅、胡适、吴虞等人对礼教的批判。1918 年,鲁迅在《新青年》发表《狂人日记》,一针见血地指出:"我翻开历史一查,这历史没有年代,歪歪斜斜的每页上都写着'仁义道德'几个字。我横竖睡不着,仔细看了半夜,才从字缝里看出字来,满本都写着两个字是'吃人'!"①吴虞进一步发挥说:"孔二先生的礼教讲到极点,就非杀人吃人不成功,真是惨酷极了!……我们如今应该明白了! 吃人的就是讲礼教的、讲礼教的就是吃人的呀!"②

败落的礼教是中国文化的负担,是中国文化腐朽、落后、愚昧的象征。新文化运动时期,鲁迅、吴虞、胡适等思想家把礼教和吃人联系在一起,控诉礼教杀人,是刮骨疗毒。今人不能不辨是非,对他们无端指责。

以民主与科学为价值追求,陈独秀明确反对当时一些人的调和论调:"吾人倘以新输入之欧化为是,则不得不以旧有之孔教为非。倘以旧有之孔教为是,则不得不以新输入之欧化为非。新旧之间,绝无调和两存之余地。吾人只得任取其一。"③他认为调和的本质是守旧,阻碍社会进步:"若是决计革新,一切都应该采用西洋的新法子,不必拿什么国粹,什么国情的鬼话来捣乱。"④

陈独秀等人对中国旧道德的批判,正是出于理性判断,是对症下药,难道说这不是文化自觉吗。

(四) 制度比较后的抉择:走俄国式的路

第一次世界大战,给各国人民带来了极其深重的灾难。"一战"将西方资本主义社会的矛盾暴露无遗,战争和灾难不可能不对中国思想界发生影

---

① 鲁迅:《狂人日记》,《鲁迅全集》,人民文学出版社 2005 年版,第 447 页。

② 吴虞:《吃人与礼教》,《新青年》第 6 卷第 6 号,1919 年 11 月。

③ 陈独秀:《答佩剑青年》,《新青年》第 3 卷第 1 号,1917 年 3 月。

④ 陈独秀:《今日中国之政治问题》,《新青年》第 5 卷第 1 号,1918 年 7 月。

响。梁启超在《欧游心影录》中指出,在西方,许多人感到"西方文明已经破产了"。① "全社会人心都陷入怀疑、沉闷、畏惧之中,好像失了罗针的海船遇着风、遇着雾,不知前途怎生是好"。② 对于这场战争,李大钊深有感触地说:"此次战争,使欧洲文明之权威大生疑念。"③五四时期,毛泽东心生一大疑问:"帝国主义的侵略打破了中国人学西方的迷梦。很奇怪,为什么先生老是侵略学生呢?"④

洋务运动以来,尽管中国人从西方社会学到了不少东西,但国家每况愈下,独立富强的理想总不能实现。不少人在思考:中国人是否还应当跟在西方人后面,亦步亦趋,继续走资本主义道路,还是寻找一条新的道路?

正当中国人在苦闷中摸索、在黑暗里寻找光明的时候,俄国十月革命爆发了。十月革命给中国先进分子指出了一条光明的道路,即走俄国式的革命道路,走社会主义的道路。

为什么要选择走俄国式的路,走社会主义的路?

首先,十月革命发生的俄国,国情与中国近似——封建压迫严重、经济文化落后,因而对中国先进分子具有极为特殊的吸引力。再者,新生的俄国,主张反对帝国主义、以平等的态度对待中国,这与屡屡欺压中国的帝国主义国家形成鲜明对比,从而使中国先进分子更加向往社会主义。毛泽东当时就兴奋地说:"我看俄国式的革命,是无可如何的山穷水尽诸路皆走不通了的一个变计。"⑤

为什么要选择马克思主义?

马克思主义与其他各种"主义"不同,它不仅反对封建主义,而且告诉

---

① 梁启超:《欧游心影录》,汤志钧、汤仁泽编:《梁启超全集》第 10 集,中国人民大学出版社 2018 年版,第 66 页。

② 梁启超:《欧游心影录》,汤志钧、汤仁泽编:《梁启超全集》第 10 集,中国人民大学出版社 2018 年版,第 63 页。

③ 李大钊:《东西文明根本之异点》,《李大钊全集》(第 1 卷),人民出版社 2013 年版,第 316 页。

④ 毛泽东:《论人民民主专政》,《毛泽东选集》第 4 卷,人民出版社 1991 年版,总第 1470 页。

⑤ 蔡和森:《毛泽东给萧旭东蔡林彬并在法诸会友》,《蔡和森文集》(上),人民出版社 2013 年版,第 63 页。

人们资本主义社会存在的种种弊端，号召人们去推翻它，进而建立优于资本主义社会的社会制度。这一切满足了中国人民反帝反封建的双重诉求，由此不难理解，它对于长期被资本主义国家侵略的中国来说具有何等巨大的魅力。

由于十月革命是在马克思主义指导下取得成功的，中国先进分子从中看到了中国的出路不是资本主义而是社会主义。选择马克思主义、"走俄国人的路"，成为当时中国先进分子的必然选择。

1927年4月28日，李大钊先生被杀害。临刑前，他大义凛然、满怀自信地对其他19位革命者说："共产主义在世界、在中国，必然要得到光荣的胜利！""试看将来的环球，必是赤旗的世界！"[1]

从伦理觉悟、"打孔家店"，到自觉选择马克思主义，选择社会主义制度。从文化自觉到制度自觉，从文化自信到道路自信。经过长达半个世纪的不懈努力，从开明士大夫，到新式知识分子、工农大众，一批又一批中国人觉醒了，站了起来。大家团结一心，赶走了日本侵略者，赶走了帝国主义，建立了中华人民共和国。新中国的建立，完全可以说是近代中国文化自觉结出的硕果之一。

"长夜难明赤县天，百年魔怪舞翩跹"；"雄鸡一声天下白"，人民五亿得团圆。文化自觉是近代中国实现独立和自由的法宝之一，也是学习和研究中国近代文化史的重要主题。

---

[1]　李星华：《回忆我的父亲李大钊》，上海文艺出版社1981年版，第206页。

第 四 讲

戊戌新文化

戊戌变法有广狭二义。其广义指 1895—1898 年间的改革运动,它始于公车上书,终于戊戌政变,以"百日维新"为高潮;狭义仅指戊戌年的政治改革,即"百日维新"。我使用的是广义的概念。戊戌变法,是一场政治运动,也是一场文化运动。作为政治运动,它以失败而告终。作为文化运动,它开启了中国文化的新时代,对中国文化产生了深远影响。

这一讲分为七节。第一、二节,回顾甲午战争之前三十年的历史,意在说明:清政府为什么在甲午战后加快了变法的步伐? 为什么当时会出现比较激进的"全变论"和比较保守的"中体西用"论两种声音? 为什么以康有为为代表的"全变论"对中国历史的影响更大? 第三节,介绍变法运动的地域分布、力量构成和改革路线。第四、五节,分别阐述康有为与维新变法的关系、新式传媒与戊戌变法的关系,看双方如何互相推动,相互成就。最后两节,从学、政、教三个维度解读维新时期的四种文化主张和三种改革方案。

一、中外矛盾的激化

19 世纪最后 30 年,是帝国主义列强在华加紧侵略扩张的 30 年。列强与中国是侵略与被侵略、瓜分与被瓜分的关系,双方矛盾已不可调和,也无法调和。这是戊戌变法的大背景,也是戊戌新文化兴起的背景。

这一时期,世界进入帝国主义时代,一个由少数工业先进国家对世界上绝大多数落后国家实行殖民主义侵略和压迫的时代。

1865 年美国内战结束,1868 年日本实施明治维新,1870 年意大利和德国各自完成统一,同年,法兰西第三共和国成立。继英国之后,法国、德国、美国、日本等相继完成了第二次工业革命,实现工业化和电气化。列强奉行殖民扩张的帝国主义政策。第二次工业革命极大地改善了人类的交通、通讯和生产的能力,也为上述先进国家的殖民侵略提供了军事、经济、技术等方面的支持。他们利用所掌握的现代化科学技术,掀起了第二次海外殖民扩张的狂潮。1869 年苏伊士运河开通,加速了西方列强在亚洲侵略扩张的步伐。

种族优越论、文明等级论和宗教狂热,从文化上助长了帝国主义的侵略气焰。当时,种族主义和社会达尔文主义理论流行。这些理论将人类划分为不同的人种,认为文明的落差源自种族的差别,白种人有责任对有色人种进行“文明开化”,有义务到世界各地传教、经商和殖民。

19 世纪 70 年代以后,列强间的竞争变得白热化。1876 年,英国的殖民地已达到 2250 万平方公里。法国在第二帝国时期,其殖民地面积增加了两倍。意大利和德国相继实现统一,成为新兴大国。德国和美国取得了飞速发展,他们的经济总量分别超过了法国,接近于英国。国际政治格局发生了重大变化,英国一国独大的局面逐渐被打破,相应地,殖民主义者的竞争变得更激烈。继英、法、俄等老牌侵略者之后,日本、德国加入到了侵华的帝国主义行列。

列强先是试探着蚕食中国的藩属国和边疆地区,继而,向中国这个“东亚病夫”的躯体和心脏地带发起攻势。19 世纪末,中国陷入被列强瓜分的危局中。

清政府在庚申之难后,为应对危局,不得不采取自救措施。1861 年,设立总理各国通商事务衙门,正式实施洋务自强新政。洋务新政 30 年,在经济、军事和教育领域开启了中国的现代化。但就整体而言,成效有限。甲午战争不仅仅是对中国 30 多年洋务自强新政的检验,而且是对清政府的统治

图4—1　列强瓜分中国(漫画)

能力及其合法性的考验。战争暴露了清王朝的腐败和无能。战前,西方列强认为中国是大国,具备一定的实力,可以战胜日本。战争的结果让他们大跌眼镜,改变了对中国的看法。战后,西方列强将中国形容为病入膏肓的狮子,认为这头狮子很快就会死去,已没有多少抵抗能力,可以任人宰割。

《马关条约》签订后,西方列强担心中国被日本独占,加快了侵略中国的步伐,掀起瓜分狂潮。

1897年7月,德国强占胶州湾;12月,俄国强租旅顺、大连,并攫取到在中国东北修建中东路铁路的权利。其他国家不甘示弱,英国强租威海卫和九龙新界,将长江流域划为势力范围,法国租借广州湾,将云南、两广划为它的势力范围,日本将福建划为势力范围。亡国,由危机正变为现实。这一切,刺激了中国人,惊醒了中国人。

中国的觉醒之士,回应方式各不相同。其中,以孙中山为代表的一部分人,对清廷不再抱希望,选择揭竿而起,彻底推翻清王朝;以康有为、梁启超为代表的一部分人,上书清廷,要求清廷通过全面的而不是枝节的改革,改变现状。

至此,我们要看到,是西方列强的侵略,将清政府推到了悬崖边上;是亡国危机,迫使清政府不得不做出改变。以慈禧太后为首的清政府之所以选择维新,是出于自救的本能,而不是主动地顺应世界大势。

最后再补充一句,甲午之后的局势与庚子之后有所不同。甲午战后的国际局势,帝国主义国家的目标是瓜分中国;《辛丑条约》后的局势,帝国主义的政策是在中国实行代理人制度,通过清政府来控制中国。因为,从义和团的反侵略斗争中,西方列强看到了中国人不会屈服,故调整了侵华策略。就时人的感受和判断来说,前者更为危险,更加紧迫。

二、变法之前士大夫群体的分化与冲突

改革需要一定的依靠力量和社会基础。维新变法运动,从其主要参与

者看,仍属于清统治集团上层的"自改革"。无论是主张变法的,还是反对变法的,他们的主体都是士大夫。士大夫群体,或者说士绅阶层,构成了维新变法运动的社会基础。社会基础决定了变法的方向和成败。这一节着重分析甲午战争之前一段时间中国士绅阶层的思想观念及其对西方挑战的不同反应。

士大夫群体第一次发生大规模的分化和冲突,是在 1860 年前后。当时内有太平天国起义,外有英法联军入侵,清王朝陷入严重的统治危机,故不得不实施改革。一方面,为维护统治稳定,重建社会秩序,清廷极力强化官方哲学程朱理学的地位,推动"理学复兴";另一方面,鉴于中外交流增多和中外冲突加剧,特别是镇压太平天国起义亟需洋枪洋炮、新式军械,清廷被迫实施洋务新政。在此背景下,士大夫集团分化成了洋务派与正统派两个阵营。

洋务派是"实用"主义的产物。他们为形势所迫,不得不讲求功利和实效。庚申之难后,清廷在奕䜣主持下,洋务新政出台。搞洋务,他们当时既无经验可循,又没有什么学理支撑,属于摸着石头过河。洋务派所实行的"款夷""和夷""师夷"策略,是实力不如人的无奈之举和缓兵之计。洋务官僚的内心是充满矛盾的。洋务派一再强调:西方列强在中国的所作所为不符合道义,没有道理,有失体统。1861 年奕䜣等人在奏折《请设总理衙门等事统计全局酌拟章程六条折》中曾毫不隐讳地指出,夷人在华通商,"暴虐无人理"①。李鸿章在著名的《筹议海防折》中也有相近的说法。他说:洋人恃强要挟,"论势不论理,彼以兵势相压,我第欲以笔舌胜之,此必不得之数也。……然则今日所急,惟在力破成见,以求实际而已"。② 这是他们的共同感受。

历史的悖论是,这种不得已的"实用"主义和务实作风恰恰顺应了近代化的潮流。我们今天评价洋务运动时,肯定洋务运动的贡献,强调它是中国

①　中华书局编辑部整理:《筹办夷务始末》(咸丰朝)第 8 册,中华书局 1979 年版,总第 2645 页。
②　顾廷龙、戴逸主编:《李鸿章全集·奏议》第 1 册,安徽教育出版社 2008 年版,第 159 页。

近代化的开端,但不能忽视另外一面:洋务官僚之所以选择学习西方,在很大程度上是不甘心的,也就是说,他们对于列强行事背后的"道理"并不认同。换言之,洋务官僚的现实行动与他们的文化理想是矛盾的,工具理性与价值理性是分离的。这一点对于理解康有为在维新变法时期的孔教思想非常重要。康有为创设孔教,其内在动力即在于对西方人那套理论不服气。这一点在后面会有专门阐述。

代表儒家正统和严守祖宗之法的,是致力于"理学复兴"、坚持程朱理学——也就是官方哲学的一帮"正人君子"。这帮人在教材上一般被称为"顽固派",我在此称之为"正统派"。"正统派"在当时有一个庞大的队伍,同治帝的师傅、理学名臣倭仁是其核心。包括程朱理学在内的儒学,在中国历史悠久,并有一套成熟的、成体系的理论。对于何为立国之本,何为自强之道,历代圣贤早已给出了答案。倭仁等人以此为据,义正辞严,对洋务思潮和新兴的洋务事业予以严厉的压制和打击。从 1866 年冬至 1867 年春,围绕同文馆是否应招收"正途"出身的人员问题,正统派与洋务派发生了激烈的争论。倭仁等人强调:"自强之道,不待外求"[1];"立国之道,尚礼义不尚权谋;根本之图,在人心不在技艺"[2];"欲求制胜,必求之忠信之人;欲谋自强,必谋之礼义之士"。[3] 他还上纲上线,警告说:天文算学馆招收"正途"人员是"变而从夷",[4]其实质是"用夷变华",数年以后,会造成亡国亡种的严重后果。

这场论争是清政府实施洋务新政以来上层士大夫群体第一次围绕"采西学"的方针政策而展开的大讨论。倭仁等人所关注的是华夷大防,是纲常大义,是名教,是气节,是事关人之所以为人、中国之所以为中国的原则性问题。他们敏感地意识到,洋务新政已触及儒家士大夫借以安身立命的文

---

① 李书源等整理:《筹办夷务始末》(同治朝)第 5 册,中华书局 2008 年版,总第 1783 页。
② 李书源等整理:《筹办夷务始末》(同治朝)第 5 册,中华书局 2008 年版,总第 2009 页。
③ 李书源等整理:《筹办夷务始末》(同治朝)第 5 册,中华书局 2008 年版,总第 2027 页。
④ 李书源等整理:《筹办夷务始末》(同治朝)第 5 册,中华书局 2008 年版,总第 2009 页。

化传统之根本,一旦引进西学这种前所未遇的"异端",势必会动摇儒家文化的权威。客观地看,倭仁等人的观点不能说没有任何道理。陈寅恪在给王国维所写的挽词中说:"凡一种文化值衰落之时,为此文化所化之人,必感苦痛,其表现此文化之程量愈宏,则其受之苦痛愈甚。"①我认为这句话同样适用于正统派倭仁等人。他们作为儒家传人,对于异质文化的威胁自然敏感,故反应激烈且不失深刻。在引入西方的物质文明后,中国的精神文明将如何自处,如何安放,其实,当时的洋务派对此并没有什么预案。洋务运动时期常被人提到的"以中国之伦常名教为原本,辅以诸国富强之术"②,多少类似于"两手都要抓"、喜新不厌旧的意思。今天看来,这是一种理想化、想当然的表达,只具有策略意义,在理论上说不通,在实践上也难以行得通。

洋务派与正统派之争,由如何对待西学,自然引申出如何对待中学的问题。洋务派与正统派由两种观点、两股思潮,演绎为两股势力的博弈。1874年,因日本入侵台湾而引发的"海防之争",是洋务派与正统派之间的第二场大论战。论战是因日本侵台,中国败北,被迫签订屈辱条约而引起的。此时,清政府实施洋务新政已十年有余,论战双方对洋务已有了一定的认识,论战涉及的内容较上次更为广泛。辩论过程中,同治帝于该年十一月病逝,载湉继位,慈禧再度垂帘听政。慈禧复出,叔嫂争权,慈禧利用正统派限制和打击奕䜣的势力。因有太后撑腰,正统派表现得十分活跃。

此时,倭仁已经去世,正统派的核心人物变为李鸿藻、徐桐。李、徐二人曾担任过同治帝的师傅,深得慈禧太后的信任。李鸿藻笃守程朱理学,负有清望,以他为魁首,在同、光时期的士大夫群体中形成了著名的清流派。因李鸿藻为北方人,时人称之为"北清流"。"北清流"的成员,如张之洞、宝廷、陈宝琛、黄体芳、张佩纶等人,皆少壮敢言,高调纲纪名教,疵议时政,纠

---

① 陈寅恪:《王观堂先生挽词并序》,陈美延编:《陈寅恪集·诗集:附唐筼诗存》,生活·读书·新知三联书店 2015 年版,第 12 页。

② 冯桂芬著,[德]冯凯整理,熊明心校对:《校邠庐抗议·汇校》,上海社会科学院出版社 2015 年版,第 127 页。

弹大臣。李鸿藻之后，翁同龢、潘祖荫入值军机，以翁、潘为中心，形成清流中又一股力量。因翁、潘祖籍均在江南，故称"南清流"。当朝官员如李文田、汪鸣銮、吴大澂、廖寿丰、廖寿恒，以及后起的盛昱、文廷式、王仁堪、志锐、沈曾植、丁立多等，均属于此派。"南流清"的学问志趣与"北清流"有一定区别，但高调纲纪名教、重视礼法、喜欢议论国事，双方是共同的。

清流派是同、光年间反对洋务运动的主力。与李鸿章等洋务官僚相比，清流派不谙洋务，但饱读经书。经儒家文化的长期浸泡，他们带有浓厚的儒家道德主义和理想主义色彩。他们内心看不起洋务官僚，背地里称对方为"洋务小人"。尽管有些成员如张之洞，后来也转向了洋务派，但就其整体而言，他们用中学抵制和批判西学的倾向明显，思想保守，人多势众。从维护儒家文化秩序的角度看，这帮人堪称"中流砥柱"，是纲常名教的忠诚信仰者和维护者；但从兴办洋务、学习西方的角度看，这帮人其实是变法革新的绊脚石。

光绪前期，清流派非常活跃，他们在中法战争中高调主战，获得了慈禧太后赏识。中法战争中，慈禧太后所起用的主要是清流派官员。结果，战争"不败而败"，这批人遭到了慈禧太后的严厉处罚。也正是由于战败之鉴，张之洞、张佩纶等人转变为了洋务派，以清流为学习榜样的康有为等人改变了对洋务和西学的看法。

甲午战争之后，清流派官僚因自身认识之分歧，而分裂为新旧两派。他们虽不再像从前那样张扬，但势力仍旧强大，且有一批科举新进加入了进来。廷臣如翁同龢、李鸿藻，疆臣如张之洞，身边各聚集了一大批人。因局势陡变，其中一些人虽改变了原来抵制洋务的态度，但骨子里仍带有清流余风。维新时期，他们一手抓洋务新政，赞同改革，一手抓意识形态，强调伦常纲纪不能动摇。光绪帝与他的师傅翁同龢相处最久，受翁同龢影响亦最大，思想见解，亦带有清流派风格。

以上所讲是戊戌变法之前的洋务派与正统派。戊戌年间，洋务派在意识形态上与正统派一致，在变法的高潮阶段站在了维新派的对立面。维新

图 4—2　康有为、梁启超合影

派孤军奋战,寡不敌众,以失败告终。

三、变法地图:四个地区、三股势力与改革的两条路线

我在前面说,戊戌变法可定位为清代官僚士大夫群体的"自改革"。这场改革最直接的触媒是甲午战争的失败。甲午战败,丧师辱国,引爆了朝野上下对现实的强烈不满,加速了社会的分化。以孙中山为代表的一部分人,对清政府失去信任,选择了推翻清政府的道路。清最高统治者和开明的官僚士大夫,则选择了"自改革"的道路。

从 1895 年到 1898 年四年间,改革的活跃分子主要活动在广东、江浙、京津和两湖地区。

广东得风气之先,康有为、梁启超等人由香港、澳门等地获得海外讯息,改变了对中国固有传统的看法,主张变法改制。

江浙地区的变革,以上海为中心。作为通商口岸和外国人聚集地,上海吸引了一批趋新的年轻人。变法运动期间,梁启超、汪康年、章太炎、唐才常等人在此地办报刊、开学会、翻译西书,为变法维新鼓与呼。

北京和湖南是变法最为活跃,也是矛盾冲突最为剧烈的地区。1895 年春夏之交,包括康有为、梁启超在内,在北京参加科考的举人和全国各地的官员,掀起了向清廷上书的热潮。他们反对清廷签订和约,呼吁变法自强。《马关条约》签订后,清廷得过且过,对改革的兴趣骤然下降,相应地,北京城内变法自强的声音明显衰落。1896 年,康有为因活动受到限制而离开北京,前往上海和澳门,变法的热点地区一度转移到了湖南。

湖南新政有一定的基础。张之洞在湖广地区两度担任总督,第一次是1889—1894 年,第二次是 1896—1907 年。维新变法时期,他在武汉等地所办洋务事业受人瞩目,并且,他给予了湖南一定支持。1892—1895 年,吴大澂任湖南巡抚,已就教育、经济和军事实施改革。1895 年,陈宝箴到任后,联合署按察使黄遵宪、学政江标,加大了改革力度。他们选择了一条由士绅

图 4—3　张之洞像

出资,士绅与政府合办的新政道路。官绅合作,成效显著,湖南长沙先后引进了电灯,铺设了马路,增设了矿务局,开办了轮船运输公司和制造公司,架设了长沙与汉口间的电报线,还兴办了军事学校和保卫局,改进了监狱制度。尤为引人注目的是,在陈宝箴之子陈三立的支持下,谭嗣同、梁启超、唐才常、叶觉迈、韩文举、欧榘甲等聚集长沙,与当地的维新人士皮锡瑞等一起,办报、讲学、开学会。1897 年,他们相继创办《湘学新报》(后改名《湘学报》)和《湘报》,开办时务学堂,组织南学会。需要注意的是,谭嗣同、梁启超等人在湖南的变法活动与康有为在北京的活动有一定不同。谭、梁言辞激烈,主张兴民权、兴绅权,开民智、开绅智、开官智,成立学堂、学会和议会,希图通过地方的"自立"、自保和自救,实现救亡图强的目标。1897 年秋德国侵占胶州湾后,梁启超鉴于亡国危机加重,上书巡抚陈宝箴,建议湖南实施腹地"自立"方案。他的大意是:如果清廷不能抵抗列强,湖南就模仿日本德川幕府晚期的萨摩藩和长州藩,脱离中央政府,宣布独立,进而与广东等地联成一片,作为"复国"的根据地。如果说康有为等在北京的变法活动是一场自上而下的改革,那么,谭、梁等人欲实施的则是自下而上的改革,后者反对君主专制的言论更为激进。谭、梁等人对纲常名教特别是对君权的尖锐批判,对清廷合法性的大胆质疑,明显超出了张之洞、陈宝箴所主张的"旧学为体,新学为用"原则,必然不为后者所容,双方以分手告终。

1897 年底西方列强掀起瓜分中国的狂潮,气氛陡然紧张起来。为求生存,清廷及官僚士大夫群体,不得不加快改革的步伐。次年初夏,清廷发布"明定国是"诏书,标志着戊戌变法运动步入高潮。

在维新变法运动中,根据对待变法的态度和政治主张之不同,官僚士大夫可分为三种类型。

其一,维新派,或者叫全变派。这是变法运动的左翼。康有为、梁启超、谭嗣同、严复、康广仁等是这一派的核心人物。虽然每个人的个性与具体主张有所不同,但就整体而言,他们主张"道随器变",从器物、官制到学术予以全面地改革。注意,他们主张全面地改革,并不等于全面西化。1898

年,康有为40岁、梁启超25岁、谭嗣同33岁、严复44岁。这部分人年富力强,有活力,有锐气,敢闯敢为;有思想深度,有理想抱负和社会责任感;对西方政治和文化,满怀向往。缺点是,他们的政治地位不高,从政经验不足。

其二,维新时代的洋务派,或者叫"中体西用"派。以陈宝箴、张之洞、孙家鼐、翁同龢、张荫桓、李鸿章为代表,他们是维新变法运动的右翼,也可以说是与时俱进的洋务派。1898年,陈宝箴67岁、张之洞61岁、孙家鼐71岁、翁同龢68岁、张荫桓61岁、李鸿章75岁,他们都在60岁以上。其中有些人是由甲午战前的清流派转变而来,有些人在甲午战前就属于洋务派。他们是维新变法时期清廷新政的骨干,主张将"洋务新政"向前推进一步。这些人大多位高权重,政治经验丰富,属于清政府上层官员中的实力派。他们的身份决定了他们所推进的变法必然是从维护清廷的统治出发,谨慎、务实、保守。就他们的思想信仰而言,他们立场分明地标举和维护纲常名教,维护儒家的意识形态。他们主张学习西方,前提是不能触动皇权和君主专制主义制度,目的是为清廷所用。他们主张"变法不变道",故又可称之为"中体西用"派。"戊戌六君子"中的杨深秀、杨锐、刘光第、林旭,与这些人政治观点比较接近,也可以归入这一派。戊戌维新时期,在主张变法的官员中,这种类型的人是大多数。张之洞等人的幕僚和追随者,大多属于此类。

其三,守旧派。以刚毅、徐桐、杨崇伊、许应骙、王先谦、叶德辉等为代表。这部分人具体可分为两类:一类以徐桐、王先谦等人为代表,笃信儒家名教。徐桐宗主理学,曾任帝师,王先谦是经史名家,长期从事文教事业,他们以"卫道""翼教"为天职所在,并不反对洋务事业。另一类以刚毅、杨崇伊等为代表,他们属于典型的既得利益者和利己主义者,本能地排斥变法和改革。守旧派是中国传统势力的缩影。如果说变法派是露出海面的冰山一角,那么守旧派就是海面以下的部分,体量大,人数多。

戊戌变法,较为全面地看,是由以康有为为代表的维新派和以张之洞、陈宝箴为代表的洋务派官员共同推动的。前者代表了全变、速变的路线,具有浓厚的理想主义色彩,最终目标是实行民主政治。后者主张采取务实、稳健、保守的改革路线,以维护皇权和清廷利益为首要任务。陈宝箴的孙子陈寅恪称"当时之言变法者,盖有不同之二源,未可混一论之也"①,所说的就是康、陈变法之不同。维新变法的失败,除守旧派的阻挠外,与这两派的路线斗争有着很大关系。当下,一些学者将前者称为"激进派",后者称为"温和派"或"稳健派",从上述看,他们的政治立场、核心主张和改革目标存在实质性分歧,而不是程度的差异,因此,我认为用"激进"与"温和"来称呼这两个派别并不准确。

当然,戊戌变法最大的实权人物是慈禧太后和光绪皇帝。他们高居于官僚士大夫阶层之上,对变法握有最终的决定权。光绪帝于 1889 年亲政后,他的知识结构在不断更新。他在同文馆外国教师指导下学习过外语,在翁同龢、孙家鼐等人推荐下读过冯桂芬的《校邠庐抗议》、陈炽的《庸书》、汤震的《危言》、李提摩太翻译的《泰西新史揽要》等著作,对西方社会和变法人士的主张有一定了解。扼要地说,光绪帝的政治主张处于维新派和洋务派之间,图变求强心切,但并无定见;慈禧太后的政治主张处于洋务派与守旧派之间,一切以维护清廷的统治利益为转移,立场明确且坚定。

以上所讲的是戊戌变法的整体格局和改革路线。

四、康有为与维新变法的兴起

维新变法是如何运动起来的?康有为是如何走红的?他是变法运动的主角吗?这一节尝试回答这些问题。

康有为 1895 年中进士,官职是工部候补主事,是六品官。1898 年,被破格任命为总理衙门章京,前前后后仅得到光绪皇帝一次召见。据张元济回忆,召见时,光绪皇帝跟康有为谈了也就一刻钟。康有为与最高统治者的直接接触,如此而已。据此,有些学者认为康有为在戊戌变法中所起的作用

---

① 陈寅恪:《读吴其昌撰〈梁启超传〉书后》,陈美延编:《陈寅恪集·寒柳堂集》,生活·读书·新知三联书店 2015 年版,第 167 页。

图 4—4　伏阙陈书(《点石斋画报》)

不大。令人不解的是,这些学者同时又强调康有为的"过激"是导致变法失败的原因。

那么,应该如何看待康有为与戊戌变法的关系呢? 我的观点是,在政治上,他是改革的推动者而不是主导者。他虽是光绪帝的红人,但并不具备主导维新变法进程的权力和地位。权力决定责任,一些学者将戊戌变法失败的主要原因归结到康有为身上,这有失公允。从文化史角度看,康有为的地位不可替代,他开启了一个时代,无疑是戊戌变法的主角。

下面,从文化史的角度讲解甲午战后这场运动是如何动员和运作起来的,特别是康有为是如何暴得大名的。

这场运动得以动员和运作起来,就其方式而言,主要有二:一是"上书",二是新式传媒。

先说"上书",即给皇帝上书所起的作用。

"上书"分为两个阶段。第一阶段始于甲午战败。

甲午战败,马关签约,对于举国的官僚和士大夫来说是绝大耻辱,绝大刺激。从 1895 年 3 月 19 日李鸿章到达日本马关起,大小官员反对签约的上奏就没有停止过。据茅海建考证,从 3 月 23 日至 5 月 15 日,在不到两个月的时间里,上奏、代奏和电奏的次数达到了 154 次。有的奏折是一人独自署名,有的是联名上奏,加入上奏的总人数超过了 2464 人次。①

其中,联名上奏者,有封疆大吏,有京城总理衙门、翰林院、国子监、内阁和各部的官员,还有来京参加考试的举人。1895 年是大比之年,该年春天,各地举人汇聚京城,参加由礼部主持的会试。听到战败以及和谈的消息,举人们群情激昂,纷纷上书表达意见。这就是著名的"公车上书"事件。据统计,举人的联名上书有 31 次,若按人次计算,达到 1555 人次;官员领衔、举人署名的上书有 7 次,若按人次计算,有 135 人次。②

官员和举人的上书,声势浩大。上书浪潮虽然没有能够达到阻止清廷

---

① 茅海建:《戊戌变法史事考二集》,生活·读书·新知三联书店 2011 年版,第 14 页。
② 茅海建:《戊戌变法史事考二集》,生活·读书·新知三联书店 2011 年版,第 14—15 页。

签约的目的,但却构成了一次持续发酵的舆论事件。完全可以说,这是一次全国性的士绅总动员。在京城的官员、商人和考生,外地的各级官吏,通过口耳相传,或书信、报纸等方式,将消息传到了全国各地的城市乃至一些乡村。其间,清政府、日本和国际社会的每一则消息,都拨动着人们的神经,形成了舆论共振。在这种状况下,清朝的官僚和士大夫已不可能将国家命运和世界局势的变化置之度外。在形势的逼迫下,改变现状,成为了有识之士的共识。无论是洋务官僚李鸿章、刘坤一、张荫桓等,还是清流出身的翁同龢、孙家鼐、张之洞等,乃至慈禧太后和光绪皇帝,都认识到中国已到了非变不可的地步。

具体看康有为的上书。早在1888年,康有为第二次赴北京参加乡试时,就曾上书光绪帝,请求朝廷变法,并提出了"变成法""通下情""慎左右"三条主张。这是康有为第一次上书光绪皇帝。这份上书虽然没有能够递到光绪手中,但曾在一些士大夫手中传阅。甲午战败,应验了康有为的说法,他个人的声誉有所提高。现在,人心思变,这给康有为实现其政治抱负提供了契机。

1895年,康有为联合各省举人签名的"公车上书",即《上清帝第二书》,虽然没有递交给都察院,但通过签名活动宣传了他的变法主张。不久,他以第二书为基础,又写了《上清帝第三书》。出乎意料,第三书竟顺利地递交到了光绪帝手中。同时,他请人在上海刊印了小册子《公车上书记》,并利用新式媒体《申报》刊登广告,向社会各界宣传其政治主张。据梁启超说,《公车上书记》销量达数万册。退一步说,即便几千册,在当时也是一个了不得的成绩。同年6月,康有为又写了《上清帝第四书》。康有为的同党将他的四次上书以《南海先生四上书记》为题,在上海印行。《上清帝第三书》的递交成功,以及四次上书文本的广泛传阅,再加上梁启超等人的宣传和鼓动,让康有为在数月间名声鹊起。当时,连翁同龢、孙家鼐、李鸿章、张之洞这样的高层官僚,都希望借助康有为等政治新进的力量,改变中国现状,由此可见康有为的政治影响力。

时势造英雄。甲午战后,康有为惹起人们注意,一举成名,并不奇怪。

这一阶段的上书活动和上书风潮,激活了人心,打破了中国社会上上下下死气沉沉的状态,为变法起了社会动员的作用。

第二阶段始于德国侵占山东胶州湾事件。

1897 年 11 月,德国以曹州教案为借口,侵占了山东胶州湾。一个月后,俄国军舰侵入旅顺。战争有一触即发之势。这时,清廷发现无人才可用。1898 年 1 月 15 日,按农历算,这一天是中国北方的小年,慈禧太后在西苑紧急召见军机大臣,商议对策。根据翁同龢的改革建议,清廷下旨要求各督、抚、将军切实保荐新式人才,由此,掀起了新一轮以保荐人才为目标的上书热潮。

上书再掀热潮,康有为是升温剂。

康有为在广州听到德国侵占胶州湾的消息后,急匆匆赶到北京,起草了《上清帝第五书》,恳请皇帝师法俄日立即变法。这份上书虽没有上递给皇帝,但在士大夫手中得到了传阅,影响面颇大。12 月中旬,兵科掌印给事中高燮曾极力举荐康有为,称赞康有为"熟谙西法,具有肝胆"[①],擅长与外国交涉,请求光绪帝召见康有为。清廷正缺"熟谙西法"的人才,光绪帝遂命总理衙门大臣接见康有为。

1898 年 3 月,康有为通过总理衙门递上了《上清帝第六书》。在第六书中,康有为提出了全面的改革方案,并主张设立"制度局"。第六书用词恳切,动人视听。光绪帝阅后,当日即下发谕旨,要求总理衙门王大臣就康有为《上清帝第六书》发表意见。政治素人康有为,一时成了枢臣们议论的焦点。

不仅此,康有为还在京城四处活动,主动为宋伯鲁、陈其璋、杨深秀、徐致靖等人代拟奏折,争取将自己的变法主张上达圣听。无疑,康有为的上书及其代拟的这批奏折,获得了部分官员的认可,客观上推进了变法进程。

---

① 高燮曾:《请召对康有为片》,转引自孔祥吉:《康有为变法奏议研究》,辽宁教育出版社 1988 年版,第 168—169 页。

6月11日,清廷下发"明定国是"诏,正式揭开百日维新序幕。

两天后,也就是6月13日,翰林院侍读学士徐致靖上奏,保举康有为、黄遵宪、谭嗣同、张元济、梁启超五人。这份奏折给康有为打开了局面,改变了康有为、梁启超等人的命运,某种程度上甚至可以说改写了清代的历史。

该折将康、梁等人描绘成了满腹经纶的变法人物,而这样的人物正是清廷需要的。折子上达当日,光绪帝明发谕旨,同意召见康有为。清廷下谕召见低品级官员康有为,这是特例。这次召见有可能得到了太后的默许。

6月16日召见后,光绪帝着命康有为在总理衙门章京上行走。康有为由候补主事,被安排到总理衙门章京上行走,这又是特例。康有为由此进入了政治中心,成了令人羡慕的新星。不过,他对这一职位并不感兴趣,他的目标是出任主导改革大方向的"制度局"官员。

徐致靖的保折,特别是光绪帝召见并重用康有为、张元济、梁启超等变法人士,轰动了政坛。一时间,群起效仿,无论是京城官员,还是各地督抚,纷纷保举人才。其中,军机大臣王文韶、直隶总督兼北洋大臣荣禄、湖广总督张之洞、湖南巡抚陈宝箴、两江总督刘坤一等重臣的保举最值得注意。官员争相保举人才,固然带有私心,存在与康有为等人竞争的意图,但在客观上却推荐了一批算得上了解西方的人,推进了变法。

简言之,保荐人才,升高了变法的热度,加快了变法的节奏。

9月5日,光绪帝颁发谕旨,晋升新近被保举的内阁候补侍读杨锐、刑部候补主事刘光第、内阁候补中书林旭、江苏候补知府谭嗣同四品卿衔在军机章京行走,参预新政事宜。

看到有机可乘,一些保守的官员,也改变了此前的观望态度,转身加入上奏保举人才的行列。守旧派保举同党,本意是压制维新派的势力,但从其保举的理由看,打的恰恰是维新的旗号。可见,上书保举这一行动本身,就是对维新变法的宣传,提高了新文化的权威性。

这一阶段上书保荐的人才,为清廷开展维新变法增添了活力。在此过程中,康有为从候补章京,变成了清廷上下关注的热门人物。完全可以说,维新运动如火如荼，与康有为变得炙手可热，二者的进程是一致的。

变法期间，康有为对光绪帝施加影响，主要是通过上书这条途径来实现的。据孔祥吉统计，康有为本人的上书和代人所拟的奏折有70多件。① 光绪皇帝对康有为的上书非常重视，曾让人将康有为的21份上书，编成《杰士上书汇录》。此外，康有为前前后后还进呈了七本宣传变法维新的著作，包括《新学伪经考》《孔子改制考》《俄彼得变政记》《日本变政考》《列国政要比较表》《法国革命记》《波兰分灭记》。可以肯定，这些上书和著作对光绪帝产生了直接影响，尽管康有为仅见了光绪帝一面。光绪帝在103天时间里下达110多道变法诏书，②这与康有为所提出的"全变""速变"的变法主张是相通的。

有学者强调，康有为所编撰的《新学伪经考》和《孔子改制考》，有违历史常识，几近"野狐禅"，从而招致了士大夫反感，是戊戌变法失败的重要原因。其实，这只是看到了矛盾的表面。变法失败的根本原因在于，改革触犯了士大夫的切身利益。例如，针对八股取士，早在洋务运动时期就有一批官僚士大夫痛陈其弊，主张改革，但一旦付诸行动，关系到切身利益，那就是另一回事儿。梁启超回忆说：变法期间，他曾"联合举人百余人，连署上书，请废八股取士之制。书达于都察院，都察院不代奏；达于总理衙门，总理衙门不代奏。当时会试举人集辇毂下者将及万人，皆与八股性命相依，闻启超等此举，疾之如不共戴天之仇，遍播谣言，几被殴击"。③ 改革必然会触及官僚士大夫的权力消长和利益分配，戊戌变法的进度与官僚士大夫群体的分裂程度成正比。当改革步入高潮时，官僚士大夫分裂为新旧对立的两派，殊死较量，实属必然。由于双方力量悬殊，守旧势力过于强大，从而导致了变法失败。所以，不能将变法失败简单地归因于康有为等人的"过激"。

---

① 孔祥吉编著：《康有为变法奏章辑考》，北京图书馆出版社2008年版，"台版序言"，第15页。

② 详见汤志钧：《戊戌变法史》（修订版），上海社会科学院出版社2015年版，第322—334页。

③ 梁启超：《戊戌政变记》，汤志钧、汤仁泽编：《梁启超全集》第1集，中国人民大学出版社2018年版，第545页。

需要强调的是,官僚士大夫群体分裂而产生的维新与守旧两个派别,代表了中国社会发展的两极,代表了两种不同的命运。不同于洋务派,维新派以否定既有的制度和秩序为最终目标。它的登场,意味着官僚士大夫群体中终于孕育并分化出了背叛、否定和革新的力量。在守旧一方看来,维新变法,只会削弱清廷的统治基础。然而用发展的眼光看,维新变法则代表了历史前进的方向。尽管新旧双方势力悬殊,但康有为代表了维新的一极。当康有为代表着与势力强大的守旧派对立的一极时,实际上,他的地位已得到了极大提升。一定意义上可以说,是强大的守旧势力成就了康有为的地位。这就是历史的辩证法。

最后,借用茅海建的一段话作为这部分内容的结语。他说:"战败与危局,居然成了许多人得保举、获实缺、换顶戴的机会! ……若不是康有为及其党人的借势生事,似无可能产生如此激烈的政治振作与波动。尽管今天的人们对康有为的举动可以有多种指责,也可以对戊戌政变后的中国政治走向表示不满,……但若没有康及其党人,很可能就没有戊戌变法。他们是造就形势的人,尽管他们最后并不能似也不可能左右形势。"①"若没有康及其党人,很可能就没有戊戌变法",我完全赞同这一说法。

总之,一石激起千层浪,康有为始终是那个制造热点、打破平衡的人,是那个点燃发动机气缸的人。虽然他本人无权掌控大局,但他的主动作为,四两拨千斤,迫使大局做出了改变。

五、新式传媒与维新运动的展开

维新变法得以运动起来,开启风气,新式传播媒介功不可没。可以说,戊戌变法运动是中国历史上第一次综合运用近代新式传媒的政治事件。康有为及其同人的变法主张短期内能惊动朝野,甚至引起国际社会关注,这与

---

① 茅海建:《戊戌变法史事考二集》,生活·读书·新知三联书店 2011 年版,第 191 页。

他们积极运用新式传媒密切相关。维新派所运用的新式传媒，一是学会，二是学堂，三是报纸。海外学者张灏将此称之为"制度性传播媒介"①。下面分别讲述。

（一）学　会

戊戌时期的学会，首先出现在北京、上海等大城市。1895 年夏，"公车上书"后，康有为、梁启超等人在北京筹议设立强学会。康有为认为，"中国风气，向来散漫，士夫戒于明世社会之禁，不敢相聚讲求，故转移极难。思开风气，开知识，非合大群不可，且必合大群而后力厚也。合大群非开会不可。"②他们选定宣武门外后孙公园作为会址，联络陈炽、沈曾植、文廷式、杨锐等人，筹集资金。军机处、总理衙门、都察院、翰林院等各曹入会者不乏其人，李鸿章、王文韶、张之洞、刘坤一、袁世凯等人纷纷解囊捐助，帝师翁同龢与孙家鼐也给予了支持。清廷帝、后两党中倾向变法的官员予以一定支持，主要是想借助新兴的维新力量，助长自己的势力。为了不触犯朝廷禁止结社的法令，强学会对外使用"强学书局"的名义。通过开办学会，康有为等人宣传了变法思想，推动了维新运动的开展。水涨船高，也抬高了康有为的社会地位。

1895 年 10 月康有为离京南下，在上海组织成立了上海强学会。上海强学会得到了张之洞等人的资助，于该年 12 月在跑马场西首王家沙一号正式成立。从康有为拟定的章程看，上海强学会拟开展的活动有译印图书、刊布报纸、开图书馆、开博物院等。章程特别强调要学习西方，引进西方先进的自然科学和社会科学知识。康有为设计中的上海强学会，是讲学之地，也是翻译、新闻、出版、演说之所，附带了现代公共图书馆、博物馆的功能。

---

① 张灏：《中国近代思想史的转型时代》，《幽暗意识与时代探索》，广东人民出版社 2016 年版，第 131 页。

② 康有为：《我史·附日记》，姜义华、张荣华编校：《康有为全集》第 5 集，中国人民大学出版社 2020 年版，第 86 页。

图 4—5 《杰士上书汇录》书影

继北京、上海强学会之后,各种学会组织在全国陆续兴办起来。

1898 年 4 月,李盛铎与康有为等在北京发起成立保国会,以"保国、保种、保教"为宗旨。保国会有北京、上海两个总会,又在各地设立分会,推动维新运动在全国的展开。在保国会的带动下,在北京的各省维新人士,还分别成立了保浙会(浙学会)、保滇会、湘学会,等等。

据统计,从 1895 年到 1898 年,全国各地成立的学会至少有 50 个以上。它们分布在 13 个省、30 多个城市,构成了变法运动最为主要的组织网络。[①]

中国古代士大夫讲究"群而不党",结党意味着营私,历来遭受朝廷打压。清廷也不例外,一向严厉禁止士大夫结社议政。值得注意的是,康有为联合士大夫创建的各种学会组织,在性质和功能上实现了超越,它们以自由、平等、民主为精神主旨,与此前以儒家伦理为组织原则的结社有质的不同。正如梁启超所说:"欲振中国,在广人才,欲广人才,在兴学会。"[②]戊戌时期的学会,起到了汇聚变法人才、沟通上下、提高民众参政意识的作用。戊戌变法之所以能够成为一场全国性的运动,学会所发挥的动员和组织作用不可低估。

(二) 学 校

宋代以来,书院是培养人才的主要机构。书院教育以经史之学为主。到 19 世纪末,全国约有 4500 个书院。教会学校和洋务学堂的设立,突破了传统的人才培养模式,拉开了中国近代新式教育的序幕。

"国家之强弱,系乎人才;人才之消长,存乎学校。"[③]维新时期,先后设立了上海南洋公学、三等公学、育材书塾、上海女学堂等新式学校。至 1897 年底,新式学堂已有 17 所。学堂是维新运动的一项重要成果,也是维新变

---

① 详见汤志钧:《戊戌变法史》(修订版),上海社会科学院出版社 2015 年版,第 187—195 页。

② 梁启超:《变法通议·论学校三·论学会》,汤志钧、汤仁泽编:《梁启超全集》第 1 集,中国人民大学出版社 2018 年版,第 52 页。

③ 陈宝箴:《陈中丞招考时务学堂示》,《湘学新报》第 16 期,1897 年 9 月 17 日,第 1 页。

图 4—6　京师大学堂正宫门

法的推手,为变法提供了活动场所和人才支撑。

其中最具代表性的,当属广州的万木草堂、长沙的时务学堂和京师大学堂。这三所学校代表了三种类型。

万木草堂。从 1891 年起,康有为应陈千秋、梁启超之请,在广州长兴里万木草堂讲学。万木草堂形式上是传统书院,但讲学内容则是维新的。据梁启勋《"万木草堂"回忆》记载:当时入草堂,第一部书就是讲《公羊传》,同时读一部《春秋繁露》。除读中国古书外,还要读很多西洋的书。如江南制造局翻译的上百种科学书籍,以及容闳、严复等人的译作及外国传教士傅兰雅、李提摩太等的译作。此外,还有一项特殊的工作是编书,协助康有为编写《孔子改制考》。① 康有为在草堂完成了《新学伪经考》和《孔子改制考》,为变法准备了理论,而且培养了生力军。在万木草堂听讲的学生,多时达上百人,其中不少人成长为了维新运动的骨干。知名者,除梁启超,还有参加"公车上书"的麦孟华和梁朝杰,澳门《知新报》的撰述韩文举、徐勤和王觉任,湖南时务学堂的教习欧榘甲和叶觉迈等。可以说,万木草堂是康有为变法维新的大本营。

时务学堂。时务学堂创建于 1897 年秋,是湖南巡抚陈宝箴主持下的湖南新政的一部分。时务学堂,顾名思义,重点在讨论时务,造就新人。熊希龄任提调,《时务报》主笔梁启超任中学总教习,《时务报》翻译李维格任西学总教习,康门弟子韩文举、叶觉迈、欧榘甲担任中文分教习,许应垣担任数学教习。梁启超所讲授的中学课程以《公羊》《孟子》为主,着力宣传和发挥康有为的孔子改制学说。西学课程以介绍西方近代社会政治学说和自然科学知识为主,鼓励学生阅读新翻译的西书。康门弟子梁启超等人以学堂为舆论阵地,与南学会成员谭嗣同、唐才常等相互配合,宣传民权革命思想,激烈抨击纲常名教,甚至触及"反满"议题。在戊戌时期的新式学堂中,时务学堂是最为激进的。时务学堂的一些学生,在 20 世纪初年参加了唐才常领

① 见梁启勋:《"万木草堂"回忆》,夏晓虹编:《追忆康有为》,中国广播电视出版社 1997 年版,第 236—239 页。

导的自立军或孙中山领导的同盟会。

京师大学堂。京师大学堂是维新派与洋务派双方斗争也可以说是合作的产物。在 1898 年 6 月下达的"明定国是"诏书中,设立大学堂被列为首先要办的新政之一。大学堂章程,先是交由梁启超起草。梁启超起草的《奏拟京师大学堂章程》,是大学堂的第一个章程,也是中国近代高等教育最早的学制纲要。吏部尚书孙家鼐在担任管理大学堂事务大臣后,对章程做了大幅度修改,主张大学堂应以"中学为主,西学为辅",并推荐工部左侍郎许景澄担任总教习。从大学堂章程看,如果没有发生戊戌政变,京师大学堂很可能仿照日本的学制,设立法、医、工、文、理、农六科。这与中国旧式教育相比,可谓是翻天覆地的变化。政变后,大学堂虽得以保存下来,但办学思想又回到了旧学套路,大讲纲常礼教。大学堂成了下层官吏、举人、监生等镀金的地方。这种状况一直持续到 1902 年京师大学堂二度开办。从京师大学堂的创办过程看,清政府高层虽然存在派别分歧,但均已认识到只有兴办新式学堂、培养新式人才,中国才有出路。由此可见,中国文化的发展方向,掉头向西,已是不可阻挡。

(三) 报　刊

中国的印刷术虽然起源很早,但在晚清之前以手工雕版印刷为主,传播能力有限。晚清时期西学东渐,西方的石板印刷和活字铅印技术传入中国的口岸城市,引发了印刷术革命。印刷术革命,为以时效性为特色的报刊印刷提供了技术支撑,加快了新文化的生产和传播效率。康、梁等维新人士,在广州、香港、上海等口岸城市,敏锐地看到了报刊等新式媒介的传播力,积极创办报刊,作为社会动员的工具。

在维新派所办的报刊中,以《时务报》存续的时间最长,影响最大。1896 年 8 月,《时务报》在上海创刊,每旬一刊,采用石印技术,汪康年任总理,梁启超任主笔。百日维新期间,该报改由官办。1898 年 8 月停刊,前后共出 69 册。梁启超在《时务报》上发表了《变法通议》《论报馆有益于国事》

等一批宣传变法维新的文章。由于梁启超观点独到,议论新颖,文字晓畅动人,该报的发行量从最初每期的 4000 份,数月之间攀升至 17000 份。① 诚如梁启超所形容,"甲午挫后,《时务报》起,一时风靡海内,数月之间,销行至万余分,为中国有报以来所未有。举国趣之,如饮狂泉。"②《时务报》成为当时青年学子看世界的前沿窗口。包天笑后来回忆说:当时他读《时务报》,感觉"好像是开了一个大炮","一班青年学子,对于《时务报》上一言一词,都奉为圭臬"③。甚至连一些思想相对保守的学者,一度对该报也相当重视。岳麓书院院长王先谦曾要求学生阅读《时务报》,从中获取新知。

在此期间,较为重要的报刊还有《万国公报》(《中外纪闻》)、《知新报》、《湘学报》、《湘报》日刊、《经世报》、《国闻报》等。维新派在海外也创办了自己的报刊,在日本神户创办了《东亚报》,在新加坡创办了《天南新报》。据统计,从 1895 年到 1898 年四年间,维新派创办的报刊有 30 多种。④

需要强调的是,维新派所办的报刊已完全具有了现代公共舆论的性质。学界一般认为,中国人创办的第一张报纸是 1874 年王韬在香港主办的《循环日报》。《循环日报》是口岸城市报纸,它以商业版面为主,所刊登的新闻主要是广东和香港的地方新闻。与《循环日报》有所不同,维新派所办的报刊具有鲜明的政治性和思想启蒙性,体现了新派精英人物的意志。维新派报刊所登载的内容,包括了清廷的谕旨、重要决策、布告、动态,及各省新闻,而且配有社论,对国内外政治及社会大事予以评论,政治立场和舆论导向极其鲜明。

综上所述,学会、学校和报刊的兴起,与戊戌变法同步。作为新兴的制度性媒介,它们本身即是追求政治民主、言论自由和社会平等的标志。学会

---

① 参见方汉奇编著:《中国近代报刊史》,山西教育出版社 1991 年版,第 83 页。
② 梁启超:《本馆第一百册祝词并论报馆之责任及本馆之经历》,汤志钧、汤仁泽编:《梁启超全集》第 2 集,中国人民大学出版社 2018 年版,第 354 页。
③ 包天笑:《钏影楼回忆录》,中国大百科全书出版社 2009 年版,第 150 页。
④ 参汤志钧:《戊戌变法史》(修订版),上海社会科学院出版社 2015 年版,第 195—211 页。

以"合群"为特征,改变了早期维新人士独立作战的状态,壮大了维新派的力量。学校是康、梁宣传变法的阵地,也是推进变法的引擎,培养了新式人才。报刊如同维新派的"耳目喉舌",制造舆论,开通风气。三者相互声援,相互促进,为旧式士大夫向新式知识分子转变提供了文化空间。

康有为在《京师保国会第一集演说》中说:"公车上书"后,维新变法渐成风气,"自强学会首倡之,遂有官书局、《时务报》之继起,于是海内缤纷,争言新法"。① 对于新媒体所起的作用,宋恕亦有评论:"自中日战后,能转移天下之人心风俗者,赖有长素焉。何也?梁卓如以《时务报》震天下,使士夫议论一变,卓如之功;而亲为长素弟子,亦长素功也。"②当代传播学奠基人麦克卢汉(Marshall McLuhan)说"媒介是人的延伸"③,维新人士自觉运用近代新式媒介,为维新变法制造舆论,这是前人所不具备的社会动员手段。

六、维新变法的理论创获(上):四种学说

戊戌变法既是一场救亡图存的政治运动,也是一场文化改造运动。维新变法传播了近代新文化,中国文化的结构与性质由此发生明显变化。甲午战争之后,进化论、自由民权学说、近代科学知识等新文化快速传播开来,改变了中国文化的固有结构。中国文化的成分,在以儒学为主体的传统文化基础上,增加了近代资本主义新文化的内容。从完整意义上说,中国近代资本主义新文化是从戊戌维新时期开始生长起来的。

康、梁等人发动维新变法,其直接目的是救亡图存。他们深知,只有变法,才能使中国摆脱危亡,走向富强,而变法需要先进的思想理论作为武器。

---

① 康有为:《京师保国会第一次集会演说》,姜义华、张荣华编校:《康有为全集》第4集,中国人民大学出版社2020年版,第58页。
② 孙宝瑄:《忘山庐日记》上册,上海古籍出版社1983年版,第220页。
③ [加拿大]马歇尔·麦克卢汉:《理解媒介——论人的延伸》,何道宽译,译林出版社2019年版,第17页。

维新人士一方面从传统文化资源中汲取营养,另一方面又尽可能地学习西方的社会政治学说,尝试创建自己的理论学说。就其要者而言,有四种学说、三种方案。这四种学说、三种方案,不限于政治改革,而是具有文化革新、文明再造的意义。

先看维新时期的四种学说。

维新派的理论学说,较具代表性的有三,即:康有为的"新经学"、谭嗣同的"新仁学"和严复引进的进化论。张之洞的《劝学篇》宣传"中体西用"论,代表了另一条变法路线,可视为第四种。

(一) 康有为的"新经学"

康有为所创建的新经学体系,是变法维新的理论基石。这方面的著作,包括《新学伪经考》《孔子改制考》《春秋董氏学》《春秋笔削大义微言考》,以及戊戌变法之后成书的《礼运注》《中庸注》《论语注》《孟子微》和《大同书》等。康有为的"新经学",借助传统经学中的《春秋》公羊学,融入近代民主、平等、进化等新思想,阐发微言大义,宣传变法主张。

其核心观点之一,是"新学伪经"说。康有为论"新学伪经",集中体现在他编纂的《新学伪经考》一书。该书初刻于1891年,1894年遭清廷毁版;1898年变法高潮时,再次刊刻,并进呈光绪帝。康有为在书中提出,秦始皇焚书,并未厄及六经,汉代十四博士所传的今文经并无残缺;西汉不存在所谓的古文经,凡古文经皆是刘歆的伪作;千百年来士人诵习的经学著作,包括宋代以来理学家所依据的古文经文本,均是刘歆为辅佐王莽篡汉、建立新朝而编造的"伪经"。"新学伪经"说无异于否定了自汉代以来占据主流意识形态的经学和理学的文本依据,这在客观上有利于解放思想,推行变法。

其核心观点之二,是"孔子改制"说。这方面的代表作是《孔子改制考》。康有为撰写该书,始于1892年在广州长兴里讲学时,1898年春刊刻成书。康有为通过孔子"托古改制",重新塑造孔子,再造经学,再造中国文明,宣传他的改制思想。他突破了此前今文经学家以《春秋》为"孔子改制"之唯一作品这种观点,空前地抬高孔子的圣人地位,主张"六经"全部是孔子一人所立之法,"六经"含有变法维新的微言大义。康有为希望借助孔子和经学的权威,宣传其维新变法思想。

其核心观点之三,是"大同三世"说。康有为创造性地把《春秋公羊传》中"三世说"、《礼记》中的"大同""小康"说与进化观念、礼制变革、民主思想等糅合在了一起。他将《公羊传》中的"据乱世"、"升平世"、"太平世"解释为一个由野蛮到文明的进化过程,分别用"小康""大同"比附"升平""太平",强调由小康社会进入大同社会,由君主制进入民主制,是"孔子改制"的题中之义。准此,他提出当下的中国由君主政治改行民主政治,是孔子《春秋》"三世说"的内在要求,并不违背中国的传统。

简言之,从"新学伪经"说、"孔子改制"说到"大同三世"说,从破旧到立新,一脉相承,构成了康有为变法思想的理论基础。这套学说虽采取了传统的解经形式,但其精神主旨则是近代的,故称之为康有为的"新经学"。

(二) 谭嗣同的"新仁学"

谭嗣同是维新变法的健将,去世时年仅 33 岁,留下了著名的诗句"我自横刀向天笑,去留肝胆两昆仑"。梁启超评价他为"晚清思想界的彗星"①。他提出的"新仁学"是维新变法运动的重要理论遗产。谭嗣同的代表作《仁学》大约写于 1896 年夏到 1897 年底,全文约 5 万字。1899 年,在谭嗣同去世 90 天后,梁启超将《仁学》发表于《清议报》上。稍后,唐才常也将该文登载在了《亚东时报》上。1901 年,上海国民报社出版《仁学》单行本,销行上海、日本等地。《仁学》代表了戊戌时期年轻一代士人对于历史和现状深入思考所达到的理论高度。冯友兰称:"谭嗣同回答了当时时代提出的问题,指明了时代前进的方向,就这两点上说,他不愧为中国历史中的一个大运动

---

① 梁启超:《清代学术概论》,汤志钧、汤仁泽编:《梁启超全集》第 10 集,中国人民大学出版社 2018 年版,第 282 页。

的最高理论家,也不愧为中国历史中一个代表时代精神的大哲学家。"①

谭嗣同"新仁学"的知识来源比较驳杂,除中国的儒学、佛学外,还广泛吸收了西方传入的科学和宗教知识。谭嗣同在《仁学》"界说"一节中写道:"凡为仁学者,于佛书当通《华严》及心宗、相宗之书;于西书当通《新约》及算学、格致、社会学之书;于中国书当通《易》《春秋公羊传》《论语》《礼记》《孟子》《庄子》《墨子》《史记》,及陶渊明、周茂叔、张横渠、陆子静、王阳明、王船山、黄梨洲之书。"②从这段话可大体看出其新仁学思想的来源。谭嗣同从新教传教士那里引入"以太"、"灵魂"概念,从科学和宗教维度阐发"仁"的思想;从王夫之、黄宗羲等明遗民的著作中汲取了较为激烈的反对清廷和反对专制的思想因子。

从哲学的角度分析,谭嗣同的新仁学可分为三个层次。第一,"仁"以"以太"为本原。在他看来,充盈于天地之间、构成大千世界的最基本要素不容易说清,姑且借西学中的"以太"名之③。第二,"仁"以"通"为第一义。"通"是"以太"的存在状态,是"仁"的基本属性。"通"的具体形态多样,有中外通、上下通、男女通、身心通、内外通和人我通,大千世界无时无地不处于通的状态。第三,"通之象为平等。"④中外、上下、男女、人我既然相通,那么彼此的关系就应该是平等的。推而广之,大千世界万事万物,一切皆是平等的。

从政治思想史的角度分析,"新仁学"可视为一套社会批判理论。"仁"代表了社会正义,"仁不仁之辨,于其通与塞"⑤。谭嗣同强调说:中外、上下、男女、人我之间互相贯通,互为平等,本应是"仁"的正常状态,然而中国的现实社会则与此相反。现实社会以"礼"为核心、以"三纲"为最高原则所

---

① 冯友兰:《中国哲学史新编》(第5册、第6册),邵汉明编:《冯友兰文集》第12卷,长春出版社2017年版,第318页。
② 谭嗣同著,张玉亮汇校:《仁学·汇校本》,浙江古籍出版社2021年版,第6页。
③ 谭嗣同著,张玉亮汇校:《仁学·汇校本》,浙江古籍出版社2021年版,第9页。
④ 谭嗣同著,张玉亮汇校:《仁学·汇校本》,浙江古籍出版社2021年版,第4页。
⑤ 谭嗣同著,张玉亮汇校:《仁学·汇校本》,浙江古籍出版社2021年版,第16页。

建立的等级森严的社会政治秩序,严重背离了互通和平等精神。所以,谭嗣同在《仁学》中对礼教予以了严厉批判。他说:"数千年来,三纲五伦之惨祸烈毒,由是酷焉矣。君以名桎臣,官以名轭民,父以名压子,夫以名困妻,兄弟朋友各挟一名以相抗拒,而仁尚有少存焉者得乎?"①在《仁学》中,他提出了著名的口号"冲决网罗"——"冲决君主之网罗","冲决伦常之网罗","冲决天之网罗","冲决全球群教之网罗"②,号召建立人人自由、人人平等的"大同社会"。他说:"人人皆能自由,是必为无国之民。……君主废,则贵贱泯;公理明,则贫富均。"③谭嗣同敢为天下先,敢于言人所不敢言,勇敢地向旧礼教发起猛攻,这在思想史上是划时代的。钱穆称谭嗣同是近代第一个站出来与纲常名教交锋的战士,是五四的先驱:"挽近世以来,学术思想之路益狭,而纲常名教之缚益严,然未有敢正面对而施呵斥者;有之,自复生始也。"④谭嗣同杀身成仁,舍生取义,以行践言,在近代启蒙思想家中是第一人。

(三) 严复引进的进化论

进化论是中国近代文化史上影响最大的理论学说之一。进化论正式传入中国,以严复翻译的《天演论》出版为标志。

与康、谭不同,严复对西方社会和文化的认知,不是借助传教士等人翻译的书籍,而是通过系统的近代西式教育。1877 年,严复作为清政府首批派遣留学英法的学员,赴英国格林尼治海军学院(后改名皇家海军学院)学习了两年半。回国后,他先是担任福州船政学堂教习,后被调往天津,担任北洋水师学堂总教习、会办、总办。严复留学时,值英国的维多利亚时代,赫胥黎(Thomas Henry Huxley)、达尔文(Charles Robert Darwin)、斯宾塞

① 谭嗣同著,张玉亮汇校:《仁学·汇校本》,浙江古籍出版社 2021 年版,第 24—25 页。
② 谭嗣同著,张玉亮汇校:《仁学·汇校本》,浙江古籍出版社 2021 年版,第 2 页。
③ 谭嗣同著,张玉亮汇校:《仁学·汇校本》,浙江古籍出版社 2021 年版,第 167—168 页。
④ 钱穆:《中国近三百年学术史》(二),钱穆:《钱宾四先生全集》第 17 册,台北联经出版事业股份有限公司 1998 年版,第 872 页。

（Herbert Spencer）等人的学说正在传播。斯宾塞于 1850 年出版的《社会静力学》等著作，奠定了社会进化论的基础。达尔文于 1859 年出版的《物种起源》一书，以全新的生物进化论推翻了神造论和物种不变论。赫胥黎是达尔文进化论的拥护者，1894 年出版了通俗读物《进化论与伦理学》。以进化论为指导，严复 1895 年在天津《直报》连续发表了《论世变之亟》《原强》《辟韩》《原强续篇》《救亡决论》等 5 篇文章，大力宣传变法主张，迅即引起社会关注。

严复引进进化论，以他的译著《天演论》的影响最大。该书译自赫胥黎的英文著作《进化论与伦理学》。《进化论与伦理学》原是赫胥黎 1893 年在牛津大学的讲稿，如书名所示，该书前半部分讲进化论，后半部分讲伦理学。严复所译的《天演论》，仅选译了部分导论和讲稿正文的前半部分。严复译述的《天演论》将导论分为 18 篇、正文分为 17 篇，分别冠以篇名，并对其中 28 篇加了按语。1896 年，严复完成了《天演论》的翻译工作，1898 年正式出版。

赫胥黎原书的基本观点是：生物是不断进化的，"物竞天择"是生物进化的普遍规律；"物竞"即生物间的生存竞争，优种胜过劣种；"天择"即自然选择，自然淘汰。赫胥黎将达尔文的进化论用以分析人类社会，认为进化论有其适用于人类社会的一面，比如，人类结成群体，组成家庭，构成社会，与大自然的力量竞争，并改造大自然。需要指出的是，他主张严格区分生物进化过程与社会进化过程，反对把生物界的生存竞争规则完全用于人类社会。他强调，社会的进化过程需要遵循伦理，社会进化的最终结果不是也不能是弱肉强食，不能让那些善于与同类斗争的人大行其道，而应该让那些伦理上优秀的人、那些善于约束自己并尊重他人的人能够生存、发展和延续下去。

值得注意的是，严复的翻译不是直译，而是在翻译过程中进行了加工和改译，并以按语的形式作了独具心裁的解释。严复从斯宾塞社会进化论的角度来解读赫胥黎的著作，他在翻译《天演论》时，一定程度上延续了《原强》一文的观点。严译《天演论》重点突出了"物竞天择，适者生存"八个字，并突破原著所划定的生物进化与社会进化的界限,将生物进化论变成了人类社会发展的规律。这样,严复通过翻译实现了二次创作,他所译介给中国人的《天演论》,显然已不是赫胥黎的本义。由于译者严复的原因,《天演论》在中国的真正影响首先表现在社会进化论方面。严复翻译此书时,适值社会达尔文主义在西方广为流行,世界各种族竞争激烈,中国面临亡国灭种的危险。严复在译作中强调合群、富强的重要性,强调人类竞争之胜负不在人数之多寡,而在种族之强弱,很明显,其用意在唤醒国人、改造社会,警告国人如不振作自强就会亡国灭种。因此,该书一经问世,就引起了读者的强烈共鸣。康有为一向自视甚高,他在看了《天演论》译稿以后,也大为称赞,称此书"为中国西学第一者也"①。《天演论》出版后风行全国,据统计,从 1898 年到 1911 年,《天演论》有三十多种版本。"天演"、"进化"、"物竞天择"、"优生劣败"等词语不仅成了报章的熟语和新派人士的口头禅,而且改变了几代中国人的世界观、历史观和价值观。

(四) 张之洞的"中体西用"论

"中体西用"论并不是张之洞的首创。从思想史的角度看,这一说法可上溯至洋务运动初期。学界一般认为,冯桂芬在《校邠庐抗议》中所说"以中国伦常名教为原本,辅以诸国富强之术"②,是"中体西用"论的蓝本。甲午战争之前,在确保"伦常名教"所代表的政治秩序和伦理观念不变的前提下,采用西方富强之术作为自强新政的手段,这可以说是洋务派的共识。当时洋务派面临守旧势力重重阻挠,在此背景下,采用西方"富强之术",不能说没有改革和开放精神。

甲午战后,"中体西用"论不再是少数人的主张。1895 年,在华传教士

---

① 康有为:《与张之洞书》,姜义华、张荣华编校:《康有为全集》第 5 集,中国人民大学出版社 2020 年版,第 312 页。

② 冯桂芬著,(德)冯凯整理,熊明心校对:《校邠庐抗议·汇校》,上海社会科学院院出版社 2015 年版,第 127 页。

所办的《万国公报》第 75 卷刊有沈毓桂（南溪赘叟）的《救时策》一文，其中说:"夫中西学问，本自互有得失。为华人计，宜以'中学为体，西学为用'。目前中外使聘往来交涉等事，西学固为当务之急，然专讲西学者，往往见异思迁，食用起居，渐染西习，遂至见弃士林，皆由鲜中学以为根柢之故。凡为弟子幼学壮行，皆当深明此义。凡于西学，又皆宜剥肤存液，师其所长，慎勿窃取皮毛，不特为我华人鄙，更为彼西人笑也。西人之学问技艺，高出于华人者甚多，今宜择其善而师之。如天文、地理、算法、治河、医药、律例，其大要也。其余农务、商务、工艺，无不有学。"①同年冬，该报第 84 卷所载朱之榛的文章《上张香帅请设中西学堂书》再次提到:"肄业泰西之语言文字，何以中西？ 名义不难喻，为此请于大贤者创中学为体，西学为用，冀开海内风气。昔汉家之治，王霸杂糅。今运会所遭，酌中证外，名虽变而实不易。舍是谋富强者戛戛乎其难之。"②这两篇文章均使用了"中学为体，西学为用"八个字。1896 年 6 月，孙家鼐在议复筹办京师大学堂折中，主张以"中学为体，西学为用"作为大学堂办学宗旨。他在折中写道:"创立大学堂，自应以中学为主，西学为辅;中学为体，西学为用;中学有未备者，以西学补之，中学其失传者，以西学还之。以中学包罗西学，不能以西学凌驾中学，此是立学宗旨。"③孙家鼐是光绪帝的师傅，是朝廷重臣，他的主张对光绪帝的变法产生了直接影响。光绪帝在变法诏书《明定国是诏》中说:"以圣贤义理之学，植其根本，又须博采西学之切于时务者，实力讲求，以救空疏迂谬之弊。"④诏书虽然没有明确使用"中体西用"一词，但意思相通，博采西学必须以圣贤义理之学为根本，以服务清廷为最高原则。这可以说是清廷接受西学的底线。

① 南溪赘叟（沈毓桂）:《救时策》,《万国公报》第 75 期,1895 年 4 月。

② 朱之榛:《上张香帅请设中西学堂书》,《万国公报》第 83 期,1895 年 12 月。转引自易惠莉《"中学为体，西学为用"的本意及其演变》,《河北学刊》1993 年第 1 期。

③ 孙家鼐:《议复开办京师大学堂折》,中国史学会主编:《戊戌变法》(二),"中国近代史资料丛刊",上海人民出版社 1957 年版,第 426 页。

④ 《上谕》(45),中国史学会主编:《戊戌变法》(二),"中国近代史资料丛刊",上海人民出版社 1957 年版,第 17 页。

甲午之后，此前一些持守旧立场的人也认识到兴办洋务事业的必要性，改变了观念，转而赞同"中体西用"的说法。于是，"中体西用"论成了流行语。梁启超在《清代学术概论》中说："甲午丧师，举国震动，年少气盛之士，疾首扼腕言'维新变法'；而疆吏若李鸿章、张之洞辈，亦稍稍和之。而其流行语，则有所谓'中学为体，西学为用'者，张之洞最乐道之，而举国以为至言。"①可以说，"中体西用"论代表了清廷变法的指导思想，符合清统治者的利益。

1898 年 4 月，在《明定国是诏》颁布前夕，张之洞完成了《劝学篇》。《劝学篇》虽未明确地使用"中体西用"一词，却系统地阐发了"中体西用"的思想，堪称"中体西用"论之总纲领。该书分内、外两篇。"内篇务本，以正人心。"所谓"务本"，就是要求人们忠于清廷，严守"三纲五常"，以纲常名教为立国之本。内篇揭示了双方在对待"纲常"和"民权"问题上的原则性分歧，批评的对象是康、梁的"新学"，认为康、梁的变法主张"恢诡倾危，乱名改作"，菲薄名教，严重违背了"中学为体"原则。"外篇务通，以开风气。"②所谓"务通"，就是要求在坚持纲常名教的原则下，采西学，变旧法。外篇的内容包括学习和引进西方的科学技术，改革科举制度和教育制度，派人出国游学，办报译书，修建铁路，兴农学、工学、商学、兵学、矿学，等等。外篇是张之洞欲实施改革的大纲，同时驳斥了不知变通、一味反对改革的极端守旧派的观点。

《劝学篇》主张在恪守伦常名教的原则下实行改革，符合清廷和士大夫集团的利益，故统治阶层对该书大为赞许。光绪帝在谕旨中称《劝学篇》"持论平正通达，于学术人心，大有裨益"，命军机处发给各省督抚、学政各一部，"广为刊布，实力劝导，以重名教而杜卮言"。③ 短短十天，该书连印三

---

① 梁启超：《清代学术概论》，汤志钧、汤仁泽编：《梁启超全集》第 10 集，中国人民大学出版社 2018 年版，第 287 页。

② 张之洞：《劝学篇序》，赵德馨主编，吴剑杰、周秀鸾等点校：《张之洞全集》第 12 册，武汉出版社 2008 年版，第 157 页。

③ 《上谕》（105），中国史学会主编：《戊戌变法》（二），"中国近代史资料丛刊"，上海人民出版社 1957 年版，第 43 页。

版,仅总理衙门就印了三百部,俨然成为推行变法的官方文件。该书还受到了国际社会的关注,曾被译为英、法、日本等国的文字,1900年纽约出版的英文本甚至将书名易为《中国唯一的希望》。由于《劝学篇》得到了光绪帝的赞许,且伦常名教关乎清廷统治的合法性,康、梁等维新人士在百日维新期间没有直接反驳。

七、维新变法的理论创获(下):三种方案

维新变法时期,从理论上说,存在着三种改革方案。这三种方案,源自对甲午战争后亡国灭种危机的思考,均围绕保国、保种、保教的论题而展开。在论证方式上,这三种方案均注意采取中外对比的视角,以政、教、学的关系为基本框架。

第一种,康有为的方案。

在康有为的理想和理论设计中,"保教"是第一位的。他所说的"教",类于顾炎武所说的"天下",意思近于中国文明。但他所保之"教",又不是中国古代的儒教或儒家文化,而是模仿西方的基督教,建设一种新型的孔教。康有为心目中的孔教,是一种文明史意义上的宗教,是现代国民统合和信仰的基石,也是中国人对抗外来侵略、解决宗教冲突的工具。康有为的孔教,以继承和发扬中国文化的精神为主旨,看重中国文化的主体性。康有为自称"长于素王",称孔子为"改制教主"、"文明教主"。对他来说,"教"在某种程度上类似于传统儒学的"道","教"的位置明显高于"政"和"学",是国家和种族得以存在的意义和根据。他希望"教"能超越于政治和政权之上,因此,在政教关系上,他设计的方案带有政、教分离的性质。相应地,康有为的"政"和"学"必然以"教"为底色,不同程度地带有儒家文化的色彩,是儒家式的道德理想主义。他在引用进化论等西方理论时,不唯西方是从,对源自西方的生存竞争、优胜劣汰、择种留良等说法不以为然,明确反对西方文化中的功利主义和利己主义。同时,他将现代性的人伦道德学说植入

图 4—7　严复译《天演论》书影

进化论等理论中,并置于主导地位。

康有为所保之"种",是包括满族人在内的全体中国人。康有为所保之"国",在地域上无疑是包括满、汉、蒙、回、藏在内的清代疆域。这两者都超越了传统的"华夷"观念,其理论高度决非旧儒家所能达到。关于政权,维新派中的梁启超、唐才常、谭嗣同等人私下曾发表过反清的言论,从文献看,康有为本人并没有明确说过反对清廷的话。关于政权性质,康有为追求的是行民权、开议会、实行君主立宪。他在戊戌变法中提出开设制度局,不过是退而求其次的策略而已。

第二种,严复的方案。

1895 年,严复在天津《直报》连续发表《论世变之亟》《原强》《辟韩》《原强续篇》《救亡决论》等文章,宣传其变法主张。他的方案是以西方文明为范型来改造中国,理论上以斯宾塞等人的社会进化论为依据,现实中以英国为榜样。

严复以"保种"为当务之急。他将达尔文生物进化论的生存竞争观念和斯宾塞的社会达尔文主义运用到人类社会,将"弱者当为强肉,愚者当为智役"作为种族生存的普遍规律[①]。他认为种族之间的生存竞争是以群体的方式进行的,"合群"的方式直接关乎群体的竞争力。他说:中国人以人伦纲常为组织原则,所以不断衰弱;西方人"以自由为体,以民主为用",所以能实现国富民强。[②] 受斯宾塞渐进式进化思想的影响,严复强调国富民强的根本在于利民、新民:"夫所谓富强云者,质而言之,不外利民云尔。然政欲利民,必自民各能自利始;民各能自利,又必自皆得自由始;欲听其皆得自由,尤必自其各能自治始;反是且乱。顾彼民之能自治而自由者,皆其力、其智、其德诚优者也。是以今日要政,统于三端:一曰鼓民力,二曰开民智,三曰新民德。夫为一弱于群强之间,政之所施,固常有标本缓急之可论。唯是使三者诚进,则其治标而标立;三者不进,则其标虽治,终亦无功;此舍本

---

① 严复:《原强》,王栻主编:《严复集》第 1 册,中华书局 1986 年版,第 5 页。
② 严复:《原强》,王栻主编:《严复集》第 1 册,中华书局 1986 年版,第 11 页。

言标者之所以为无当也。"①他主张以提高民众素质为治本之方,从"鼓民力、开民智、新民德"做起。如果民力、民智、民德能够达到一定的程度,国家自然会变得强大,国不求保而自保。

在满汉关系和华夷关系问题上,严复的观点与康有为较为接近。他认为满、蒙与汉同为黄种人,满汉矛盾只是内部问题,当下所面对的白种人与中国历史上的夷狄完全不同,中国全面地落后于欧美的白种人。在君民关系上,严复一方面从自由、民主出发,严厉地批判君主专制,另一方面又认为中国的民众素质过低,尚缺乏自治的能力,目前保持君主有利于种族间的竞争。

在严复看来,"国"与"教"是种族为了生存竞争而发展出来的形式。在《救亡决论》一文中,严复以他当时所能理解的"科学"和"理性"为根据,认为"学"代表了理性,可以开民智,提高民众素质,"教"只是事天敬神,会陷民众于不可知的神秘主义,二者绝不相合:"是故西学之与西教,二者判然绝不相合。'教'者所以事天神,致民以不可知者也。致民以不可知,故无是非之可争,亦无异同之足验,信斯奉之而已矣。'学'者所以务民义,明民以所可知者也。明民以所可知,故求之吾心而有是非,考之外物而有离合,无所苟焉而已矣。'教'崇'学'卑,'教'幽'学'显;崇幽以存神,卑显以适道,盖若是其不可同也。"对中国而言,所需要的是"学"而非"教"。即便是"学",若用西学为规矩衡量中国的学术,他认为中国的学术还不具备"学"的资格。他说:"取西学之规矩法戒,以绳吾'学',则凡中国之所有,举不得以'学'名。"②严复用西方的"科学"衡量中国学术,认为中国学术缺乏科学性。在这一方面,严复于1898年先后发表了《有如三保》《保教余义》《保种余义》等文章,对张之洞坚守的纲常名教和康有为所提倡的"孔教"作了批判。

简言之,严复的方案以西方的理论为坐标,主张从"保种"着手,将寻

---

① 严复:《原强修订稿》,王栻主编:《严复集》第1册,中华书局1986年版,第27页。
② 严复:《救亡决论》,王栻主编:《严复集》第1册,中华书局1986年版,第52页。

求富强作为第一义。"夫士生今日,不睹西洋富强之效者,无目者也。谓不讲富强,而中国自可以安;谓不用西洋之术,而富强自可致;谓用西洋之术,无俟于通达时务之真人才,皆非狂易丧心之人不为此。"严复断定,唯有承认己不如人,直面西强中弱的现实,努力学习西洋富强之术,才能挽救行将"亡国灭种,四分五裂"的中国。① 较之康有为、张之洞的方案,严复的方案最为西化,一定意义上说,与新文化运动的精神较为一致。

第三种,张之洞的方案。

张之洞的方案,其主旨是"旧学为体,新学为用",集中体现在他的小册子《劝学篇》中。他以正统自居,有一种居高临下、拨乱反正的架势。

张之洞将保救大清放在第一位。《劝学篇》的前三篇《同心》《教忠》《明纲》,提出了他对"保国、保教、保种"的看法。他说:"吾闻欲救今日之世变者,其说有三:一曰保国家,一曰保圣教,一曰保华种。夫三事一贯而已矣。保国、保教、保种,合为一心,是谓同心。保种必先保教,保教必先保国。种何以存? 有智则存。智者,教之谓也。教何以行? 有力则行。力者,兵之谓也。故国不威,则教不循;国不盛,则种不尊。"②所谓"同心",即忠君爱国,忠于清廷。"保种必先保教,保教必先保国",保救清王朝处于首位。这是由张之洞作为大清高官的身份决定的,他的方案符合张之洞所代表的统治集团和社会阶层的利益。按照张之洞的逻辑,中国人种与外国人种之不同,不是源于生物学意义上人种的分野,而是由于文化的不同。中国人是建立在文野之分基础上的"神明胄裔",是由孔孟之道、纲常名教教化出来的。"三纲为中国神圣相传之至教,礼政之原本,人禽之大防"③。中国的礼教决定了中国人之所以为中国人,所以"保种必先保教"。而在现实世界中,清政权是纲常名教的有力维护者和代表者,双方利益具有一致性,所以"保教

① 严复:《论世变之亟》,王栻主编:《严复集》第 1 册,中华书局 1986 年版,第 4 页。

② 张之洞:《劝学篇上·同心第一》,赵德馨主编,吴剑杰、周秀鸾等点校:《张之洞全集》第 12 册,武汉出版社 2008 年版,第 159 页。

③ 张之洞:《劝学篇序》,赵德馨主编,吴剑杰、周秀鸾等点校:《张之洞全集》第 12 册,武汉出版社 2008 年版,第 158 页。

必先保国"。可见,张之洞所保之"国"大清,所保之"教"纲常名教与所保之"种"中国人是统一的,其根本在于维护中国固有文明,维护现有政权及其统治秩序。这是张之洞与康、严等维新人士的本质区别所在,也是维新变法中双方起初貌合、最终水火难容的原因所在。就此而言,双方的分歧,绝不能以"激变"与"渐变"来形容。

在"教"的问题上,与严复不同,张之洞、康有为均将"教"置于最高位置,代表了中国文明,代表了中国人的所以然,甚至代表了人类的共同价值,但张、康二人所说的"教"的含义有根本性区别。张之洞所维护的是数千年一以贯之的旧的"纲常名教",康有为则是要"接着讲",要"创新性发展",接续旧文明旧礼教发展出具有时代新义的新"孔教"。严复则认为,无论旧礼教,还是新孔教,均是一种落后的非理性的东西。

在"国"的问题上,康有为、严复、张之洞均承认清政权,但关于政权的设计则绝然不同。康有为的方案类于"政""教"分离,张之洞则主张"政教相维"。张之洞的"教"决定了国家政权和政治制度的性质。"知君臣之纲,则民权之说不可行也;知父子之纲,则父子同罪、免丧、废祀之说不可行也;知夫妇之纲,则男女平权之说不可行也。"①张之洞明确地反对民权和平等精神,反对从根本上进行政治制度改革。张之洞所认可的"西政",限于"学校、地理、度支、赋税、武备、律例、劝工、通商"②,用体用话语说,属于"用""术"的层面,而没有触及政治制度的核心,更没有上升到西政背后的自由、民主、科学精神。

以上所讲,是戊戌时期康有为、严复、张之洞分别提出的三种改造中国的方案。

---

① 张之洞:《劝学篇上·明纲第三》,赵德馨主编,吴剑杰、周秀鸾等点校:《张之洞全集》第 12 册,武汉出版社 2008 年版,第 163 页。
② 张之洞:《劝学篇下·设学第三》,赵德馨主编,吴剑杰、周秀鸾等点校:《张之洞全集》第 12 册,武汉出版社 2008 年版,第 176 页。

第 五 讲
清末十年的文化变局

　　20世纪初年,清廷决心实施新政改革。这次改革,与此前的洋务运动、戊戌变法一以贯之,从清统治者的角度看,属于自救运动。他们改革的动力,不是为了改善民众的生活状况,而是源于无法照旧实施统治。其中,外部力量的冲击是不可忽视的因素。一定意义上说,是庚申英法联军侵占北京,迫使清廷改革开放,发动了"洋务自强"运动;是甲午战败和德、俄等国入侵,造成亡国灭种的危机,迫使清廷实施变法;同样,是八国联军侵华、北京沦陷和《辛丑条约》,危机加重,清廷才再次启动改革,实施自救。世界潮流,浩浩荡荡。清廷被迫的改革,客观上却推进了中国的现代化,从而有了清末十年的文化变局。

　　与清廷相对,以梁启超、严复为代表的改良派思想家,以孙中山、章太炎为代表的革命派思想家,通过著书立说,创办报刊,从域外,从边缘,从民间,发出呐喊,唤醒民众。他们是倒逼清廷改革的主力,是推进中国文化变革的引擎。

一、文化权势的转移

　　中国是一个有着数千年文明历史的大国,成就斐然。中国人有足够的自信傲视群雄。但当另一个强势的文明共同体——西欧文明逼来时,中国文明不甘愿就范,不甘愿屈服,这自在情理之中。在西方文明的剧烈冲撞下,

图 5—1 清末上海外滩街景

中国人先是承认技不如人,先觉者提出"师夷长技以制人",后又承认器不如人,发动洋务运动,师法西洋制造机器以谋自强。至20世纪初年,中国人较普遍地认识到政不如人,推出了清末新政,师法西政以谋自强。在此过程中,中国人的社会心态和文化心理也在悄然发生改变。

自鸦片战争战败后,中国每一次与列强交锋,几乎都以失败和屈辱告终,中国人的文化优越感和自信心由此一点点丧失。至20世纪初,亡国灭种的危机无情地摧毁了中国人固守了千年的华夷大防的堤坝。以西洋为师,成为当国者和知识界的共识,尽管这一共识的达成,有人是出于主动,有人是出于被迫,有人是无奈的选择。与此同时,崇拜西洋逐渐成为社会风气,华夏主义逐步让位于西方主义。

（一）统治者心态的变化

统治阶层的心理转变是显而易见的。慈禧太后位居统治集团的最高层,她的态度具有代表性。清廷长期恃为精神支柱的名教和气节,在八国联军的淫威逼迫下,显得是那么苍白无力。在内外交迫的形势下,掌握清廷最高权力的慈禧,在外交上,以奴颜和谄媚迎奉列强,在内政上也不得不改变老一套的做法,取法西洋,实行变革。清末新政的宗旨虽未脱"中学为体,西学为用"的窠臼,但毕竟从形式上表示了对西法的认同。握有地方实权的督抚大员,他们的心理观念和文化主张也发生了一定变化,这在他们的奏折中有所体现。张之洞、刘坤一联名上奏的《江楚会奏变法三折》明确表示,中国必须师法西方,实施改革。端方在奏折中称:"近年以来,外侮频仍,时艰日亟,海内承学之士,知非出洋游学,师其所长,不足强国。"[1]河南巡抚陈夔龙、闽浙总督魏光焘、署四川总督锡良、陕西巡抚曹鸿勋等也递上奏折,建议广设学堂、多派游学,用西方的药方来医治中国的病患。从总体上看,大多数地方督抚一改在戊戌维新时期迁延观望甚至抵制的态度,不同

---

[1]　端方:《条陈学务片》(光绪三十一年八月),《端忠敏公奏稿》第6卷,"近代中国史料丛刊"第94册,文海出版社1967年影印版,总第657页。

程度上认识到了学习西方的必要性和紧迫性。

（二）知识界的变化

知识界的变化更为明显。戊戌政变、义和团运动、八国联军侵华和《辛丑条约》的签订，强烈地刺激了读书人，他们从中进一步觉悟到中国固有文化的不足和西方文化的长处，加快了用西方文化改造中国文化的步伐。大批的学者和学生游历日本等国后，开阔了眼界，急迫地将西方的近代社会政治学说译介到中国。清末十年，除著名的严复译八大名著外，卢梭的《民约通义》、孟德斯鸠的《万法精理》、约翰穆勒的《自由原理》以及《美国独立檄文》《法兰西人权宣言》《法兰西革命史》《意大利独立战争史》《意大利建国史》等一批富有思想性和政治性的代表性作品被相继介绍和翻译到中国。这些作品开阔了中国人的眼界，活跃了中国人的思想，改变了中国人的观念，并为改造中国提供了新式理论武器。人们从中看到了希望。正如邹容所说："吾幸夫吾同胞之得卢梭《民约论》、孟德斯鸠《万法精理》、弥勒约翰《自由之理》、《法国革命史》、《美国独立檄文》等书译而读之也。是非吾同胞之大幸也夫！是非吾同胞之大幸也夫！夫卢梭诸大哲之微言大义，为起死回生之灵药，返魄还魂之宝方，金丹换骨，刀圭奏效，法、美文明之胚胎，皆基于是。我祖国今日病矣，死矣，岂不欲食灵药投宝方而生乎？苟其欲之，则吾请执卢梭诸大哲之宝旛，以招展于我神州土。"①从此，卢梭、孟德斯鸠、斯宾塞取代"子曰""诗云"而成了新的思想权威。

新学兴起，旧学则沦为"顽固"的代名词。时人称："近年来新学之兴，以能洋人之学为高，凡守孔孟之道者目之曰顽固党。"又说："近年来为学之人，竞分两途，一曰守旧，一曰维新。守旧者惟恃孔孟之道，维新者独求西洋之法。守旧则违于时而为时人所恶，维新则合于时而为时人所喜，所以维新

---

① 邹容：《革命军》，张枬、王忍之编：《辛亥革命前十年间时论选集》第1卷下册，生活·读书·新知三联书店1960年版，第652—653页。

进日益多,守旧者日渐少也。"①学习西学变成了维新与否的标志,成了追求进步的象征。在国人心目中,中国传统文化已明显落后于西方文化。

(三) 民众心理的变化

普通民众的文化心理在震荡的局势中显现出了复杂而又矛盾的状态。有人在文章中将八国联军侵华前后的北方下层民众作了对比:"当团匪起时,痛恨洋物,犯者必杀无赦。若纸烟,若小眼镜,甚至洋伞、洋袜,用者辄置极刑。"八国联军侵占北京后,国人态度大变:"西人破帽只靴,垢衣穷袴,必表出之。矮檐白板,好署洋文,草楷杂糅,拼切舛错,用以自附于洋,昂头掀膺,翘若自熹。"②

由"排洋"到"自附于洋",反映出从 19 世纪末 20 世纪初短短几年间国人心态的变化。这种变化是普通民众对中外实力综合判断后做出的抉择,无奈而又务实,一定程度上说明了权势转移下中国人的真实反应。联军入京后,不少商家更换了招牌。据说,在德军驻守的顺治门外一带,新开店家之招牌,不约而同地以"德"字打头。这些招牌的字号,大都是士大夫命名的,有"德兴""德盛""德昌""德永""德丰厚""德长胜",等等。英、美、日本等国驻地附近,情况与之类似。③ 商人是最务实的。向侵略者求保佑,讨吉利,不能不说是一种媚外行为。而媚外行为背后,更深层次的问题,是己不如人的自卑,是华夏中心主义的败北。中国人的心态从虚骄自大到自卑媚外,这种变化不可谓不大。

于式枚曾任出使德国考察宪政大臣,他在奏折中对当时的风气巨变表示了无限感慨。他说:光绪初年郭嵩焘提倡西法,遭到攻击、漫骂,"今则不

① 刘大鹏著,乔志强标注:《退想斋日记》,山西人民出版社 1990 年版,第 140、143 页。
② [日]佐原笃介、沤隐辑:《拳事杂记》,见中国史学会主编:《义和团》(一),"中国近代史资料丛刊",上海人民出版社 1957 年版,第 289 页。
③ 见狄葆贤:《平等阁笔记》,见《近代史资料专刊·义和团史料》(下),中国社会科学出版社 1982 年版,第 666—667 页。

然。告以尧、舜、汤、文、武、周、孔之道,汉、唐、宋、明贤君哲相之治,则皆以为不足法,或竟不知有其人。近日南中刊布立宪颂词,至有四千年史扫空之语,惟告以英、德、法、美之制度,拿破仑、华盛顿所创造,卢梭、边沁、孟德斯鸠之论说,而日本之所模仿,伊藤、青木诸人访求而后得者也,则心悦诚服,以为当行,前后二十余年,风气之殊如此。"①因国势没落而产生的对西方文化的向往和崇拜,成了 20 世纪初年的一种社会风气。

总之,无论是主动的抉择,还是被动的转变,中国人对待西方文化的态度发生了根本性的变化,极端守旧排外的行为被抛弃,"崇洋"、"慕西"之风逐渐高涨。正如当时的上海海关报告所说:"自义和团动乱以来,包括政府官员、知识界、绅士以及商人阶级在内的人士,几乎普遍地确认,向西方学习是十分必要的,反对西式教育的人几乎不见了。"②越来越多的人开始意识到,只有老老实实地向西方学习才能摆脱危机。

二、科举制度的废除

社会的发展有赖于人才,人才的选拔则需要制度。科举制度是中国古代最为重要的人才选拔制度,也是中国最具代表性的文化制度。

科举制度是中国农耕文明的产物,它与农耕文明相依相存。中国古代,男耕女织的生产方式数千年变化不大。与此相适应,中国古代的政治制度和选官制度也基本保持了稳定。科举制度自隋唐实行以来,至清末,时间长达 1300 年。科举制度的核心目标是选拔管理国家和教化民众的官僚士大夫。科举考试的标准是人才培养的指挥棒,考试的内容决定了读书人以四书五经等儒家典籍为研习对象,以儒家人伦道德、纲常名教为修身之本。作

---

①　于式枚:《出使德国考察宪政大臣于式枚奏立宪不可躁进不必预定年限折》,故宫博物院明清档案部编:《清末筹备立宪档案史料》上册,中华书局 1979 年版,第 306 页。

②　徐雪筠等译编:《上海近代社会经济发展概况(1882—1931)——〈海关十年报告〉译编》,上海社会科学院出版社 1985 年版,第 164 页。

为"四民社会"之首的士阶层,靠此制度获得身份、取得特权地位,当然,他们也是这一制度最为忠实的维护者。

从制度史的角度看,科举制度的改革和废除,是清末大变局中标志性的历史事件,也是中国文化史上的重要事件。它震撼人心,影响巨大。严复说:"此事乃吾国数千年中莫大之举动,言其重要,直无异古者之废封建、开阡陌。"①严复将这一事件与先秦时期废封建、开阡陌相提并论,可见影响之大。

那么,清廷为什么要废除科举制度呢?

科举考试号称"抡才大典",其实早已弊端重重。明清两朝用八股文取士,形式化严重。一些考试题目割裂经文,断章取义,造成士子难以发挥真才实学。一些考官判卷首重小楷、试帖,不看内容。再加上科场舞弊,考官贪污受贿,进一步损害了科举制度的公平性。

更为致命的是,科举制度已不能满足社会对各种新式人才的需求。

时移世易,到20世纪初,当中国由传统的农业社会向现代的工业社会转型,亟需新式人才,科举制度不仅不利于选拔新式人才,反而限制了社会的发展。

清末新政,先后设立了外务部、商部、陆军部、度支部、巡警部、学部、民政部、法部、邮传部等新的行政部门。这些机构最棘手的问题就是人才缺乏。就外务部而言,1904年全国1300多个州县,与洋人"有交涉者十居七八",但办理交涉的人员,大都"未谙洋务"。②就军事而言,清政府计划在新政期间编练新军36镇,但可充任新军各级官职的人才却寥寥可数。人才匮乏也限制了工商业的发展。据统计,至1904年,中国近代工矿企业已达400家左右③,涉及机器制造、纺织、碾米、印刷、火柴、水电、卷烟等十余个门

---

① 严复:《论教育与国家之关系》,王栻主编:《严复集》第1册,中华书局1986年版,第166页。
② 朱寿朋编,张静庐等点校:《光绪朝东华录》第5册,中华书局1958年版,总第5322页。
③ 数据见杜恂诚:《民族资本主义与旧中国政府(1840—1937)》,上海社会科学院出版社1991年版,第29—31页。

类,需才孔亟。同时,铁路、轮船等近代新式交通事业也严重缺少技术人才。这些人才是科举制度无法培养,也无法选拔和提供的。

而且,科举制度严重阻碍了新式学堂的发展。新政之初,清政府曾计划立新而不破旧,兴学堂而不废科举,但这条路走不通。原因是,一方面,学堂的办学经费因科举制度的存在而难以筹措。时人称,"至今各省学堂仍未能多设者,经费难筹累之也。公款有限,全赖民间筹捐。然经费所以不能捐集者,由科举未停,天下士林谓朝廷之意并未专重学堂也。然则科举若不变通裁减,则人情不免观望,绅富孰肯筹捐,经费断不能筹,学堂断不能多。"①另一方面,中国人官本位心理严重,不少读书人对科举考试心存侥幸,不愿意进入新式学堂,学堂生源难有保障。清末新政初期,新式学堂与科举并存。时人观察到,"学校之程期有定,必累年而后成材;科举之诡弊相仍,可侥幸而期获售",所以"人见其得之易也,群相率为剽窃抄袭之学,而不肯身入学堂,备历艰辛"。② 即使是已入学堂的学生,因有科举作为备选和退路,既不肯专心学习,也不愿遵守学规。"恃有科举一途为退步,既不肯专心向学,且不肯恪守学规"③。这就导致一种现象,每当科举考试时,学堂学生成批参加科举以求功名。还有一些人,则干脆不入新式学堂。这些都限制了新式教育的推行。

20世纪初年,政府高层官员的大调整为科举制度变革减少了阻力。《辛丑条约》签订后,遭惩办的徐桐、刚毅、赵舒翘等,多是戊戌变法期间科举制度变革的极力反对者。相反,荣禄、刘坤一、张之洞、袁世凯、盛宣怀等赞同科举制度改革的人,受到朝廷重用,成为清末新政的筹划者和执行者。慈禧太后历经庚子辛丑之痛,不得不做出改变,于是,将戊戌年间废除的各项改革措施重新付诸实施。

---

① 张百熙、荣庆、张之洞:《奏请递减科举注重学堂折》,见舒新城编:《中国近代教育史资料》上册,人民教育出版社1961年版,第60页。
② 朱寿朋编,张静庐等点校:《光绪朝东华录》第5册,中华书局1958年版,总第4998页。
③ 朱寿朋编,张静庐等点校:《光绪朝东华录》第5册,中华书局1958年版,总第5124页。

科举制度变革,经历了两个阶段。

第一阶段,改革科举制度,废八股,改为策论,废止武举,重开经济特科。

1901 年 8 月,在张之洞、袁世凯、张百熙等人推动下,清廷发布科举"新政"上谕,宣布从 1902 年起,乡会试废除八股文,改用策论:"自明年为始,嗣后乡会试,头场试中国政治史事论五篇,二场试各国政治艺学策五道,三场试四书义二篇、五经义一篇。……以上一切考试,凡四书五经义均不准用八股文程式。策论均应切实敷陈,不得仍空衍剽窃。"①严格意义上的八股文考试始于明宪宗成化年间(1465—1487),已有四百多年历史,至此走到了尽头。

与此同时,武举一科因严重脱离了时代,毫无争议地被废除了。

经济特科,即破格录用具有经邦济国之长的特殊人才。早在维新变法时期,严修就曾上奏要求开"经济特科",增设政治、外交、算学、法律、机器制造、工程设计等科目。后因变法失败,这一提议没有得到落实。新政之初,清廷决定重新开设经济特科。1903 年 7 月,经济特科在保和殿开考,考生共 186 人,最后录取一等 9 人、二等 18 人,其中,梁士诒、杨度被认为与维新党人有染而被除名。要说明的是,尽管经济特科在考试内容、考试方式等方面做出了一定改革,增添了不少西学知识,但由于考试凭考官意志、尤其是清最高统治者的喜好来录取,主观性较强,实际录取人员较少,因此,在选拔人才方面收效甚微。

从总体上看,改革科举不能满足清末新政的总体需要,废止科举已成大势所趋。

第二阶段,科举制度的停止与废除。

早在新政之初,张之洞等人就萌生了停废科举的想法。张之洞等人原计划通过递减科举录取名额的方式,将读书人分批转移到新式学堂。1904 年,清政府颁布新学制,但读书人仍对科举趋之若鹜,严重影响了新式学堂

---

① 　朱寿朋编,张静庐等点校:《光绪朝东华录》第 5 册,中华书局 1958 年版,总第 4697 页。

光緒三十一年八月初四日内閣奉

上諭袁世凱等奏請立停科舉以廣學校並妥籌辦

法一摺三代以前選士皆由學校而得人極盛實

我中國興賢育才之隆軌即東西洋各國富強之

效亦無不本於學堂方今時局多艱儲才為急朝

廷以近日科舉每習空文屢降明詔飭令各省督

撫廣設學堂將俾全國之人咸趨實學以備任使

用意至為深厚前因管學大臣等議奏已准將鄉

會試中額分三科遞減該督等奏稱科舉不

停民間相率觀望欲推廣學堂必先停科舉等語

所陳不為無見著即自丙午科為始所有鄉會試

一律停止各省歲科考試亦即停止其以前之舉

貢生員分別量予出路及其餘各條均著照所請

辦理總之學堂本古學校之制其獎勵出身又與

科舉無異應次定章原以修身讀經為本各門科

學又皆切於實用是在官紳申明宗旨聞風興起

多建學堂普及教育國家既獲樹人之益即地方

亦興有光榮經此次諭旨後著學務大臣迅速頒

發各種教科書以定指歸而宏造就並著責成各

該督撫實力通籌嚴飭府廳州縣趕緊於城鄉各

處偏設蒙小學堂慎擇師資廣開民智其各認真

舉辦隨時考察不得敷衍瞻徇致滋流弊務期進

德修業體用兼賅共副朝廷勸學作人之至意欽此

图5—2 1905年停止科举上谕

的生源。针对这种现象,张之洞、袁世凯、张百熙等人明确提出,由学政主持的岁试、科试分两科减尽,乡试、会试以 10 年为期,分三科,每科减少三分之一名额,到 1912 年全部减完,废除科举。①

实际上,这一方案没有来得及实施。1904 年日俄战争爆发后,革命运动和民变事件此起彼伏,清政府的统治危机明显加重,统治集团内部一些人主张加快推行新政,实行立宪。在此形势下,各界要求立即废除科举的呼声高涨起来。为了图强自救,清政府被迫提前废止科举。

1905 年 9 月,清政府颁发上谕,宣布停止科举:"自丙午科为始,所有乡会试一律停止,各省岁科考试,亦即停止。"②

这一上谕的发布,正式宣告了中国沿用了 1300 多年的科举制度的终结。由于 1905 年不是大比之年,因此,1904 年的甲辰科实际上成了中国历史上最后一次大规模的科举考试。该科的刘春霖、朱汝珍、商衍鎏,成为中国科举史上的末代状元、榜眼、探花。

科举制度的废除是中国文化史上的重大事件,有人甚至称这一事件开启了中国振兴的新纪元。外国传教士所办的《万国公报》刊登文章说:"中国政府近于改革之事颇有可观。而立废科举一节,取数百年来败坏中国及近日屡蹶屡起、根深蒂固之附属物,一旦拔弃之,是真中国历史上之新纪元,而东方大局之转移在此矣。"③

科举制度的废除,其影响广泛而深远。

第一,科举制度的废除,在客观上推动了学堂和新式教育的发展。科举制度废除后,大批适龄儿童走进新式学堂读书,年轻的士人也由家塾和书院转入学堂,接受新式教育。这是废科举最为直观的效应。

第二,科举制度的废除,中断了士人的上升渠道,加快了士人阶层的分流。除选择从政,成批的士人转向工、商、军和学界,从事新兴行业。从此,

---

① 见朱寿朋编,张静庐等点校:《光绪朝东华录》第 5 册,中华书局 1958 年版,总第 4998 页。
② 朱寿朋编,张静庐等点校:《光绪朝东华录》第 5 册,中华书局 1958 年版,总第 5392 页。
③ 林乐知辑,范祎述:《中国振兴之新纪元》,《万国公报》第 201 册,1905 年 10 月。

作为"四民"之首的士人阶层和士大夫集团,由于生产机制被中断,成了无源之水,开始萎缩。这也预示着,由"四民"士、农、工、商组成的传统社会,离解体的日子不远了。

第三,科举制度废除后,儒家学说失去了制度上的保障,从此一蹶不振,快速衰落。废科举后,"四书五经"在新式教育和考试中的分量变轻,不再是读书人的必读书。相应地,儒家意识形态的影响力必然减弱。废科举后,清政府丧失了维系儒家意识形态的有效手段,维持纲常名教和社会秩序变得更加困难。学术、制度与政权三者相辅相成,一损俱损,完全可以说,废科举敲响了清王朝的丧钟。

第三,科举制度的废除,长远地看,改变了中国的城乡关系和文化格局。"耕读继世长",中国属于自给自足的农业社会,读书人的根在农村,他们世代居住在农村。他们通过科举考试,获得功名,然后赴京城或其他城市做官。不过,他们的家族始终在农村。叶落归根,他们退休后回到家乡,也将知识和文化带回了家乡,反哺给了农村。科举制度造就了中国古代城乡良性互动的格局。士人从乡村流入城镇,最后又回到乡村,这在制度上为维系中国农耕文明和农村文化的可持续发展起了不可替代的作用。科举制度的废除,打破了这种互动格局,破坏了农村的文化生态。从此以后,读书人基本上选择居住在城市而不是返回农村。这不但使中国广大的农村失去了发展的活力和后劲,而且导致了农村道义松弛、土豪劣绅人数的快速增长。

三、士人阶层的分化

士人阶层的分化和解体,是中国传统文化衰落的又一重要表征。

士为"四民"之首,在中国古代,它既是官僚队伍的主力成员,又是中国传统文化最主要的生产者、传播者和承载体。科举制度的废除直接改变了士人的命运,士人阶层的正常流动渠道不复存在,其中一大批人主动或被动地流向了商界、军界、学界等不同领域。也有一批人成了改革的牺牲品,他们由于年龄大、知识结构老化等原因,不能适应社会变革,有人辍学,有人失业。当然,清末士人阶层的分流和身份转变,并非一蹴而就,而是呈现出了非常明显的过渡性。他们属于亦新亦旧的一代,兼具等级身份与新式职业的双重特征,被称为商绅、学绅、军绅或新士绅。

（一）参与新政,变为新士绅

科举制度下,士人与官僚政治密切结合在一起。由普通读书人晋身士大夫行列,到政府做官,乃士人的主要上升渠道。清朝末年,政府在改革科举制度的过程中,仍旧保证了部分士人登进道路的畅通。

简单地说,清政府通过停科而不停考的方式,为中下层士人(主要是生员、贡员及举人)提供一条出路。其中,生员考优贡、拔贡的资格限制,停科举之后得到放宽。凡廪、增、附生,除去那些可以进师范学堂以及已入学堂的人不准应考外,其他人均可申送报考。而且,录取名额也大幅度增加。停废科举后,清政府组织了1907年、1909年的生员升优贡及1909年的拔贡考试。考试一等和二等前10名,中年以下者任七品小京官,年长者聘为知县;二等10名以后者,也授予了官职;三等不授官。未能考取优贡、拔贡的生员,允许他们参加各省的考职(即就业考试)。清政府还鼓励那些没有合适学堂可去的府、州、县学生员,去应征胥吏等事务性工作。[①] 举人与恩、拔、副、岁、优贡的考职,在1907、1910年各举行了一次,共录取687人,授予相应的职位。

需要强调的是,与新政前相比,这些士人虽进入了政府部门,但很大一部分人的职务和工作性质发生了变化。1906年,清政府颁布预备立宪诏令,正式推进官制改革。根据《宣统三年冬季职官录》的统计,有科举功名者占据了政府各部门的多数席位。在地方官制的改革中,许多新设部门的组成人员也是从士绅阶层中遴选出来的。在新设立的谘议局组成人员中,

①　详见商衍鎏:《清代科举实录》,故宫出版社2014年版,第199—201页。

士绅同样占据多数。各省谘议局下属的府厅、州县、乡镇自治机构人员,基本上也以科举出身的士绅为主。①

(二) 从事近代工商业,变身绅商

所谓绅商,就是亦绅亦商。清末十年,士绅从事工商业的人数骤然增加。

江浙地区传统文化底蕴深厚,近代工商业起步较早,一些士大夫改变了旧观念,立志"实业救国",带头兴办近代新兴工商企业。除著名的状元实业家张謇、陆润祥外,还可以举出一些进士、举人经商的例子。比如,江苏元和的王同愈,他是 1889 年的进士,曾任驻日公使参赞、湖北学政。他于 1903 年回到苏州,致力于当地商务和学务,组织成立了苏州商会,曾任丝纱厂总经理。江苏海州的沈云沛,1894 年进士,经营有农业企业、沿海垦牧、纺织、面粉、皮革、肥皂等多家公司。江苏吴县的尤先甲,1876 年举人,弃官从商,经营绸缎、颜料、中草药公司,曾连任五届苏州商会总理及议董。

再如,清末湖南创办的规模较大的 6 家工矿企业,其创办人全部拥有功名。阜湘矿务总公司创办人龙湛霖为进士,沅丰矿务总公司创办人黄忠浩为优贡,醴陵瓷业制造公司创办人熊希龄为进士,华昌炼锑公司创办人梁焕奎为举人,湖南电灯公司创办人陈文玮为廪生,湖南矿务总局总办刘镇也有功名。

清末实施新政,士绅经商成为一股潮流。1905 年前后,伴随各地商会的成立,绅商有了组织,凝聚成一个相对独立的社会阶层。在中国现代化早期阶段,绅商扮演了重要角色,是旧式士绅到工商业资本家的过渡形态,积极推动了社会进步和经济发展。

---

① 详参内阁印铸局编:《宣统三年冬职官录》第 1、2 册,"近代中国史料丛刊",文海出版社 1968 年影印版。

（三）投笔从戎，变身军绅

清末十年间，士人从军成为一种常见现象。据不完全统计，在清末新式军队的军官中，不少人拥有科举功名。其中，新军第 8 镇的军官，士人出身者有 479 人，占该镇军官总数的 72%；第 9 镇有 272 人，占军官总数的 38%；第 21 协有 73 人，占军官总数的 55%。在新政初期，湖北省大约有 2000 名士人经过军事教育和训练后转任新军官佐。[①] 值得指出的是，这些加入新军的士人与加入湘军、淮军的士人有很大不同。后者尽管领兵打仗，但他们在思想意识上始终以传统士人自居，而不认同"兵"的身份。清末从军的士人多数接受过近代军事思想教育，他们在一定程度上可以接受自己的军人身份。士人由于在社会地位和文化素养方面有一定优势，所以，不少人在进入军界后得到了重用。士人与军人结合所形成的这种特殊身份，有人称之为"军绅"。

士人从军，不仅意味着传统的重文轻武观念发生了变化，而且导致了传统四民社会秩序的失衡，笔杆子与枪杆子合为一体，军阀政治登上中国的历史舞台。

（四）进入学界、报界，转变为新式知识分子

清末十年间，大批士人涌入新式教育领域。他们在教育领域的新身份主要有三种：第一种，主要是年轻的士人，他们进入学堂或出洋留学，变成了新式学生身份。第二种，主要是年长资深的士绅，他们进入学界，参与学务管理，担任视学、劝学、学董等职务。第三种，充当新式学堂的教员。

此外，在清末兴办报刊的大潮下，不少士人加入了新式文化事业。他们创办报刊，编印书籍，有的成为知名的报人或出版家。

值得注意的是，清末十年，尤其是科举制度停废以后，还有一批士人因为不能适应时代变革而辍学、失业，成为了那个时代的牺牲品。由于学堂的

---

① 数据参见熊志勇：《从边缘走向中心——晚清社会变迁中的军人集团》，天津人民出版社 1998 年版，第 89 页。

费用较书塾要高得多。有些原先在书塾就读的学子,因不能负担新式教育的学费,被迫中止学业。有些从事塾师等职业的下层士人,改学堂后,也因年龄偏大和知识结构老化等原因而失业。

一言以蔽之,作为一个社会阶层,士人阶层在晚清十年出现了大规模的分化和分流。在传统的"四民"社会中,对于士人而言,只有入仕为官才是正向流动,才是正途,但在这一时期,更多的士人却是逆向流动,流向了工、商、军等其他领域。士人阶层在清末十年的变化不同寻常,堪称是三千年来所未有之现象,值得分析。

其一,士人的分化,其直接后果,是加速了这一社会阶层的消亡。一方面,科举制度的废除宣告了士人阶层后继者的中断;另一方面,士人大规模流向工、商、军界,进一步加快了这一阶层衰落的进度。其中一部人辍学失业,一部分人短时间内崛起为工、商、军界的实力派,融入了新的社会。

其二,从文化史的角度看,士人与儒学互为表里,士人是儒学的信奉者、生产者和拱卫者;儒学是士人安身立命之所在,为士人提供了支撑其社会地位的文化资本和理论根据。士人阶层的分化和衰落,加速了儒家文化衰落的进程。

其三,士人阶层的分化,改变了此前以士、农、工、商为主体的"四民"之间的流动秩序。士人不再以科举功名为最高价值追求和人生理想,出现了职业化转向。由于士人的分化带有群体性和普遍性,因此,它所引起的变动不是某个阶层、某个阶级的变动,而是整个社会阶级结构和社会关系的根本性变动,最终必然会引发社会政治制度的大地震。士大夫是清廷赖以统治的支柱,士人阶层的分化和衰落,是清王朝也是中国官僚政治制度危机的重要表征。

其四,士人是晚清十年新旧社会过渡的中介和中坚力量。中国社会是在缺乏充分历史条件的情况下被动地走上现代化道路的,而近代化需要有相应的阶级力量来承接前后两个不同的历史阶段,从而完成转轨过程。士人作为中国传统社会的知识阶层和官僚主体,其中的精英人物在清末十年担当了新旧过渡这一重任。从这个角度讲,士人阶层的分化和身份转变,促进了中国的近代化。

四、新式教育的制度化

教育是文化传承和创新最为重要的途径。从一定意义上说,什么样的教育造就什么样的人,造就什么样的文化。建立近代新式教育制度,是中国从传统的农业文明向近代的工业文明转型必备的一环,其任务是培养与近代文明相适应的新型人才。

中国的新式教育肇始于洋务运动时期。洋务派创建了首批语言、军事、技术等方面的专门学堂,但这些新式学堂不成体系,没有专门的规章。戊戌维新时期,光绪帝曾下令将省、府、州、县各级书院改为大、中、小学堂,因发生政变而未能实施。整体性地改变中国原有的教育传统,与西洋接轨,初步为中国现代教育打下基础的,是清末十年由政府主导的教育改革。这次改革主要采取了以下措施。

(一) 制定统一的学堂章程

1901 年"新政"初始,清政府颁布《兴学诏书》,鼓励各地兴办大、中、小学等各级各类学堂,教育改革拉开帷幕。清政府先后制定了《钦定学堂章程》和《奏定学堂章程》。这两个章程是中国近代新式教育章程的蓝本。

《钦定学堂章程》是由张百熙主持制定的。张百熙(1847—1907)是一位具有维新思想的开明官员,在戊戌变法时期,因奏保康有为,被给予革职留任的处分。慈禧太后逃至西安时,张百熙赴西安力请兴学,建议变通科举、广建学堂。1902 年 1 月,清政府任命张百熙充任管学大臣,重开京师大学堂。京师大学堂同时是全国最高的教育管理部门。

张百熙在吴汝纶、沈兆祉等人的协助下,参照日本学制,完成了中国新学制的制定工作。1902 年 8 月,新学制经清廷批准颁布,故称《钦定学堂章程》。这是中国近代教育史上第一个由政府颁布的法定学制系统。因时为

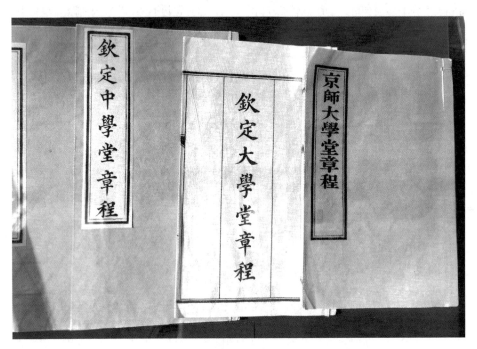

图 5—3　学堂章程

旧历壬寅年,又称"壬寅学制"。由于张百熙受人排挤,加上筹划仓促,"壬寅学制"并没有得到全面实施。

1903 年 6 月,清政府任命张之洞负责章程的修订。1904 年 1 月,清政府颁布了由张百熙、张之洞、荣庆拟定的《奏定学堂章程》。因颁行时间为旧历癸卯年,故又称"癸卯学制"。"癸卯学制"是中国近代第一个正式公布并在全国范围内实施的学制。

"癸卯学制"包括《学务纲要》《大学堂章程》《高等学堂章程》《中学堂章程》《初等小学堂章程》等 22 个文件,对各级各类学校的创制与运行均有详细规定。整个学制纵向分为初等教育、中等教育和高等教育三个阶段;横向以普通教育为主干,辅以师范教育和实业教育,构成三足鼎立的格局。学堂的课程设置,门类较为齐全,如高等学堂的学科设置已包括外国语、法学、心理学、理财学、物理学、化学、地质学等科目,大学堂则几乎涉及现代教育的所有学科门类。至此,中国教育有了近代意义上的教育规章、严格的教学年限规定以及完整的互相衔接的学校系统。

(二)建立新式教育行政机构

实施新式教育,兴建新式学堂,需要相应的教育行政管理机构。新政之前,清代并无专门管理教育的行政机关。按旧制,教育行政事务隶属礼部和国子监,各省则以学政统揽其事,府、厅、州、县则设儒学教官。戊戌变法时期,清政府设京师大学堂代行中央教育行政之责,以孙家鼐为管学大臣。新政实施后,清政府于 1901 年设总理学务大臣,统辖全国学务。京师大学堂兼有中央教育行政部门的职责。当时,张百熙既是京师大学堂校长,又总管全国学务。

1904 年,根据张之洞的建议,清政府谕令在京师大学堂设总监,专司大学堂事务,并改管学大臣为学务大臣,统揽全国教育大权。① 停废科举后,新式

---

① 见《管学大臣张百熙等奏请专设学务大臣和大学堂总监督片》《著将管学大臣改为学务大臣谕旨》,见北京大学、中国第一历史档案馆编:《京师大学堂档案选编》,北京大学出版社 2001 年版,第 215—216 页。

教育的发展成为清统治集团关注的重点。1905 年 10 月,山西学政宝熙等
奏议,撤销国子监,正式设学部,位列礼部之前,专门管理全国教育事业。①

学部是中国近代教育史上最早设立的独立的中央教育行政专门管理机
关。它是中国教育近代化的重要标志。学部的设立,结束了以往中央与地
方教育行政互不干涉、各自为政的历史,为科举停废后新旧教育的衔接和全
国学务的运行提供了保证。

与此同时,地方教育行政管理系统开始逐步建立。清政府谕令各省裁
撤学政,改设提学使司,提学使司统辖全省地方学务。② 各厅、州、县设立劝
学所,管理本地学务,所内设总董一人。厅、州、县划分若干学区,各区设劝
学员一人,负责推动本区域的教育工作。③

(三) 大规模兴办学堂

中国人办的新式学堂诞生于洋务运动期间,但真正蓬勃兴起则是在清
末新政时期。据学者统计,1895 年前,全国新式学堂约 20 所。1895—1898
年,增加了 19 所。至 1903 年,全国新式学堂已达 769 所,1904 年升至 4476
所,1905 年为 8277 所,1909 年增至 59117 所。1911 年略有减少,仍达到
52500 所。新式学堂的学生人数呈现出大幅度增长。据学部第一次教育统
计,1902 年,全国学生人数为 6912 人,1903 年为 31428 人,1905 年发展到
258873 人,1907 年增至 1024988 人,1909 年达到了 1639641 人。④ 可做一下
比较,1909 年全国的学堂总数是 1903 年的 70 多倍,在校学生总数是 1902
年的 220 多倍。若按全国 4 亿人口计算,1902 年全国每十万人中大约有 2
个人在学校读书,1909 年每十万人中约有 400 人在学校读书。无论学堂总
数还是学生总数,都有一个较快的增长。

---

① 朱寿朋编,张静庐等点校:《光绪朝东华录》第 5 册,中华书局 1958 年版,总第 5408—5409 页。
② 朱寿朋编,张静庐等点校:《光绪朝东华录》第 5 册,中华书局 1958 年版,第 5503 页。
③ 《学部奏定劝学所章程》,朱有瓛、戚名琇、钱曼倩、霍益萍编:《中国近代教育史资料汇编·教
   育行政机构及教育团体》,上海教育出版社 1993 年版,第 60 页。
④ 以上统计数据见王笛:《清末新政与近代学堂的兴起》,《近代史研究》1987 年第 3 期。

图5—4 1902—1909 年全国新式学堂学生人数统计图

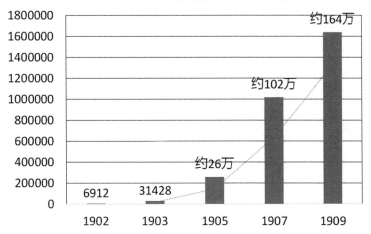

新式教育分为三大类,其中普通教育为主干,师范教育和实业教育为两翼。

在普通教育中,首先受到重视的是高等教育。高等教育在中国近代教育改革中充当了龙头。1901—1903 年,清中央政府及地方各省先后设立了山东大学堂、浙江求是大学堂、苏州省城大学堂、河南大学堂、天津北洋大学堂、山西大学堂、江西大学堂、陕西关中大学堂等。1903 年,清政府下令,除保留京师、北洋、山西三所大学堂外,各省的大学堂一律降为高等学堂,每个省城创建 1 所。高等学堂相当于大学预科,分文科、理工和医学 3 类。其中,北洋大学堂是近代第一所工科大学,山西大学堂是清末第一所省立大学。到 1909 年,全国有高等学堂 24 所,学生 4203 人;大学堂 3 所,学生 749 人。[1]

中等教育在清末各种教育中较为薄弱。“中学”一词正式见诸教育法规始于 1898 年总理衙门和军机处会呈的《京师大学堂章程》。“癸卯学制”规定,各府至少设立一所中学堂,并鼓励各州县自设。至 1907 年,全国有中学堂 419 所,学生 31682 人。至 1909 年,有 460 所,学生 40468 人。[2] 与师范、小学、实业、高等教育相比,中学堂数量和学生人数比例偏低。

---

① 王兴杰编:《第一次中国教育年鉴·丙编·教育概况》,开明书店 1934 年版,第 12—13 页。
② 陈翊林:《最近三十年中国教育史》,上海太平洋书店 1932 年版,第 114 页。

清末十年,办学规模最大的是初等教育。1905 年学部成立后,清政府加大了教育普及的力度,在各地强制创建小学堂。据统计,1907 年,全国有小学堂 34033 所,学生 900364 人;1909 年达 50394 所,学生 1492147 人。①

中国近代师范教育,始于 1897 年盛宣怀创办的上海南洋公学师范院。1902 年京师大学堂设师范馆,开中国高等师范教育之先河。张之洞于1902 年创办的湖北武昌师范学堂,是中国第一所独立的官办中等师范学堂。同年,张謇在南通创办的通州师范学堂,是中国第一所私立中等师范学堂。到 1907 年,全国有师范学堂 541 所,学生 36091 人。1909 年,学堂有 514 所,学生 28572 人。② 师范是教育的"母机",在中国文化教育近代化中发挥了十分重要的作用。

中国近代实业教育,始于 1896 年蔡金台在江西高安县创办的蚕桑学堂。1904 年,商部与学部联合在京师设立高等实业学堂。至 1912 年,全国共有各类实业学堂 445 所,学生 36615 人。③

此外,清末十年,女子教育取得了一定发展。中国近代女子学堂始于1844 年英国人爱尔德塞(Mary Ann Aldersey,1797—1868)在宁波创办的宁波女塾。中国人创办的第一所女学堂为经元善 1898 年在上海创立的经正女学。除去教会学校的女生,中国人自办学堂的女生人数在 1907 年为1853 人,1909 年为 12164 人。④ 尽管女生人数较少,但对于有着数千年重男轻女传统的中国来说,清末新政迈出了女子享有教育权的重要一步。

(四) 派 留 学

清代的官派留学始于洋务运动时期。1872 年,在容闳提倡下,监督陈兰彬率领 30 名幼童赴美,开启中国官派留学生的历史。到甲午中日战争

---

① 数据见李华兴主编:《民国教育史》,上海教育出版社 1997 年版,第 637 页。
② 陈翊林:《最近三十年中国教育史》,上海太平洋书店 1932 年版,第 148—149 页。
③ 数据见王笛:《清末新政与近代学堂的兴起》,《近代史研究》1987 年第 3 期。
④ 中华教育改进社编:《中国教育统计概览》,上海商务印书馆 1923 年版,第 5 页。

前,清政府先后向美洲、欧洲派出 265 名留学生。这些留学生以学习军事、机械和技术为主。

甲午战争后,清政府首先选择日本作为留学生派遣国。至于选择日本的原因,张之洞在《劝学篇》中解释说,主要是由于日本离中国近,路近省费,而且,那些重要的西书,日本人已翻译为日文,中日两国文字和风俗相近,便于仿照实行。①

清政府在新政期间,颁布了一系列鼓励留学的政策。各省纷纷派遣学生出洋,掀起了近代规模最大的留学潮。日本学者青柳笃恒曾生动地描述了当时的留学盛况。他说:"学子互相约集,一声'向右转',齐步辞别国内学堂,买舟东去,不远千里,北自天津,南自上海,如潮涌来。每遇赴日便船,必制先机抢搭,船船满座。……总之分秒必争,务求早日抵达东京,此乃热中留学之实情也。"②出国留学的人员,不仅有青年学子、官员士绅,甚至有方外僧众。当时赴日留学生的人数最多。1900 年约为 160 人,到1905、1906 年,官费、自费留学生达到了近万人。③ 官派留学生,以学习速成教育、法政者占多数;不少自费留学生怀揣救国救民的理想,他们到日本后热衷于参加改良或革命等政治活动。1908 年以后,由于清政府的限制,官派赴日留学生人数明显减少,赴美留学生增多。

"兴学堂,派游学",这是中国有史以来第一次上升到制度层面大规模地输入外来文化,翻开了中国文化再造的新一页。如此大规模地用外来文化教育和改造中国人,这在中国文化发展史上尚属首次,对中国文明和文化产生了巨大的影响。

第一,无论内容,还是形式,中国近代新式教育均以西方为学习和模仿对象,这对于以儒家文化为主干的中国传统文化来说是一次大疏离、大断

① 张之洞:《劝学篇下·游学第二》,赵德馨主编,吴剑杰、周秀鸾等点校:《张之洞全集》第 12 册,武汉出版社 2008 年版,第 175 页。
② 转引自[日]实藤惠秀著,谭汝谦、林启彦译:《中国人留学日本史》,生活·读书·新知三联书店 1983 年版,第 37 页。
③ 数据见李华兴主编:《民国教育史》,上海教育出版社 1997 年版,第 736 页。

裂、大转折。当然,这也表明以儒家文化为主干的旧文化整体上的没落。

第二,教育是文化传承与创新最为主要的手段。源自西方的新式教育输入中国,给古老的中国文化注入了新鲜血液,带来了生机活力。这是中国文化的更生之变。世界上最为重要的两大文明体首度深度交流和融合,中国文明和文化的命运必将改写。

第三,新式教育的兴起,代表着中国人由此实现教育转换,开始建立与近代文明相匹配的人才培养制度,这必将极大地推动中国社会的现代化。例如,五四新文化运动的活跃人物陈独秀、李大钊、胡适、鲁迅、钱玄同等,都是新式教育造就出来的。如果将旧式学塾和书院教育比作手工作坊,那么新式学堂就如同大工厂,成规模地培养人才,长期地看,它极大地推进了教育的普及和国民文化素质的提高。

第四,清末的新式教育尚处于草创阶段,有其局限性。清末新式教育以"中学为体,西学为用"为指导思想,强调"无论何等学堂,均以忠孝为本"[①],清廷所要求的伦常名教与近代新式教育的精神相冲突,其保守性是毋庸置疑的。更值得注意的是,在新式教育中,如何安放以经学为代表的中国传统文化,如何处理中学与西学的关系?诸如此类的问题,并没有得到很好地解决。

五、新式知识分子群体的形成

中国古代,从事知识生产和传播的主力是士人阶层;近代社会,从事知识生产和传播的主力是知识分子。士与知识分子虽都是读书人,但两者有实质性的不同。士人读书的第一目标是入仕,是做官,知识是为修身、治国服务的。中国文化缺乏为知识而求知的传统,士人看不起那些为了知识而求知、求真的人。知识分子的使命是为人类创造和传播新知,维护人的尊

---

① 张百熙、荣庆、张之洞:《重订学堂章程折》,见璩鑫圭、唐良炎编:《中国近代教育史资料汇编·学制演变》,上海教育出版社2007年版,第298页。

严而不是为权力服务,信守科学精神而不盲从权威和偶像。

近代新式知识分子早在戊戌维新时期即已出现。清末十年间,随着新式教育的推行和中外文化交流的深入,知识分子作为一个群体迅速成长起来。

新式学堂的学生、海外归来的留学生以及接受新知的士人是近代知识分子群体的主要来源。

清末十年,新式学堂学生人数增加迅速,他们构成了新式知识分子群体的主体。粗略统计,1909 年中国在校学生的总人数约为 164 万人,其中,小学生人数为 152 万。大学堂、高等学堂、中学堂、师范学堂、实业学堂、女学堂、法政学堂、八旗学堂、方言学堂等在校学生人数约 12 万人。[1] 这 12 万人是拥有新式知识的人,都可以宽泛地称之为知识分子。

留学生是中国近代新式知识分子群体的重要组成。从洋务运动时期开始,成批学生赴国外留学。清末十年,留学教育形成高潮。据统计,至 1909 年止,前前后后留日的学生总人数已接近 3 万人。[2] 若再加上留欧、留美的学生,留学生群体已有较大的规模。

还有一批新式知识分子是从传统士人转变而来的。士人转变为新式知识分子,主要分两种情况。其一,没有进过新式学堂,也不是留学生,但他们有在国外游历、生活的经历,接触过西方文明,知识结构和价值观念有所更新,转变成了新式知识分子。其二,通过阅读报刊和新学书籍改变了思想观念和知识结构,转变为新式知识分子。据统计,1900—1911 年中国境内出版的中文报刊达 1333 种、外文报刊 71 种[3];从日文、英文、法文等翻

---

① 相关数据见王笛:《清末新政与近代学堂的兴起》,《近代史研究》1987 年第 3 期。张海鹏、李细珠:《中国近代通史》第 5 卷,江苏人民出版社 2009 年版,第 112—116 页。
② 数据见张海鹏、李细珠:《中国近代通史》第 5 卷,江苏人民出版社 2009 年版,第 125 页。
③ 数据见张海鹏、李细珠:《中国近代通史》第 5 卷,江苏人民出版社 2009 年版,第 126 页。所据报刊名录见史和、姚福申、叶翠娣编:《中国近代报刊名录》,福建人民出版社 1991 年版,第 372—421 页。

图 5—5　清末在日本实践女学校的中国留学生

译过来的西学书籍1599种。① 这些报刊和书籍是获取新知识新思想的重要媒介,有一大批士绅通过读书看报转变成了新式知识分子。

清末的新式知识分子,是在传统文化占据主流的大环境下孕育和成长起来的,必然带有一些旧式士人的特征。但就其知识结构和文化认同而言,他们与旧式士人不同。这主要表现在以下三个方面。

第一,旧式士人的视野局限于经、史、子、集,尤其是"四书五经"等儒家经典。与士人相比,近代知识分子的知识结构发生了根本性变化,儒学失去了往日的独尊地位,代之而兴的是近代人文社会科学和自然科学知识。梁启超曾说:当时留学生"所学者,政治也,法律也,经济也,武备也,此其最著者也"。② 即便是从传统士人转化而来的新式知识分子,他们在一定程度上也具备了中西结合的知识结构。例如,章太炎年轻时系统地接受了书院教育,拥有扎实的国学根柢,甲午战争后他大量接触和吸收了西学知识。20世纪初,他东赴日本后,接触到边沁、尼采、费希特、黑格尔、康德、叔本华、培根、洛克、笛卡尔等的学说,对西方哲学、社会学和自然科学有一定的认识。

新式知识分子一改传统士人不重视自然科学的传统,切实地认识到科学技术的重要性。从20世纪初年开始,留学生中专门学习数学、物理、化学、农学、生物、气象、医学以及地质、采矿、铁路的人越来越多。鲁迅早年求学,就经历了从学习水师、采矿、医学到从事新文学创作的数次转变,他在清末所写的文章既有自然科学方面的,也有文学艺术方面的。

第二,传统士人的出路是做官,或在书院学塾中担任教职。与士人有别,近代知识分子群体的重要特征是以知识、思想、文化的创造和传播为职业。他们在新兴的文化教育、新闻出版等领域发挥着巨大作用。清末十年间,新式教育发展较快,教师队伍迅速壮大,各级普通学堂、实业学堂、师范

① 熊月之:《西学东渐与晚清社会》(修订版),中国人民大学出版社2011年版,第12页。
② 梁启超:《敬告留学生诸君》,汤志钧、汤仁泽编:《梁启超全集》第3集,中国人民大学出版社2018年版,第611页。

学堂均聚集了大批新式知识分子。像蔡元培、章士钊、章太炎、蒋维乔等人都曾在新式学堂担任过教职。

清末十年，有一大批新式知识分子涌入到新闻出版等新兴文化部门，通过创办报刊，编印书籍，制造舆论，传播新知，担负起社会责任。他们是职业报人或出版家。例如，著名出版机构商务印书馆就聚集了一大批知识分子，专门从事编辑、翻译和出版工作，形成了著名的"商务人"知识群体。

第三，与士人相比，新式知识分子有着完全不同的思想观念和政治追求，他们接受了近代思想政治学说和价值理念。进化、民权、自由、平等、科学等观念在他们的思想世界中占据了主导地位。他们具有一定的国际视野，有一定的民主与科学精神，信奉民族主义，强烈地反对西方列强的侵略和清政府的腐败统治，将实现民族独立和民主制度作为人生的奋斗目标。

清末十年的新式知识分子群体，是当时中国社会变革的核心力量。

在清末新政的各项改革当中，不乏新式知识分子的身影。例如，清政府对学堂毕业生和留学回国学生给予功名，授以官职。新式知识分子成批地进入了政府部门。比如，陈锦涛、颜惠庆、曹汝霖等人归国后，随即获得政府任命，参与新政。再如，许多新式知识分子参加了立宪团体。他们通过译书著说、创办报刊等方式，宣传其立宪主张。有些人还直接参与了预备立宪。据统计，1907 年清政府设立的宪政编查馆，职员 163 人，其中留学生与有出国考察经历的人员有 50 人。①

知识精英参加革命，极大地促进了清末的民族民主革命运动。1903年以后，大批在日留学生加入革命队伍，宣传排满革命，带动了国内的革命风潮。1911 年武昌起义爆发，上海上千名青年学生发起成立中华民国学生军团，号召全国各地的学生加入革命军。同盟会在各省发展的会员

① 陈丰祥：《日本对清廷钦定宪法之影响》，《"国立"台湾大学历史学系学报》1980 年第 8 期。

中,教员和学生占了较大比例。正如孙中山所称:"此次革命成功,多赖学界之力。"①在辛亥革命中,学堂学生和留学生发挥了相当重要的作用。

总之,清末十年新式知识分子群体的形成,是重大的文化事件,它标志着中国文化的主体发生了前所未有的变化。知识就是力量,知识改变人生,知识改变国运,从此,在一代又一代知识精英的带动下,中国一步步从传统社会迈向现代社会,实现中国文化的蜕变与更生。

六、知识体系的重构

清末十年,西学大规模传入中国,中国人原有的学术体系逐步解体,近代西式的知识结构和学科体系相继建立。具体讲三个方面的表现。

(一) 创建新式学科,改变了中国人的学术体系

中国古人治学讲究"博通",无论是经、史、子、集,还是天文、历法、地理、算术,无不纳入学习范围之内,但就其总体而言,古人的"博通"主要是指经史之学,集中在人文领域,并不重视社会科学和自然科学的研究。

与此一致,中国古代的学问自成一系,缺乏严格的知识分类,更不可能有近代意义上的分科设学的观念。我们知道,经、子、史、集是对图书类型的划分,并不是严格意义上的学术分科。清末十年,新式教育采用西方的学术分类和学科模式,中国人的知识结构和学术体系发生了根本性改变。

仿照近代西方的学科体系,新式学堂主要由文、理、法、农、工、商、医"七科"构成。这"七科"又可细分为文、史、哲,数、理、化,政、经、法,地、农、工、医等学科。

这些新式学科从传入中国到建立起体系,其过程并非一蹴而就,而是面临着各种困难和挑战。

① 孙中山:《在北京湖广会馆学界欢迎会的演说·附:同题异文》,广东省社会科学院历史研究所等合编:《孙中山全集》第2卷,中华书局1982年版,第424页。

清末十年,中国人最早接受并有所研究的是哲学社会科学诸学科。这些学科首先被纳入了各级各类学堂的课程系统,从此,年轻一代初步拥有哲学、社会学、政治学、经济学、逻辑学、伦理学、美学等学科的相关知识。

这里以"哲学"和"社会学"为例稍做介绍。

先看哲学。中国传统学术蕴含着丰富的哲学思想,但并没有形成独立的学科。近代意义上的哲学学科是在清末建立起来的。今天所用的"哲学"一词,并非是古已有之的汉语,而是从日本传入的。甲午战争后,西方哲学开始引起一些读书人的兴趣,个别人尝试用西方哲学的理论框架来思考中国学术问题。20世纪初,中国哲学从儒学中分离出来,形成了新学科。

知识界在哲学方面所做的工作,主要表现在翻译和介绍外国哲学知识方面。1903年,闽学会翻译了日本学者井上圆了的《哲学原理》,国民丛书社翻译了《哲学十大家》,较系统地介绍了西方哲学的原理、体系、流派和代表人物。在哲学学科建立的过程中,进化论影响巨大。早在戊戌变法前夕,严复就翻译了《天演论》。1902年,留日学生马君武将达尔文《物种起源》一书中"生存竞争"和"自然选择"这两部分译出,后分别冠以《达尔文物竞篇》和《达尔文天择篇》的名称出版,这是达尔文原著最早的中译本。进化论给中国人提供了一种全新的世界观和方法论,深刻地影响了中国思想界。康有为、梁启超、孙中山、章太炎等人都曾吸收进化论,作为构建自己学说的理论基础。

再看社会学。社会学是一门研究人类社会行为和生活方式的学科。19世纪中叶,它由法国实证主义哲学家孔德创立。19世纪80年代前后,西方社会学的相关知识已零星见诸《申报》和《万国公报》。康有为长兴里聚徒讲学时曾提到"群学",这里的"群学",是社会学的早期译名之一。1895年,严复在天津《直报》发表了《原强》一文,扼要介绍了达尔文进化论和斯宾塞的社会学,文中仍以"群学"相称。1902年,上海广智书局出版了由章太炎译、日本学者岸本能武太所著《社会学》一书。该书是中国最早系统介绍西方社会学理论的译作。1903年,严复翻译了斯宾塞的《社会学研究法》,书名译为《群学肄言》,由上海文明编译书局出版。该书原是斯宾塞《社会学原理》的绪论,属于社会学入门读物。1906 年京师法政学堂所订章程,社会学被明确列入了正科政治门第 1 学年的课程表。①

社会学为解决中国当时的社会问题提供了理论工具。严复所译甄克思(Edward Jenks)的《社会通诠》一书提到,社会发展进化要经历三个阶段,即图腾社会、宗法社会和军国社会。② 这一观点受到了国人重视,一些学者以此为分析中国社会现状及历史的理论依据,提出了中国社会属于"宗法社会"的论断。

从"哲学""社会学"这两个学科可以看出,在此之前,中国不仅没有哲学、社会学学科,甚至没有"哲学""社会学"这样的名词。今天我们所熟知的一些学科,诸如文学、政治学、经济学、化学、物理学等,均产生于晚清时期。毋庸赘言,经过新式学科教育和训练出来的一代新人,与旧式士人相比,其知识结构与学术素养发生了质的变化。

(二) 新名词新概念改变了中国人的话语体系和思维方式

词汇和概念是人类进行思维的工具,也是最基本的思维单位。它们是文化的重要载体和象征。

早在明清之际,利玛窦、徐光启等人在编译西方书籍时,就引进或创造了一些新词汇。例如,几何、地球、赤道、南极、北极、亚细亚、欧罗巴、罗马、大西洋、地中海、天主教等词语。这些词汇至今仍在使用。

洋务运动时期,墨海书馆、广学会、同文馆、江南制造总局翻译馆等机构在翻译西书过程中,引进和创造了一批新词,如沙发、坦克、扑克、马达、轮胎、咖啡、可可等。一些驻外的使臣和官员,以及出国游历人员,在介绍国外的所见所闻时,也引入了一批新词汇。比如驻日参赞黄遵宪在《日本

---

① 学部专门司:《学部奏定京师法政学堂章程》,京师官书局 1906 年版,第 7 页 b。

② [英]甄克思著,严复译:《社会通诠》,上海社会科学出版社 2017 年影印版,"目录"。

国志》中就介绍了大量的明治维新以后产生的汉字新词汇。这些词汇有"社会"、"国体"、"国会"、"议院"、"政党"、"主义"、"宪法"、"内阁"、"总理"、"总裁"、"投票"、"解放"、"进步"、"会计"、"经费"、"金额"、"规模"、"记者"、"卫生"、"写真",等等,涉及政治、经济、社会、教育等众多领域。

清末十年,是新名词"大爆炸"的十年。在中外交流和翻译过程中所产生的外来新语汇,经过选择、试用和沉淀,融入中华民族语言中,变成了汉语词汇的重要组成部分。

1903 年出版的《新尔雅》,是为解释新名词而专门编纂的辞书。其中,"释政"一条说:"以国家有人格者,盖拟国家以人也。国家为权利义务之主体,故有人格。国家对臣民有权利有义务,对外国有权利有义务,此国家之所以为权利义务之主体备有人格也。"①这短短的一段文字,用了"人格"、"权利"、"义务"、"主体"等由日本引入的新词,形成了全新的话语系统。如果不懂得这些名词的含义,就无法知晓这段话的意思。

教科书、报刊和翻译类书籍,是传播新名词新知识的重要渠道。这一时期的教科书多由日文书翻译而来。由于日文中包含了大量汉字,一些译者为图省事,翻译时原样照搬,这样,日文词汇便直接渗入了中国教育系统,进入了课堂,变成了中国的新词汇。这些词汇虽然是由汉字构成,但其语义不同于中国古已有之的汉字,对于中国人来说,是新词汇新含义。

新词汇的出现与广泛使用,显示了西方知识在中国的传播速度和力度。以"科学"一词为例。戊戌维新时期,"科学"一词的使用并不普遍。仅仅数年,至清末十年,不仅文化教育界已普遍使用"科学"一词,而且在清政府的文件和高级官员的奏折中,也频繁出现了"科学"一词。比如,《奏定学堂章程》曾多次提到"科学"。虽然当时"科学"一词在一般使用者那里会有理解上的差异,有的专指西方自然科学,有的包括社会科学,然而,它出现在政府文件和官员奏折中,确实反映了新文化社会地位的

---

① 汪荣宝、叶澜编纂:《新尔雅》,国学社 1903 年版,第 1—2 页。

提升。

新词汇的输入,对于中国的语言和文化来说是一件大事。日译新词与中文词汇相融合,使以单音词居多的汉语变成了以复音词为主的语言,更易表达复杂的理论和情感,促进了中国文章体裁的变革。梁启超创造的"新文体"便大量使用了新词,其中包括日本化文体,令人耳目一新。这种"新文体"对20世纪初的中国文坛和青少年读者产生了深远影响。

当然,并不是所有的人都欢迎使用外来新语汇。一些士大夫对新语汇持坚决排斥的态度,认为它对中国传统文化和汉语言文字造成了破坏。

1904年《东方杂志》第11期发表的《今日新党之利用新名词》一文,该文作者对"冒险"、"下等社会"、"人类平等"、"冷血动物"、"手段平和"、"运动官场"、"家庭革命"、"戏曲改良"、"音乐改良"、"婚姻自由"等来自日本的新词汇和新短语极尽讽刺之能事,称之为"营私文奸"。[①] 留日学生彭文祖所撰《盲人瞎马之新名词》,甚至将日本名词滔滔入华视作灭国灭族之祸。他攻击那些套用日本名词的人"恬不知耻",批评"支那"、"取缔"、"取消"、"引渡"、"目的"、"宗旨"、"权利"、"义务"、"卫生"、"要素"、"法人"、"文凭"、"经济"、"引扬"、"相场"、"切手"、"让渡"、"差押"、"第三者"等新词"不伦不类",认为中国人袭用这些新词是"瞎眼盲从"。[②]

从人类语言发展史看,外来新语汇的传入值得肯定。它对于中国语言文字系统的完善和更新,对于中外文化交流和中国文化的近代化,均起到了积极的推动作用。保守人士大加拒斥,恰恰从另一个角度说明了清末十年新知识新文化的力量在壮大。

（三）新学取得主导地位,改变了中国文化的构成

新式学堂采取分科教育模式,西方近代社会科学和自然科学知识占据了较大比重,中国传统学术的地位大幅度下降。

---

① 《今日新党之利用新名词》,《东方杂志》1904年第11期。
② 见彭文祖:《盲人瞎马之新名词》,(东京)秀光舍1915年版,"目录"、第6页。

清政府颁布的《钦定学堂章程》和《奏定学堂章程》明文规定采取西方近代学术分科，课程设置实际上是以西学为主。

比如，进士馆的课程设置包括史学、地理、教育、法学、理财、交涉、兵政、农政、工政、商政、格致，共 11 门。其中，史学科不仅学习中国史，还要学习外国史，包括泰西政治史、日本明治变法史等；理财科要学习理财原论、国家财政学、银行论、货币论、公债论、统计学等；商政科则需要学习商业理财学、商事规则、外国贸易论、世界商业史等。① 这些课程在内容上几乎是清一色的新学。即便是中国史，其学术体系也倾向于国外传入的新史学。

再看课时。1902 年恢复的京师大学堂，首先开办的是师范馆和仕学馆。师范馆开设了 14 门课程，每周 36 课时，其中算学、博物学、物理学和化学约占 10 课时。仕学馆开设 11 门课程，每周 36 课时，其中算学、博物学和物理学三门自然科学课的课时数，约占总课时数的 25%。如果加上理财学、交涉学、法律学、政治学和外国文，讲授西学知识的课时数占到了总课时数的 80%。②

中国古代的读书人一生所读，主要是经史典籍。清末学制改革，虽然清政府一再强调要保证经学的优势地位，为此专门设置了"读经"课和"修身"课，实际上，经学已沦为诸多学科中的一门，只能选择性地学习其中一部分内容。而且，学堂学生读经的时间无法保证，很难与古人相比。中国传统学术的地位已低于新学，这是一个不争的事实。

综上可见，新学取代旧学，近代科学教育取代传统的人文教育，占据主导地位，这是清末中国人知识结构调整的大趋势、大方向。

---

① 《奏定进士馆章程》，见璩鑫圭、唐良炎编：《中国近代教育史资料汇编·学制演变》，上海教育出版社 2007 年版，第 443—444 页。

② 《钦定京师大学堂章程》，见璩鑫圭、唐良炎编：《中国近代教育史资料汇编·学制演变》，上海教育出版社 2007 年版，250、252 页。

七、革命文化的奠基

"革命",今天已沉淀为中国人文化心理的一部分,代表了一种正能量,有人甚至将近代以来的革命文化与中国传统文化相提并论。

从造反有罪到革命有理,这一观念的大转变是在清末十年,也就是广义上的辛亥革命运动时期。这一节从话语生成的角度讲解中国人的革命观念和革命文化是如何生成的。

"革命"是中国古代儒家学说中固有的政治话语,《周易》有:"天地革而四时成,汤武革命,顺乎天而应乎人,革之时义大矣!"这里"革命"一词的基本含义是改朝换代,以武力推翻前朝,革去前朝的天命,意在为新王朝的建立提供合法性。"成则为王,败则为寇。"实际上,在中国古代,所谓的革命顺天应人,那不过是胜利者的强势逻辑,那些夺权失败的人无不被戴上"叛臣"、"逆贼"等罪名,诛杀勿论。自古以来,没有任何一位当权者愿意被革命,也没有臣民敢明目张胆谈论"革命"。在传统社会,"忠君"居于三纲之首,任何反抗当局的言行均被视为造反,认为有悖天理、民意、王法。简言之,中国古代的"革命"学说是改朝换代、君主实行专制统治的理论工具,与社会制度的变革没有什么关系。

今天我们所用的"革命"概念,其语义形成于 20 世纪初,是吸收欧洲、日本的近代性思想而形成的。据英国学者雷蒙·威廉斯(Raymond Williams)研究,英语中的"革命"revolution 一词,既指通过相对温和的改良手段实现的英国"光荣革命",又指武装暴力的"法国大革命"。18 世纪以后,该词被运用于更多领域,用以指"根本上的改变"(fundamental change)、"根本性的新进展"(fundamentally new development),如"工业革命"、"科技革命"等。①

---

① [英]雷蒙·威廉斯著,刘建基译:《关键词:文化与社会的词汇》,生活·读书·新知三联书店 2005 年版,第 414—416 页。

日语"革命"一词源自中国。由于中日不同的政治传统,日本人在输入"汤武革命"这一说法时,对"革命"的含义作了改造。诚如沟口雄三指出:"革命"一词在中日"横亘着难以逾越的两国传统之差异,即一方是根植于中国易姓革命的传统;另一方则是根植于日本万世一系的天皇观这一历史事实。"①总体说来,大多数日本人反对中国式革命,主张无条件效忠。吉田松阴等人的革命理论吸收了西学知识,对源自中国的"革命"话语加以改造,意思接近于"改革"、"维新"。至明治维新时代,"革命"一词所含的尊王改革之义已深入人心,"明治维新"与"明治革命"是同义语。

在中国,首次在世界历史背景下使用"革命"话语的是王韬。1890年,王韬在《重订法国志略》一书中使用了"法国革命"这一概念。当时,他是从否定的意义上来评判法国革命的,称革命党人为"暴徒"、"乱党"。

19世纪末20世纪初,中国人开始使用近代含义上的"革命"一词。

在"革命"一词被普遍接受以前,宣传和使用该词近代含义的首推改良派健将梁启超。梁启超在1899年12月的《夏威夷游记》(又名《汗漫录》)一文中首次使用了广义上的"革命",提出了"诗界革命"和"文界革命"的口号。这里的"革命",意思接近于"变革"。② 梁启超主办的《清议报》《新民丛报》刊载了一批作品,宣传近代"自由""民主"观念,中间夹杂了"排满革命"思想。例如蒋智由所作《卢骚》一诗写道:"世人皆欲杀,法国一卢骚。民约昌新义,君威扫旧骄。力填平等路,血灌自由苗。文字收功日,全球革命潮。"③这首诗颂扬法国革命,在清末被广为传播。1902年以后,针对国内的革命运动,梁启超意识到他所使用的转译自日本的"革命"一词很容易与中国古代改朝易姓的"暴力革命"混淆,为此,专门写了《释革》一文,以示区分。他声称,他所使用的"革命"是"变革"之义,与"汤武革命"、

---

① [日]沟口雄三:《中国民权思想的特色》,台北"中央研究院"近代史研究所编:《中国现代化论文集》,"中央研究院"近代史研究所1991年版,第344页。

② 梁启超:《新大陆游记节录·附录二夏威夷游记》,汤志钧、汤仁泽编:《梁启超全集》第17集,中国人民大学出版社2018年版,第261—262页。

③ 观云(蒋智由):《卢骚》,《新民丛报》第3号,1902年3月10日。

暴力流血不相干。①　梁启超虽不赞同暴力革命，但他对于广义革命话语的倡导，却在客观上助长了国内的革命声浪②。从文化史角度看，梁启超在引进和传播革命观念方面，的确构成了关键性一环。

下面看革命党人形象的转变。

众所周知，孙中山是中国资产阶级革命的先行者。那么，他是从什么时间开始使用"革命"一词的呢？从史料看，1897年以前，孙中山及其追随者未曾以"革命党"自称，而是多用"造反"、"起义"、"光复"等来表示。他正式接受和使用"革命"一词，是1897年秋他将反清大本营搬到日本后。据宫崎寅藏《三十三年落花梦》等记载，1897年底至1898年间，孙中山在日本与宫崎弥藏、宫崎寅藏（滔天）兄弟过从甚密，多次谈论"革命"、"革命党"事宜。③　从现存孙中山本人所写的文字看，大约从1903年底开始，"革命"二字才在他的公开演讲及私函中频频出现，尽管此前他已有革命思想。

1903年是中国人革命意识走向成熟的一年。这一年，邹容、章太炎、章士钊等人在传播革命思想和塑造革命者的正面形象方面，贡献最大。著名学者钱基博在《中国现代文学史》一书中称："章炳麟《訄书》、邹容《革命军》先后出书，海内风动，人人有革命思想矣！"④这一说法符合实际。孙中山曾回忆当时的情形说："邹容之《革命军》、章太炎之《驳康有为书》，尤为一时传诵。同时国内外出版物为革命之鼓吹者，指不胜屈，人心士气，于以丕变。"⑤章太炎的《驳康有为论革命书》文字古雅，邹容的《革命军》文字通俗，一雅一俗，晓之以理，动之以情，博得了国人对革命的理解和同情，将中

---

① 梁启超：《释革》，汤志钧、汤仁泽编：《梁启超全集》第4集，中国人民大学出版社2018年版，第92页。
② 如柳亚子说："他（指梁启超）虽然没有敢昌言种族革命，不过字里行间，引起青年们对于满清的反感，实在十二分激烈。""读了这些，排满革命的感情，是不期然会油然而生的。"见柳亚子：《五十七年》，柳无忌、柳无非编：《自传·年谱·日记》，《柳亚子文集》，上海人民出版社1986年版，第145页。
③ ［日］宫崎寅藏：《三十三年落花梦》，上海出版社合作社1934年版，第63、65页。
④ 钱基博：《中国现代文学史》，吉林人民出版社2013年版，第404页。
⑤ 孙中山：《中国革命史》，《孙中山全集》第7卷，中华书局1985年版，第64页。

图 5—6　邹容《革命军》书影（两种）

国人的革命意识向前推进了一大步。正如柳亚子所说:"《驳康书》文章古奥,议论深厚渊懿,利于承学文士;《革命军》则痛快犀利,而宗旨非常正大,便于通俗。"经此启蒙,民族革命变成了天经地义的信念。①

章士钊节译的《孙逸仙传》一书对于宣传革命尤其是孙中山的革命形象,发挥了重要作用。该书的作者是日本人宫崎寅藏(滔天),编译者署"黄中黄",即章士钊。该书原名为《三十三年落花梦》,先是在日本《二六新报》连载,后汇辑成书,1903年章士钊将它译为了中文。章士钊在译者自序中,将孙中山定位为中国近代革命之始祖。他说:"孙逸仙者,近今谈革命者之初祖,实行革命者之北辰。此有耳目者所同认。"②需要说明的是,在此之前,一般民众对孙中山所知很少,即使是听说过,也多将他想象为"草寇"、"大盗"、"绿林好汉"一类人物。就像革命党人秦力山在序中所说:"四年前,吾人意中之孙文,不过广州湾之一海贼也,而岂知有如宫崎之所云云者。"③他当时大脑中还没有"革命家"这一概念,以为孙中山是一个海贼。对于时人思想观念的转变,恽代英曾有总结,他说:"在甲午以前,一般人对于中山先生干的革命,都不表同情,而且视革命为可厌恶的事情,至庚子之后,才觉悟中山先生的举动是不错。"④孙中山本人也有相同的说法,他说:第一次广州起义失败后,"举国舆论莫不目予辈为乱臣贼子、大逆不道,咒诅谩骂之声,不绝于耳;吾人足迹所到,凡认识者,几视为毒蛇猛兽,而莫敢与吾人交游也。惟庚子失败后,则鲜闻一般人之恶声相加,而有识之士且多为吾人扼腕叹息,恨其事之不成矣。"⑤从恶声相加到表示同情,这是一个巨大的转变。在此过程中,《孙逸仙传》对于树立孙中山革命领袖形象,功不可没。正如学者吴相湘所说:"这一册书的刊布,对于国民

① 柳亚子:《五十七年》,柳无忌、柳无非编:《自传·年谱·日记》,《柳亚子文集》,上海人民出版社1986年版,第154—155页。
② [日]宫崎寅藏原著,黄中黄(章士钊)译:《大革命家孙逸仙》,1903年版,"序",第1页。
③ 秦力山:《〈孙逸仙〉序》,《秦力山集(外二种)》,中华书局2015年版,第110页。
④ 恽代英:《中国民族革命运动史》,《恽代英文集》下卷,人民出版社1984年版,第944页。
⑤ 孙中山:《建国方略》,《孙中山全集》第6卷,中华书局1985年版,第235页。

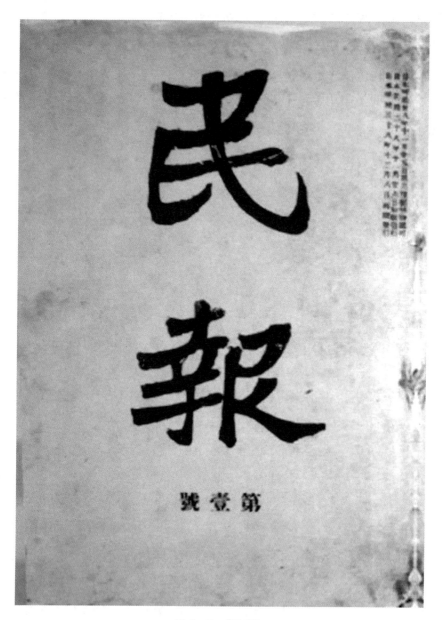

图 5—7 《民报》

革命的推动,其影响力与同一年刊行的邹容《革命军》一书是同等重要的。"①

1903 年以后,革命由少数人的思想行动,逐渐转化为多数人的共识,革命运动如火如荼地开展了起来。"吾人苟不爱国则已,若欲爱国,则不得不从事革命。"②过去,革命是造反,是大逆不道;现在,革命等于爱国,被视作一种美好的道德品格和追求进步的象征。至此,"革命"的语义在中国发生了根本性变化,民众在心理上由恐惧革命转向认同革命、欢呼革命。

"文字收功日,全球革命潮。"报刊和书籍在传播革命思想方面,发挥了极其重要的作用。据统计,同盟会成立以前刊行的革命报刊有 44 种,其中报纸 20 种,杂志 24 种,革命书籍有 80 种。③ 1900 年,孙中山委托陈少白在香港创办《中国日报》,这是革命派办得较早的报纸。20 世纪初年,革命派创办的重要报纸还有《苏报》《国民日日报》《俄事警闻》(后改《警钟日报》)《广东日报》《杭州白话报》《檀香山报》《大同日报》等。革命派创办的刊物,有《国民报》《二十世纪之支那》《民报》《湖北学生界》《直说》《浙江潮》《江苏》《大陆》《童子世界》《中国白话报》《二十世纪大舞台》《觉民》《中国旬报》等。革命派刊印的书籍,除前面已提及者外,影响较大的还有《黄帝魂》《猛回头》《警世钟》《攘书》《太平天国战史》《洪秀全演义》《法兰西革命史》等。这些报刊和书籍出版后,从东京、上海、香港等地,通过各种渠道秘密向内地发行,形成了全国性的革命思想传播网络,促进了革命思潮的高涨。一位保皇党人著文称:"革命之说,非自今日始。然从前持此议者,仅三数人而已,近则其数渐多,血气未定、膂力方刚之少年,辄易为所惑。又从前持此议者,仅自与其徒党议之于私室而已,近乃明目张胆于

---

① 黄中黄(章士钊):《大革命家孙逸仙》,(台北)文星出版社 1962 年版,"卷首"。

② 秦力山:《说革命》,中华书局编辑部编,刘泱泱审订:《秦力山集(外二种)》,中华书局 2015 年版,第 194 页。

③ 冯自由:《开国前海内外革命书报一览》,《革命逸史》第 3 集,第 136—156 页。转自张海鹏、李细珠:《中国近代通史》第 5 卷,第 205 页。

稠人广众之中,公言不讳,并登诸报章,以期千人之共见。"①报刊书籍等舆论传媒,加快了中国革命的进程。

辛亥革命时期,"革命"作为一种精神力量,作为一种文化,正式融入中国人的思想世界。这是革命者宣传的结果。他们通过著书立说,通过与改良派的论战,宣传革命的正义性,增进了民众对于革命的认同感。更应该看到,这是革命者身体力行,一次次武装起义和反清斗争所取得的成绩。1905年中国同盟会成立后,短短三年间,就组织了七次较大规模的反清起义。黄花岗七十二烈士、徐锡麟、秋瑾、喻培伦、林觉民等,为世人树立了革命榜样。民众从孙中山等领导的革命中看到了中国的希望。受革命者感召,越来越多的人支持革命,甚至加入到了革命行列,从而有了轰轰烈烈的辛亥革命运动。

辛亥革命和中华民国的建立,将民族独立、民权自由和民生幸福的革命理想,将不怕牺牲的革命精神,传播到了全国各地,极大程度地普及了革命文化。可以说,没有革命就没有民国的建立,而民国的建立,标志着革命正义性和合法性的正式确立,进而为国共合作下的大革命和中国共产党领导下的新民主主义革命奠定了基础。从辛亥革命起,革命文化成了中国文化的重要组成部分。

---

① 《革命驳议》,张枬、王忍之编:《辛亥革命前十年间时论选集》第1卷下册,三联书店1960年版,第692页。原刊《中外日报》1903年6月8、9日。

第 六 讲

五四新文化运动

前面曾提到,五四新文化运动是近代中国文化自觉的里程碑,这一章重点从文化自觉与文明探索的角度来分析,讲五个问题。

一、民国建立:中国文明的新时代与新危机

1912 年中华民国的建立,开辟了中国历史的新时代。中华民国是亚洲成立的第一个资产阶级民主共和国。正是在民主共和制度的框架下,出现了复辟逆流,产生了新文化运动。

关于新文化运动的起源问题,我们可以追问:新文化运动为什么没有发生于甲午战争之后,没有发生于清末新政时期? 这与它的时代环境、社会基础和文化土壤有密切关系。换一种说法,与背景文化有密切关系。它的背景文化可分为不同层次,其中最为直接且重要的,即中华民国的建立。对于中国人来说,"民国"是一个初生的事物,是千古未曾有过的新平台,是它为新文化运动提供了类似于布尔迪厄(Pierre Bourdieu)所说的"场域"。完全可以说,没有民国建立,就没有五四新文化运动。

下面从正反两方面来探讨民国建立与新文化运动的渊源。

(一) 新中国 新制度 新气象

明遗民曾提出"亡国"与"亡天下"之辨。所谓"亡国",即朝代更迭;所

图6—1 恭祝中华民国万岁（漫画）

谓"亡天下",即以儒家伦理为核心的华夷秩序失衡,华夏文化丧失其中心地位。中华民国建立,完成了新旧政权鼎革,但这次鼎革的意义非同寻常,显然不同于历史上的朝代更迭。民国建立,堪称前所未有之变,是前所未有的"变天",国家变了,文化变了,伦纪变了,原来合理的变得不合理了,原来非法的变得合法了。

1912年农历新年,辞旧迎新,给人最强烈的感受,莫过于"吾皇万岁万万岁"没有了。溥仪人还在,准确地说,是皇帝下岗了,上谕、圣旨失效了。大清亡了,取而代之的是崭新的民国。

1913年西历新元,天安门对外开放,昔日戒备森严的皇家禁地,迎来了第一批观光客——普通老百姓。今天的人们,或许很难想象当时参观者的心态。紫色,乃皇家专用色;禁城者,百姓禁足之地也。处于社会底层的老百姓,步入皇家禁地,那种感觉,简直是一步登天,如梦如幻。

民国之"新",可以举出很多方面。

其一,新制度。

民国建立,确立了全新的制度框架。甲午战争以来,中国人一直致力于学习西方。民国建立,中国人的政治理想第一次变成了现实,民主共和作为政治制度第一次走进了中国人的现实生活。

《中华民国临时约法》第一章《总纲》规定:"中华民国由中华人民组织之","中华民国之主权属于国民全体"。[①] 这就从根本上否定了君主专制制度,确认了"主权在民"的原则和民主共和国的国家性质。

第二章《人民》规定:"中华民国人民一律平等,无种族、阶级、宗教之区别";人民享有人身、居住、财产、言论、出版、集会、结社、通信和信教的自由;人民有请愿、诉讼、考试、选举及被选举等权利;人民依法律有纳税、服兵役等义务。[②] 这些条文,将"天赋人权"和"自由、平等、博爱"的民主理念法典化,在中国政治史和文化史上具有划时代意义。

---

① 参议院编:《中华民国临时约法》,上海商务印书馆1916年版(影印电子版),第1页。
② 参议院编:《中华民国临时约法》,上海商务印书馆1916年版(影印电子版),第1—3页。

《中华民国临时约法》是民国的根本大法。它规定了资产阶级民主主义的国家制度、社会制度和政府组织原则。自此,宪法取代圣旨,民主取代君主,代表国家的最高权威。

就此而言,中华民国的建立,改变了历史时空,开启了中国历史的新时代,用"变天"来形容并不为过。

其二,新气象。

中华民国不是封建王朝,而是现代新型的"主权在民"的民族国家。它的建立,为四万万中国人确立了一个政治认同、文化认同和民族认同的共同主体。辞旧迎新,民国肇建,显示出一派全新的文化气象。

中国人有了国歌。1912 年 2 月,南京临时政府公布了由沈恩孚作词、沈彭年作曲的中华民国国歌:"亚东开化中华早,揖美追欧,旧邦新造。飘扬五色旗,民国荣光,锦绣河山普照。吾同胞,鼓舞文明,世界和平永葆。"短短的几句歌词,表达了新生政权信心满怀地追逐世界潮流的热情,显示出了中国人迥异于往古的精神气度和世界情怀。

中国人有了国旗。中华民国的第一面国旗,为红、黄、蓝、白、黑五色旗。五色寓意汉、满、蒙、回、藏等五族"共和"。多民族的共和、平等,国家的统一,表达的是新国民的共同心愿。

改用民国纪年,采用公历。辛亥革命期间,独立的各省有的采用黄帝纪年,有的采用干支纪年。1912 年 1 月 2 日,南京临时政府通电各省,采用中华民国纪元,改用西方各国通用的太阳历,即公历。鉴于阴历在中国沿用已久,一律使用阳历会给农业生产带来诸多不便。作为变通,临时政府承认双历并行。从文化意涵看,采用阳历表达的是对皇帝纪年的彻底否定,是对西方工业文明的向往,是对世界大家庭的归属感。它标志着告别了皇权,民主与科学的元素走进了普通老百姓的生活。

改革服饰。"改正朔,易服色。"中国是礼仪之邦,传统服饰与儒家等级观念相一致。民国建立后,思想解放,着洋装成为新风尚。新风尚从上海、天津等大城市扩展开来,一些靠近通都大邑的中小城镇,甚至内地乡村,也出现了服饰洋化的现象。东南沿海的一些乡村,穿着绸缎者日少,对洋货发生兴趣者日多。西装、制服、中山装,洋布、洋伞、洋皮鞋等,在改变着政府官员的形象。这一切,无不让人感受到了新社会的喜庆、活力和精气神。

移风易俗。民国成立后,政府即着手铲除各种陈规陋俗,通令要求剪发辫、禁缠足、禁鸦片、禁赌博。其中尤以剪发辫和禁缠足,较见成效。辛亥革命爆发后,独立的各省立即将标志着汉人男子臣服于清王朝的发辫作为革命的对象,剪除辫子成为新国民的重要象征。当时的舆论说:"不剪发不算革命,并且也不算时髦,走不进大衙门去说话,走不进学堂去读书。"①民国初年,不留辫子,放开天足,成为一种社会风尚。

男女平权。妇女解放是衡量社会进步和文明开化的重要尺度。民国建立后,男尊女卑的观念有一定改善。在教育方面,民国政府颁布新学制,规定小学采用男女生同校。在政治方面,过去完全为男性所垄断,现在,一部分新女性勇敢尝试参政议政。在婚姻方面,一改"父母之命,媒妁之言"的老传统,一部分新女性大胆追求个人幸福,主张婚姻自由。在日常生活中,一大批女子走出了家门,走进了电影院,走进了公园,与男子一样享受现代文明所带来的新生活。

观念日新。民国建立后,知识阶层和城市市民的价值观念发生了明显变化,自由、民主和个性解放受到了推崇,以至于一些守旧人士哀叹:"自权利之祸中于人心,破家族,削亲权,乱男女,蔑尊卑长幼,尽弃吾中国数千年之礼俗教治,而从事于其所谓平等自由之说。"②文章中所描述的极端行为,从反面说明了自由、民主等新空气已吹进了民间,中国人的观念正悄然发生着变化。

民国肇建所带来的新制度、新气象,极大地改变了中国文化的格局和运势。这是新文化传播和新文化运动兴起所不可忽视的大气场。

---

① 忍庐:《辛亥革命在贵阳》,《越风》第 20 期,1936 年 10 月 10 日,第 25 页。
② 民国《莱芜县志》卷 7《地理志·风俗》,济南启明印刷社民国 11 年(1922 年)版(影印电子版),第 1 页。

（二）新危机，旧危机，危机再叠加

前面曾讲过，1840 年前后，中国社会危机加剧，王朝危机和文明危机叠加在了一起。民国初年，危机叠加的现象再次上演，但内涵有了变化。

1. 共和危机

1913 年 3 月 20 日 10 点 45 分，上海北火车站检票口突然传出三声枪响，年仅 32 岁的宋教仁中弹倒下。宋教仁在遗嘱中表示：希望袁世凯能够竭力保障民权，自己虽死犹生。民国建立后，宋教仁执着于政党政治和责任内阁，被今人称作"中国宪政之父"。宋教仁遇刺案是刚满 15 个月的中华民国最触目惊心的事件。

但这仅仅是共和危机的开始。1914 年 1 月，袁世凯宣布解散国会。随后，又宣布撤销各省议会，取消地方自治。5 月，又取消《临时约法》，炮制出一个所谓的《中华民国约法》。《约法》规定：改责任内阁制为总统制，大总统独揽统治权；总统府内设立政事堂，由国务卿主持。不久，袁世凯又下令恢复祭天祀孔，恢复旧礼制。同年 12 月，约法会议通过《修正大总统选举法》，规定总统任期可以改为 10 年，并可无限期连任，继承人由现任总统推荐。这样，袁世凯本人不仅成了终身总统，而且可以"传之子孙，以到无穷"。当民国丧失了国会和《临时约法》的时候，民国便只剩下一具躯壳。而这距离中华民国成立还不到 3 年时间。

接下来，便是臭名昭著的袁世凯复辟、张勋复辟，以及连年的军阀战争。

时人慨叹，国内政治局势之糟糕，为太平天国战乱以来所罕见。年轻的民国，陷入了巨大的危机。

李大钊深刻感受到了民国初年共和的假象。宋教仁遇刺后，他发表了《大哀篇》一文，其中写道：满清之季，仁人义士，掷无量之头颅、骸骨、心思、脑血，舍生命为吾民争取共和幸福，然而现实却是，"骄横豪暴之流，乃拾先烈之血零肉屑，涂饰其面，傲岸自雄，不可一世，且悍然号于众曰：'吾固为尔民造共和幸福也。'呜呼！吾先烈死矣！豪暴者亦得扬眉吐气，击柱论功

于烂然国徽下矣。共和自共和,幸福何有于吾民也!"①李大钊说:今之为政者,喜欢"炫耀其名以贾吾民之欢心","然则所谓民政者,少数豪暴狡狯者之专政,非吾民自主之政也;民权者,少数豪暴狡狯者之窃权,非吾民自得之权也;幸福者,少数豪暴狡狯者掠夺之幸福,非吾民安享之幸福也。"②

形式上,共和、总统、法律,样样俱在,实际上却又形同虚设。理想与现实间的巨大反差,令人难以接受。一些人不由地对西方制度表示疑虑:民主共和适用于中国吗? 共和在中国的可行性和合理性受到了质疑。

2. 资本主义文明的危机

中国陷入共和危机,西方世界也出现了危机。第一次世界大战及其所暴露的资本主义文明的危机,加重了中国人的危机感。

20 世纪初,欧洲人充满了优越感。他们普遍地为自己的文明和成就感到自豪,对未来充满乐观自信。几乎没有人相信,世界会陷入灾难。

1914 年爆发的世界大战,是人类历史上第一次世界规模的战争。战火从欧洲烧至亚洲、非洲、美洲,规模之大,危害之重,性质之恶劣,均属前所未有。这场战争持续达 4 年之久,31 个国家参战。卷入其中的人口多达 15亿,占到了世界人口的 3/4。交战双方动用兵力约 7400 万人,造成 1000 万人死亡,近 2000 万人受伤,许许多多人落下了终身残疾。按天计算,战争超过 1500 天,每天至少有 6000 名士兵丧生,这还不包括因战争原因而死亡的平民。战争费用高达 3600 亿美元,直接经济损失难以估量。

大战惨绝人寰,它以血淋淋的事实暴露了西方资本主义文明的弊端。正如列宁所总结,这是一场帝国主义性质的战争,交战双方无论胜负,都是非正义的。双方都是为了侵略和掠夺,为了夺取霸权和奴役其他民族而发动的战争。

战争结束前夕,雪上加霜,爆发了世界性的传染性流感。这场流感一直持续到 1919 年,直接夺走了 5000 万人的生命。在欧洲,死于流感的人比死

---

① 李大钊:《大哀篇》,《李大钊全集》第 1 卷,人民出版社 2013 年版,第 7 页。
② 李大钊:《大哀篇》,《李大钊全集》第 1 卷,人民出版社 2013 年版,第 9 页。

于战争的人还要多。这进一步加重了人类的灾难。

战争后期,整个西方社会弥漫着末世的痛苦、幻灭和悲观。德国人斯宾格勒(Oswald Arnold Gottfried Spengler),今天被一些人尊为"历史的先知",当时他还是一个小人物。战争开始前,这个小人物已预感到西方即将陷入灾难。他的名作《西方的没落》第 1 卷出版于 1918 年①,一经问世,即引起了轰动,短短几年内销售了十几万册。该书的风行,无疑是由于书中的观点引起了时人强烈的共鸣。他在书中形容说:西方文明正处在宿命般地衰落期,"文明的灯光在欧洲熄灭"。作者对西方文明的悲观溢于言表。中国虽是战胜国,但这场战争传递给中国的信号,并不积极。

多年来,中国人以西方为学习榜样,视此为救国药方。但第一次世界大战打破了西方资本主义文明的神话,给了中国人当头一棒。战争后期,梁启超赴欧洲作实地考察,目睹欧洲满目疮痍的凄惨景象,对西方文明大为失望。回国后,他写了《欧游心影录》一书。严复对这场战争也有沉痛的省思。他在给朋友的书信中悲观地表示,第一次世界大战表明西方文明已走上末路:"不佞垂老,亲见脂那七年之民国与欧罗巴四年亘古未有之血战,觉彼族三百年之进化,只做到'利己杀人,寡廉鲜耻'八个字。"②第一次世界大战及其所暴露的资本主义制度的危机,让正在学习西方的中国人陷入了徬徨和焦虑。中国人不得不再次思考:路在何方?

3. 旧危机的延续和滋长

民国建立后,旧的危机并没有从根本上解除,鸦片战争以来封建主义势力的祸害与殖民主义势力的侵略并没有减弱。

袁世凯由临时大总统,到正式总统、终身总统,进而恢复帝制,龙袍加身,当上名副其实的皇帝。之所以走到了这一步,这里面有袁世凯的个人野心,有身边人员的唆使,但又不尽然。

---

① 1914 年一战爆发前,斯宾格勒已完成初稿。1918 年战争接近尾声时,第 1 卷出版,1922 年第 2 卷出版。

② 严复:《与熊纯如书》(75),王栻主编:《严复集》第 3 册,中华书局 1986 年版,总第 692 页。

袁世凯复辟事件,是封建主义势力和殖民主义势力勾结的结果。袁世凯明白,要想实现其"皇帝梦",就要获得帝国主义国家的支持。各帝国主义国家也清楚,皇帝专制比民主共和更符合他们的利益。第一次世界大战爆发后,英、法、美等国卷入了战争,无暇顾及中国。日本野心膨胀,认为独占中国的时机已到,它借口对德宣战,直接派兵侵入了山东半岛。1915 年 1 月 18日,日本向袁世凯提出了灭亡中国的"二十一条"。日本阴谋通过"二十一条",将中国的政治、军事、财政及领土置于它的控制之下,沦中国为它的殖民地。袁世凯为了称帝,竟于 5 月 9 日接受了日本的无理要求。半年后,"皇帝梦"梦想成真。封建主义势力和殖民主义势力在此赤裸裸地结合在了一起。

时隔不久,张勋率 3000 辫子军入京,再次上演复辟丑剧。

1917 年 7 月 1 日凌晨,张勋率文武官员 300 余人,穿着清代的官服,入宫拥戴年仅 12 岁的溥仪登极,国号"大清帝国"。民国六年 7 月 1 日,被改称宣统九年五月十三日。

两次复辟事件,加剧了近代以来的民族危机和社会危机。

我们要反省的是,复辟之所以得逞,原因何在? 这里面有袁世凯、张勋的个人野心,有身边人员的唆使,但又不尽然。复辟帝制,表面上看他们靠的是枪杆子,其实背后依恃的则是顽固而又强大的旧文化和旧心理。下面,重点从文化史的角度来解析这两次复辟事件。

复辟帝制不能简单地视作是一场闹剧,也并非"死灰复燃"一词所能带过。"复辟"二字是局外人给袁世凯等人起的外号,而在局中人看来,这才是中国的"正道"。

了解内情的徐世昌曾说:在南北和议之际,杨士琦就曾提出要推袁世凯做皇帝;南方迎袁专使到北京时,有人曾密谋由曹锟所统第三镇驻京各营冲入东华门,强挟袁世凯入宫正大位。只不过,由于事先未与冯国璋所率领的禁卫军沟通,曹锟部下以失败告终。①

---

① 见张国淦:《洪宪遗闻·徐世昌谈洪宪小史》,《北洋述闻》,上海书店出版社 1998 年版,第74 页。

复辟活动中,各省的请愿团,由军、政两界,而国民代表,而绅、学、农、工、商等各种团体,相继上书。这些来自各省的代表,固然不能代表当时的全部民意,但也不能一概否定其中有些人是真心要推戴袁世凯当皇帝。而且,即便那些逢场作戏、弄虚作假者,他们又何尝不是中国人,他们的行为又何尝不是中国人对待民主政治的写照。

可见,复辟有其民众基础和文化土壤。

"洪宪"是中华帝国皇帝袁世凯的年号。当时有人将"洪"字一拆为二,讽刺说"半是前清,半是共和"。"半是前清,半是共和",一定程度上道出了实情:共和背景下旧势力不仅存在,而且强大。

"大梦沈沈终不悟,千呼万唤总枉然。"①两次复辟帝制,是历史的惯性使然,也说明中国文化的惰性之大。

当然,历史惯性中也有新成分、新变化。当时的精英人物,如著名的"筹安会六君子"(杨度、孙毓筠、严复、刘师培、李燮和、胡瑛),公开支持复辟帝制,这些人中尽管不乏袁世凯的亲信,但值得注意的是,像严复、杨度等人,饱读西书,他们为什么也选择支持复辟? 这绝不能简单地说是出于一时的冲动。

康有为的情况又有所不同。这位戊戌变法的风云人物,曾激烈地批判儒学,现在,他不仅为复辟呐喊,而且明确主张用儒家文化挽救中国的危机。溥仪复辟的上谕是康有为经手修改的,其中毫不含糊地写道:"自今以往,以纲常名教为精神之宪法,以礼义廉耻收溃决之人心。"②民国初年,有不少人将秩序混乱归结为儒家礼教的衰落,极力主张把孔教升为国教。在康有为及其弟子陈焕章、麦孟华等人的活动下,孔教会在全国各地相继建立起来。虽然他们将孔教升为国教的计划没有得逞,但他们却因提倡纲常名教而得到了当国者的赏识。陈焕章是当时的不倒翁之一,是当国者的座上宾。

---

① 汪笑侬:《大梦》(二首),《汪笑侬戏曲集(京剧)》,中国戏剧出版社1957年版,第306页。
② 《直隶省公署为张勋等人复辟清室传谕事札津商会》,天津市档案馆编辑:《北洋军阀天津档案史料选编》,天津古籍出版社1990年版,第194页。

从袁世凯、段祺瑞,到徐世昌、黎元洪、曹锟,当国者像走马灯一样换来换去,但无论谁上台,陈焕章总能受到礼待。个中的原因耐人寻味。这并非是因为军阀们宽宏大量,而是他们需要陈焕章所贩卖的那套纲常名教来为他们站台。

值得注意的是,民国初年的儒学,已不仅仅是袁世凯、张勋、段祺瑞、徐世昌们维护专制统治的工具,而且成了陈焕章们的"敲门砖",成了双方交易的筹码。当陈焕章们把儒学视为"孔教",当袁世凯们利用"孔教"来复辟时,儒学连同孔子,与"孔教"论者、"复辟"论者一起,身败名裂了。

诚如当代海外新儒家代表人物杜维明所说:"对儒学公共形象的最严重损害,并非来自自由主义者、无政府主义者、社会主义者或其他西化论者所组织的正面攻击,而是来自极右翼,尤其是利用儒家伦理巩固统治的军阀以及同流合污的传统主义者。"①袁世凯和陈焕章们,彻底把孔子和儒学玩坏了。历史无情地说明:维护儒学的人对儒学的破坏最为严重,是内部腐败导致了"孔家店"的坍塌。

有什么样的文化,就有什么样的人;有什么样的人,就有什么样的文化。是儒家文化造就了袁世凯、陈焕章们,导致了复辟帝制;还是袁世凯、陈焕章们复辟帝制,连累了儒家文化? 在我看来,这就如同是问鸡生蛋还是蛋生鸡一样。

帝王专制与纲常名教,它们在农耕文明的中国,如鱼得水。但是,当社会转型,奔向新的文明时,它们彻底暴露了其保守、不合时宜的一面,成了社会进步的绊脚石。它们的面目是如此丑陋,令人生厌。是它们变了吗? 不是。是以儒学为核心的整个农耕文化出现了严重问题,根本跟不上世界潮流了。帝王专制、纲常名教与儒家文化是命运共同体。在工业化时代,以儒家文化为主干的中国文化,要么去改变自己,要么是被淘汰。

综上所述,近代以来中国沦为殖民地的危机在民国建立后并没有解除,

---

① [美]杜维明:《道·学·政:论儒家知识分子》,钱忠文、盛勤译,上海人民出版社 2000 年版,第 158 页。

不仅没有解除,反而面临日本置中国于死地的危险;以农耕为主要生产和生活方式的中国文化,在民国建立后也没有从根本性上得到调整和改善,其内部的腐败在继续滋长。

是在沉默中灭亡,还是在沉默中爆发? 幸运的是,摧枯拉朽的暴风骤雨来了。

五四新文化运动的兴起是应对危机的产物。其中,有共和的危机,第一次世界大战及其所引发的西方文明的危机。这些危机已不同于鸦片战争前后的危机,甚至不同于甲午战争、八国联军侵华所引发的危机,它具有新的时代内涵。这些危机与日本"二十一条"所带来的民族危机、军阀统治所带来的政治危机以及传统守旧力量,叠加在了一起,形成了前所未有的压力和挑战。在此空前巨大的压力和挑战下,新文化运动爆发了。

二、文化运动的叠加与新文化人的汇聚

五四新文化运动之所以能成为近代中国文化的一座里程碑,其中一个重要因素在于新文化人站在了巨人肩上。纵向地看,这场运动积聚了至少三代人的力量;横向地看,汇聚了国内外知识界的智慧。

(一) 文化运动的叠加

新文化运动舞台上有主角,有配角,至少是三代人的演出。

1922 年,梁启超在为《申报》馆五十周年庆典所作《五十年中国进化概论》中有一段总结。他将近五十年分为三期,提出从洋务运动、变法维新到新文化运动,中国人先后从器物、制度、文化上感觉到了不足。[①] 这一说法,人们很熟悉。值得注意的是,这里他说的是主观感受,不是客观实情。器物、制度与思想文化的变革相辅相成,不可能观念不变,就可以完成器物、制

---

① 见梁启超:《五十年中国进化概论》,梁启超著,汤志钧、汤仁泽编:《梁启超全集》第 11 集,中国人民大学出版社 2018 年版,第 404—406 页。

度的变革。反之亦然,器物、制度变了,不可能不引起思想文化的变动。从思想文化的变动看,这三期可以粗划为三代人,即"中体西用"论者、改良与革命论者、五四新文化论者。其中,第二期又可细分为两种类型——改良论者与革命论者。

我要强调的是,这三代或者说四种类型的文化人,不完全是你方唱罢我登场,依次出演。旧者未去,新者已来。到五四时期,前两代文化人(或其传人)依然在场。如果将五四时期的师生划为两代,那就是四世同堂。故此,我认为可以从广义上把五四新文化运动视为一个叠加的文化运动,老一辈还未退出舞台,新一代已走上舞台中心,历史在此形成了合力,其声势自非晚清可比。

前两代,学界一般笼统地称之为"旧派"。"旧派"并不是一个严谨的说法,它大体由三部分人组成。

一部分是清末"中体西用"论者的延续。如桐城派姚永朴(1861—1939)、姚永概(1866—1923)、林纾(1852—1924)、马其昶(1855—1930)等,他们有深邃的旧学根柢,又有短期游历日本等国的经历,清末民初曾在京师大学堂和北京大学等校任教。留洋归来的辜鸿铭(1857—1928)、国学大家王国维(1877—1927),与这些人观点比较接近。

一部分是戊戌一代。如康有为(1858—1927)、严复(1854—1921)、陈三立(1853—1937)、沈曾植(1850—1922)等,他们是昔日的维新变法论者,民国后转变为了中国传统文化的维护者。梁启超(1873—1929)属于这一个群体,又有所不同。

一部分是辛亥一代。如章太炎(1869—1936)、章士钊(1881—1973)、刘师培(1884—1919)、黄侃(1886—1935)等,他们提倡新学,主张国粹主义。这一代与戊戌一代,多数人有较长时间的海外求学或生活经历。

观点相近者,还有《东方杂志》主编杜亚泉(1873—1933)、学衡派的柳诒徵(1880—1956)等人。

这三部分人大多诞生于19世纪的50—80年代,基本上属于五四新文化人的老师辈,有的还有直接的师承关系。故与其称之为"旧派",不如称之为"老派",我常将他们称为"老英雄"——老一辈文化英雄。与新青年相比,他们的思想趋于保守,重视传统,但不顽固。在新文化运动时期,他们表达了不同于新青年的主张,这些主张来自他们的人生阅历以及对现实社会的思考。新青年为了标新立异,主动与老一辈划清界限,背后称他们为"老新党"。在新青年笔下的这些人物的形象,过于脸谱化,与历史事实多少有些出入。

与"旧派"观点接近的,还有一帮青年人。如现代新儒家的开山梁漱溟(1893—1988),学衡派的梅光迪(1890—1945)、胡先骕(1894—1968)、吴宓(1894—1978),以及陈寅恪(1890—1969)、蒙文通(1894—1968)等,他们都是"90后",与胡适相龄年仿,属于胡适的同代人。

新文化论者,也就是通常所说的"新青年",大体可划分为教师和学生两个群体。教师中,蔡元培校长(1868—1940)的岁数最大,1919年的代理校长蒋梦麟(1886—1964)时年33岁,运动的主要人物,以齿为序,依次是陈独秀(1879—1942)、鲁迅(1881—1936)、周作人(1885—1967)、钱玄同(1887—1939)、李大钊(1889—1927)、胡适(1891—1962)、刘半农(1891—1934),他们以"80后"为主。学生代表,如匡互生(1891—1933)、顾颉刚(1893—1980)、傅斯年(1896—1950)、罗家伦(1897—1969),清一色的"90后"。师生年龄差距在10岁左右,代沟较小。

新青年阵营中的教师,是清末从新式学堂培养出来的第一代现代意义上的新式知识分子。他们青少年时期在国内读书,后出国留学,接受高等教育。这方面胡适具有代表性。胡适小时候读的是私人学塾,13岁入新式学堂,先后就读于梅溪学堂、中国公学,19岁赴美留学,先后就读于康乃尔大学、哥伦比亚大学。这代人是在前两代人的引导和教育下成长起来的。梁启超在《五十年中国进化概论》中曾概括说:洋务运动时期的"读书人都不会说外国话,说外国话的都不读书";戊戌时期康、梁一班人"中国学问是有底子的,外国文却一字不懂。他们不能告诉人'外国学问是什么,应该怎么学法.'只会日日大声疾呼,说'中国旧东西是不够的,外国人许多好处是要学的.'"①可以说,正是在前辈的指引下,年轻一代走进了新式学堂,或出国留学,学习并将外国学问引入到了中国。

历史地看,五四新文化派所主张的"民主"与"科学",以及白话文运动、文字改革、文学革命、妇女解放、"打孔家店"、激烈反对传统,等等,早在戊戌、辛亥时期已有发端。"芳林新叶催陈叶,流水前波让后波。"②五四一代并不是简单地接过前辈的接力棒,而是接受了更新的理念,注入了更新的内容,运用了更新的方法。他们既是前两代人事业的继承者,又是竞争者。老一代未退场,新一代已崛起,从而形成了四代人同场竞争的局面。故此,我认为,五四新文化运动可看作是起点不同的多场文化运动的叠加。

(二) 新文化、新思潮的汇入

新文化运动是中国对外开放的产物,是中国文化海纳百川的体现。民国建立后,分布在世界各地的学者和留学生相继回国,满怀希望地建设新中国。其中一大批人投身到了教育事业,成为中国现代学术的奠基人和开拓者。

其一,留学群体聚集北京大学。

北京大学是中国现代高等教育的最高学府,也是新文化运动的主场。从民国建立到新文化运动,一批知识精英从五湖四海汇聚于此,成为新文化运动的健将。

下表所列的是新文化派代表人物的年龄结构、籍贯分布、留学背景以及到北京大学等高校任职的时间、所授课程等基本信息。

---

① 梁启超:《五十年中国进化概论》,梁启超著,汤志钧、汤仁泽编:《梁启超全集》第 11 集,中国人民大学出版社 2018 年版,第 405 页。

② 刘禹锡:《乐天见示伤微之敦时晦叔三君子皆有深分因成是诗以寄》,刘禹锡著,陶敏、陶红雨校注:《刘禹锡全集编年校注》第 3 册,中华书局 2019 年版,第 993 页。

表6—1 新文化运动代表人物基本信息表

姓名	生卒	籍贯	留学背景	任职北大等校时间	推荐人	开设课程
蔡元培	1868—1940	浙江绍兴	1907年5月,入德国莱比锡大学听课和研究心理学、美学、哲学诸学科。1913—1916年,赴法国从事学术研究,撰写哲学、美学著作。	1911年11月回国,1912年1月3日就任南京临时政府教育总长。1916年12月26日,受命担任北京大学校长。	范源廉、张相文	美学
蒋梦麟	1886—1964	浙江余姚	1909年2月,入加州大学伯克利分校,先后学习农学、教育学。1912年毕业。随后赴纽约哥伦比亚大学研究院,师从杜威,攻读哲学和教育学。1917年3月,获博士学位。	1919年初,被聘为北京大学教育系教授。五四运动爆发后,受蔡元培委托,代理北大校长。同年9月,蔡元培返回北大,被聘为教育学教授兼总务长。1920年10月,蔡元培出国考察时,再次代理北大校务。1923年蔡元培辞职,第三次担任代理校长职务。	蔡元培	教育学
陈独秀	1879—1942	安徽怀宁	1901年赴日留学。1902年秋再次赴日留学,入成城学校。1907年第三次赴日留学,入东京正则英语学校。	1917年1月,受聘为北京大学文科学长。	蔡元培	文字学
李大钊	1889—1927	河北乐亭	1913—1916年,在早稻田大学学习。	1917年12月,任职北京大学。	章士钊	唯物史观
胡适	1891—1962	安徽绩溪	1910年9月,入康乃尔大学,修农科。1912年春,转入文学院。1914年2月,获得学士学位。1915年,入哥伦比亚大学哲学系学习,师从约翰·杜威。	1917年9月,就任北京大学教授。	陈独秀	中国哲学史

续表

姓名	生卒	籍贯	留学背景	任职北大等校时间	推荐人	开设课程
钱玄同	1887—1939	浙江吴兴	1906年,入早稻田大学师范科,1910回国。	1913年,任北京高等师范学校及其附属中学国文、经学讲师;兼任北大预科文字学教员。1915年,任北京高等师范学校国文部教授,兼任北京大学文字学讲师。1917年秋,任北大教授。1924年,继续任北师大教授,同年北京女子师范大学成立,任国文系教授。	太炎弟子	文字学
周树人	1881—1936	浙江绍兴	1902年,入弘文学院。1904年结业。9月,入仙台医学专门学校,1906年肄业。	1920年,兼任北高师、北大讲师。1923年起,兼任北京女子高等师范学校讲师。	太炎弟子	中国小说史
周作人	1885—1967	浙江绍兴	1906年赴日,先入日本法政大学预科,后入东京立教大学修希腊文。	1917年4月,任北京大学附属国史编纂处编纂,同年9月,任北京大学文科(文学院)教授。后创办北京大学东方语言文学系,首任系主任。	太炎弟子	外国文学
朱希祖	1879—1944	浙江海盐	1905年,入早稻田大学学习。1909年归国。	1913年,受聘北京大学预科教授,1914年兼任清史馆编修。1916年专任北大教授。	太炎弟子	中国文学史
沈尹默	1883—1971	浙江湖州,生于陕西汉阴	1905年赴日,自费留学9个月。	1913年2月,入北大预科主讲中国历史,次年改教授预科国文。	许炳堃	中国文学
沈兼士	1887—1947	浙江湖州,生于陕西汉阴	1905年赴日,先后入铁道学校和东京物理专科学校。	1913年,入职北大。	太炎弟子	文字学
马裕藻	1878—1945	浙江鄞县	1905年,入早稻田大学,后转入东京帝国大学。	1913年,受聘北大教授。1920年起,任北大国文系主任。	太炎弟子	文字学

姓名	生卒	籍贯	留学背景	任职北大等校时间	推荐人	开设课程
高一涵	1885—1968	安徽六安	1912年留学日本明治大学攻读法政,1916年毕业回国。	1916年(不迟于1918年9月)任北京大学编译处编译员,兼中国大学、法政专门学校教授。		政治学
刘半农	1891—1934	江苏江阴	1920年赴英国伦敦大学学习实验语音学。1921年夏转入法国巴黎大学学习。1925年获法国文学博士学位。	1917年,任北京大学预科国文教员。		语音学
陶孟和	1887—1960	浙江绍兴。生于天津。	1906—1909年在东京高等师范学校学习历史和地理。1910年,赴英国伦敦大学学习社会学和经济学,1913年获社会学博士学位,归国。	1913年,任北京高等师范学校教授。1914—1926年,任北京大学社会学系教授、系主任等职。		社会学
章士钊	1881—1973	湖南善化	1905年流亡日本,入东京正则学校学习英语。1907年,赴英留学。1908年,入英国阿伯丁大学学习法律、政治,兼攻逻辑学。	1917年11月,任北京大学文科教授,讲授逻辑学;兼任图书馆主任。	陈独秀	论理学
黄侃	1886—1935	湖北蕲春	1905年留学日本,1908年回国,不久再度赴日。1910年回国。	1914年,任北京大学文科教授。	太炎弟子	中国文学
刘师培	1884—1919	江苏仪征	1907—1908年在日本生活。	1917年,任北京大学文科教授。	蔡元培	中古文学史
辜鸿铭	1857—1928	福建惠安,生于马来西亚槟榔屿。	1873至1974年之交,考入爱丁堡大学文学院。1877年,获爱丁堡大学文学硕士学位,后又在德国、巴黎、意大利等地游学。	1915年,任北京大学教授。		英国文学

从该表可以看出,新文化运动时期北大的校长蔡元培和代校长蒋梦麟,均曾长期在海外留学,新文化派的主力陈独秀、李大钊、胡适、钱玄同、周作人、

周树人、朱希祖、沈尹默、沈兼士、马裕藻、高一涵、陶孟和等,多是在清末接受了新式学堂教育,后出国留学,接受现代高等教育。一方面,他们是在中国传统文化的氛围中成长起来的,对传统文化有切身感受。另一方面,更值得关注,他们是中国第一批较系统地受过新式教育训练的中国人,他们的教育经历和知识结构发生了根本性改变。他们对西方的认识不再停留于走马观花式的观感。他们精通外文,在学理上对西方文化和学术的认识,整体上超过了他们的前辈。他们所学专业,大都与中国历史文化有关,集中在了人文社会科学领域。他们用西方的理论方法来研究中国问题,较之康有为、章太炎等人向前迈出了一大步。

从该表还可以看出,即便五四时期的所谓"旧派",如章士钊、刘师培、黄侃、辜鸿铭等人,也有海外留学经历。

其二,西方新思潮的汇入。

需要强调的是,新文化运动的兴起,并不仅仅是中国新旧文化更替的结果,很大程度上说,它也是世界新文化新思潮涌入的产物。1919 年 12 月,蔡元培曾在《晨报》副刊上撰文指出:"现在文化运动,已经由欧美各国传到中国了。解放呵! 创造呵! 新思潮呵! 新生活呵! 在各种周报、日报上,已经数见不鲜了。"①在此,他一语切中肯綮:新文化运动与欧美各国的文化运动密切相关,是欧美各种新文化新思潮传入中国后而形成的。

日本。日本是西学东渐的中转站,新文化派成员中留日归来者占了绝对多数。像陈独秀、李大钊、鲁迅、周作人等都曾在日本留学。具体地说,五四时期的无政府主义、马克思主义和新文学运动均与日本有关。陈独秀、李大钊等中共早期党员,与日本的社会主义者和马克思主义者保持了较密切的联系,他们的思想受日本影响较大。现代中国文学在很大程度上是模仿欧、俄的主题和技巧,但其中多数作品是从日文转译过来的。鲁迅、周作人、郭沫若等人不仅翻译了一批日本文学作品,而且在介绍和宣传欧美文学和

---

① 蔡元培:《文化运动不要忘了美育》,《晨报副刊》(周年纪念增刊),1919 年 12 月 1 日,第 1 页。

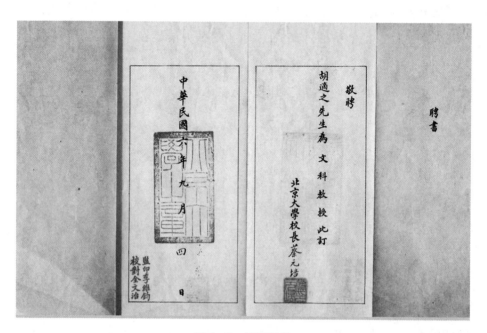

图6—2　胡适聘书

新文学理论方面做出了开创性贡献。

法国。20世纪初，法国一度取代英国，成为人类文明的榜样。陈独秀曾自学法语，新文化运动初期，他是法国文明的崇拜者。他在《青年杂志》创刊号上发表的《法兰西人与近世文明》一文，予法国的空想社会主义和人权学说以很高的评价。① 法国的革命思想、无政府主义和教育思潮，均对新文化运动产生了一定影响。在教育界，李石曾、吴稚晖、蔡元培等都有留法经历。1915年，他们曾在巴黎组织勤工俭学会。新文化运动时期，他们所宣传的"劳工神圣""平民教育"等，即与他们的留学背景有关。

美国。1909—1915年，先后有1200多名中国学生在美国学习。新文化运动时期中国的教育改革，师法美国，与这批留学生有很大关系。当时的教育改革家，如胡适、陶行知、蒋梦麟、郑晓沧等人，均是在美国接受的高等教育。文学革命和新文学运动，与留美学生的关系也较为密切。1912—1922年是美国的新文学时代，"新诗运动"兴起。胡适等人主张白话文和白话诗，其中许多说法借自美国。胡适等人在美国留学时，与受美国新人文主义影响的梅光迪、胡先骕等，在新文学问题上已有不少讨论和交锋。

德国。新文化运动时期，陈独秀、李大钊等不仅接受了起源于德国的马克思主义，而且经日本借鉴了德语中"文化"一词的内涵。"一战"后期，德语中"文化"一词活跃起来。当代学者埃利亚斯（Norbert Elias）指出，德语中与"文明"相对立的"文化"概念在1919年之前的几年里重新活跃了起来，因为英、法等国以"文明"的名义对德国进行了战争。② 凡尔赛和约签订后，德国人认为"文化"最富于创造性，更能表达德意志人精神，他们努力凝聚"文化"的力量，提振民族精神。20世纪初，新兴的德国取代英、法，成为日本的楷模。1920年前后，"文化"在日语中取代"文明"一词据于优势。新文化运动中，新青年高举新文化的旗帜，不能说没有受到这股文化思潮的

① 陈独秀：《法兰西人与近世文明》，《青年杂志》第1卷第1号，1915年9月。
② ［德］诺贝特·埃利亚斯著，王佩莉译：《文明的进程——社会起源和心理起源的研究》第1卷，生活·读书·新知三联书店1998年版，第66页。

影响。德国学者倭伊铿、斯宾格勒等的学说,这一时期受到张君劢、梁启超等人的重视,传入中国后,引起了不小的反响。

俄国。俄国是影响新文化运动最大的国家之一。托尔斯泰、陀思妥耶夫斯基的文学作品及其思想,克鲁泡特金的无政府主义学说,在中国均得到了较为广泛的传播。"十月革命一声炮响,给中国送来了马克思主义"。马克思列宁主义传入中国,直接改变了中国的道路。这是众所周知的。

其三,西方名哲来华讲学。

新文化运动期间,一批西方著名的思想家和教育家远渡重洋,来华讲学。他们将世界上最前沿的学术和思想传播到了中国。而且,借助名人效应,新文化派壮大了声势,扩大了社会影响。

当时来华讲学的著名学者,包括美国哲学家杜威、英国哲学家罗素、美国教育家孟禄、德国哲学家杜里舒、印度思想家泰戈尔等。他们每人讲学时间长短不等,长者两年多,短者数十天。

表6—2　著名学者来华讲学情况简表

姓名	任职学校	讲学时间
杜威(John Dewey,1859—1952)	哥伦比亚大学	1919.4—1921.7
罗素(Bertrand Russell,1872—1970)	剑桥大学	1920.10—1921.7
孟禄(Paul Monroe,1869—1947)	哥伦比亚大学	1921.9—1922.1①
杜里舒(Hans Driesch,1867—1941)	莱比锡大学	1922.10—1923.6
泰戈尔(Rabindranath Tagore,1861—1941)		1924.4.12—5.30

杜威。从1919年4月30日到1921年7月11日,杜威在华讲学时间长达两年又两个月零12天,他前后访问11个省,做了200场讲演。根据其演讲整理而成的书籍《杜威五大讲演》印行达10万册。杜威是实用主义哲学

---

① 孟禄于1913年至1937年期间,曾十余次访华。这次是讲学考察活动最集中的一次。详见周洪宇、陈竞蓉:《孟禄在华活动年表(1913年5月—1937年6月)》,《华东师范大学学报(教育科学版)》,2003年第3、4期。

体系的建立者,一生推崇民主制度,强调科学和民主的互补性。他还是 20
世纪最伟大的教育家之一,为中国培养了包括蒋梦麟、胡适、陶行知、郭秉
文、张伯苓、冯友兰等在内的一批著名学者。他在华讲学期间,见证了五四
运动,并会见过孙中山。在讲学中,除宣传其哲学思想,他还积极倡导"普
遍的教育"和平民主义;支持白话文运动;宣传个性主义和男女平等。

　　1919 年 12 月份的《新青年》表明,杜威的实用主义一度比马克思主义
更受知识分子重视。受其影响者,不仅有胡适、蒋梦麟等人,还包括了陈独
秀、毛泽东等早期马克思主义者。毛泽东在长沙做过杜威演讲的记录员,并
于 1919 年 9 月发起成立了"问题研究会"。毛泽东自称:"在这个时候,我
思想是自由主义、民主改良主义、空想社会主义等思想的大杂烩。"①

　　罗素。罗素是世界著名的哲学家、数学家和逻辑学家,也是当时主张世
界和平、反对帝国主义侵略政策的社会活动家,曾获得诺贝尔文学奖。他强
烈谴责第一次世界大战以及巴黎和会对中国的歧视。1920 年 6 月,罗素结
束了一个月的苏俄之行而返回英国。同年 10 月,应邀来华讲学,前后有 10
个月。罗素主张民主政治,对当时的资本主义制度大为不满,主张通过社会
改良的方式实现社会主义。罗素来华讲学,引发了关于社会主义的大论战。

　　新文化运动吸引了世界一流学者和思想家参与进来,共同为中国问诊
把脉,贡献智慧。这是前所未有的。杜威、罗素等人的专业修养和国际视
野,非清末新式学堂的外国教习所可比拟。他们对于新文化运动的价值和
意义,自然不容小觑。

　　简言之,五四新文化运动,堪称国际性的文化运动。纵向上,它积聚了
至少三代人的力量;横向上,它吸收了世界各国的新文化新思潮。文化运动
的深度和广度,是此前的戊戌维新、清末新政和辛亥革命时期难以相提并论
的。新文化运动之影响深且巨,由此可得到一个解释。

---

① ［美］埃德加·斯诺著,董乐山译:《西行漫记》,东方出版社 2010 年版,第 139—140 页。

罗世英　赵元任　王　赓　孙伏园
蒋百里　　勃拉克女士　　罗　素

图6—3　罗素在华讲学留影

三、新文化运动的构造

为了认识新文化运动的构造,我们不妨先回顾一下中国传统社会的文化系统。从文明类型看,中国属于农耕文明。中国古代的文化系统至少有以下特征:第一,以华夏为中心,建立了华夷有别的天下体系。第二,以宗族和家族为本位,建立了宗法制度和伦常等级秩序。第三,与大家长制相统一,家国同构,政治上实行君主专制下的中央集权和官僚政治。第四,作为中国文化主干的儒学,是从农耕文明中长出来的,其天职在维护伦常等级秩序、君主中央集权和华夏中心地位。近代中西文明冲突,一定程度上可以说是农业文明与工业文明的冲突。近代中国人学习西方,包括新文化运动在内,所追求的其实是现代人的生产和生活方式——工业文明。下面,从精神内核和外在表现两个层面来分析新文化运动的构造。新文化运动的精神,最为核心的是"民主"与"科学"精神,也就是我们常说的"两面旗帜"。新文化运动最重要的项目,可概括为"打孔家店"、文学革命和教育改革。

(一)精神内核:"民主"与"科学"精神

新文化运动时期,西方各种思想学说大规模输入中国,一度形成了百家争鸣的局面。当时影响较大的有无政府主义、个人主义、实验主义、自由主义、平民主义、社会主义、马克思主义,等等。尽管这些思潮的内涵并不一致,相互间甚至不乏矛盾和冲突,但从新旧文化对比的角度看,它们的精神主旨和价值取向具有基本的一致性,即高扬启蒙理性精神。

陈独秀是新文化运动的旗手。他从民国初年的复辟活动和尊孔复古思潮中醒悟到:单纯的政治革命不足以救中国,思想启蒙才是当时中国要解决的首要问题。为什么这么说呢? 他解释说:民国虽然已建立,但多数国民思想守旧,不具备现代国民的素质。"今之所谓共和、所谓立宪者,乃少数政党之主张,多数国民不见有若何切身利害之感而有所取舍也。……立宪政

图 6—4 《青年杂志》

治而不出于多数国人之自觉、多数国民之自动",与封建政治、奴隶政治并无二致,民主革命不可能完成。①

所以,在新文化运动伊始,陈独秀在《青年杂志》创刊号上发表的《敬告青年》一文中,就告诫青年人要争取做具有现代意识的新青年,进行思想革命。该文写道:"国人而欲脱蒙昧时代,羞为浅化之民也,则急起直追,当以科学与人权并重。"②此处的"人权",大概取自法国的《人权宣言》,即强调人人享有自由、平等的权利,遵循"人民主权""主权在民"的原则。稍后,陈独秀在《本志罪案之答辩书》中为《新青年》辩护时,正式揭橥新文化运动的两面旗帜,并形象地称之为"德先生"(民主)和"赛先生"(科学)。1919 年,胡适发表《新思潮的意义》,对新文化运动作阶段性总结,赞同陈独秀的这一说法。

先看"德先生"。新文化运动以前,民主思想已在中国传播了一段时间。当时人们所说的民主主要是指政治层面的民主,关注的重点在中央政权,带有向上层统治集团索要权利的意味。清末维新派所主张的"兴民权"、革命派所宣传的民权主义,主要指的是君主立宪政治、民主共和政治及其相应的人民的政治权利。新文化派所主张的民主,其新义在于:

第一,"民主"的内涵,已从政治领域扩展到普通国民的社会生活领域,强调民主精神在社会、政治、经济生活中的运用。例如,彭一湖 1919 年在《每周评论》发表的《新时代之根本思想》一文中写道:"现在时代的根本思想,依我看起来,就是个'得莫克拉西'(Democracy)。政治上要求他,社会上、经济上、文化上,也都要求他……遍人类生活各方面,没一处没有。现代的根本思想,除了'得莫克拉西'是再找不出第二个来的。""所谓社会的'得莫克拉西',就是扫除社会上贵族阶级,用一般民众组成一个完全平等的社会团体。"③彭一湖是中国民主建国会发起人之一,曾参加过辛亥革命,他的

---

① 陈独秀:《吾人最后之觉悟》,《青年杂志》第 1 卷第 6 号,1916 年 2 月。
② 陈独秀:《敬告青年》,《青年杂志》第 1 卷第 1 号,1915 年 9 月。
③ 彭一湖:《新时代之根本思想》,《每周评论》第 8 期,1919 年 2 月 9 日,第 3 版。

观点具有一定代表性。值得强调的是,这一时期将民主与经济联系起来,已形成了明确的经济民主观念。陈独秀较早认识到个人经济独立与个人自由之间的关系,指出经济不独立是封建纲常礼教得以存在的一大原因。由经济民主,新文化派进而发展出了经济平等、经济自由、社会平等一系列民主内涵。正是在此基础上,一些民主主义者接受了马克思主义。

第二,"民主"以个人的自由、个人的精神自由和社会平等为主旨。新文化运动时期,民主的内涵被深化了,民主的精神和价值层面被发掘了出来。中国数千年的传统政治思想,"只承认人民是民,不承认人民是人"①,重群体而轻个体,压制人的个性。近代以来,谭嗣同、梁启超、严复、孙中山等先进分子,注意到了"人"的问题,呼唤人的解放。但是,他们没有深入到个人价值的核心,没有把"人"的独立、自由、平等精神独立地揭示出来,因此,在群己关系上,他们首先强调的是团体自由和国家自由,他们将人的解放作为民族救亡的手段。梁启超在《新民说》中曾表示:"自由云者,团体之自由,非个人之自由也。"②严复在《〈法意〉按语》中写道:"所急者,乃国群自由,非小己自由也。"③孙中山甚至认为,中国并不缺少个人自由,民权主义主要是谋求国家实现政治自由。民国初年,孙中山成立中华革命党,甚至要求革命党人必须如旧式会党一样,按手印并且宣誓,以示忠心。与前辈有所区别,新文化派高举"德先生"旗帜,宣扬个性解放和个人主义,肯定人的尊严和价值。陈独秀、李大钊、胡适、鲁迅、周作人等人均大力宣传西方的个人本位主义。由个人而聚成社会,新文化派较普遍地意识到,要以个人自由为基础去实现社会自由,进而以社会的自由平等作基础去实现政治上的自由。宋介当时在中国大学读书,曾主编《曙光》杂志。他已明确地认识到社会自由和社会平等对于民主的重要意义。他说:国家自由、政治自由"后边

① 陶履恭:《我们政治的生命》,《新青年》第5卷第6号,1918年12月。
② 梁启超:《新民说·第九节论自由》,汤志钧、汤仁泽编:《梁启超全集》第2集,中国人民大学出版社2018年版,第567页。
③ 严复:《法意·按语》,王栻主编:《严复集》第4册,中华书局1986年版,总第981页。

还有一种自由,现在的人,渐渐了解这种自由的可贵,也很希望实现他了!这种自由就是社会的自由"。为了实现社会自由,就需要摆脱旧世界的束缚。"皇帝、军阀要推倒他,农奴、封建制度要消灭他,贵族、僧侣要扫尽他,阶级势力要铲除他;脱尽了旧世界的残蜕,涌出个德模克拉西的新世界。这个新世界里,才完成了社会的自由。"①新文化派强调,要"把每一个人都当作目的看待,并不当做一个手段"②。他们将个人的自由、个体的独立和人的解放作为民主精神最为核心的内容,这是一个质的进步。

第三,"民"的重心下移,重视国民、平民的启蒙。新文化运动扩大了"民"的范围,主张民主的平民化。五四以前所说的"民主",其主体是较为含混的,从形式上看"民"虽包括一国全体之人,但在具体的民主主张和实践中,又主要指上层社会和精英阶层。如梁启超主张给予纳税者、知识人、官员以两倍的选举票;立宪派的立宪活动仅限于实业阶层、知识阶层和政府官员;孙中山甚至认为四万万社会底层劳动群众是"阿斗",目前还不具备行使民主权利的能力。新文化运动时期,劳工阶层受到了新文化派的重视。1918 年 11 月,北京大学校长蔡元培在北京庆祝协约国胜利的大会上,发表了《劳工神圣》的演讲。他指出,"此后的世界,全是劳工的世界呵!我说的劳工,不但是金工、木工等等,凡用自己的劳力作成有益他人的事业,不管他用的是体力,是脑力,都是劳工。"他带头喊出了"劳工神圣"的口号。③ 时隔不久,李大钊发表了《庶民的胜利》,称赞"民主主义战胜,就是庶民的胜利"④。他们所说的"民主"的主人,已由占社会少数的精英,扩展到包括工农在内的多数民众。

再看"赛先生"。五四以前人们所理解的"科学"侧重于知识层面,主要

① 宋介:《社会的自由》,《曙光》第 1 卷第 2 号,1919 年。
② 赵廷为:《德谟克拉西教育的几种目标》,《平民教育》第 68、69 期合刊,1923 年 10 月。
③ 蔡元培:《劳工神圣——在北京天安门举行庆祝协约国胜利大会上的演说词》,高平叔编:《蔡元培全集》第 3 卷,中华书局 1984 年版,219 页。
④ 李大钊:《庶民的胜利》,中国李大钊研究会编注:《李大钊全集》第 2 卷,人民出版社 2013 年版,358 页。

SCIENCE

科學

本 期 要 目

心理學與物質科學之區別
說中國無科學之原因
水力與汽力及其比較
中美農業異同論
生物學概論

民國四年正月
科 學 社 發 行

第 一 卷 第 一 期　　　　每 冊 二 角 五 分

图 6—5　《科学》杂志

是指源自西方的科学知识和社会政治学说。新文化派通过深入研究西方社会，更重视宣传科学的精神、观念和方法。他们主张用进化论、实验主义和马克思主义作为世界观和方法论，培养中国人的科学观念和科学精神；以科学作为做人做事的准则；以科学为武器，反对落后的封建思想和迷信观念。

针对"一战"后兴起的"科学破产"的说法，新文化派予以了反驳。1920年，陈独秀在《新青年》上发表的《新文化运动是什么?》一文中说："新文化运动，是觉得旧的文化还有不足的地方，更加上新科学、宗教、道德、文学、美术、音乐等运动。"陈独秀在这里首先加上的，便是"科学"。他批评了当时"两种不祥的声音"："一是科学无用了，我们应该注重哲学"；"一是西洋人现在也倾向东方文化了"。前者所针对的是梁启超在《欧游心影录》一书中开篇所说的"科学破产了"；后者所针对的是《东方杂志》和梁漱溟等东方文化派的观点。陈独秀解释说："各国政治家、资本家固然利用科学做了许多罪恶，但这不是科学本身底罪恶。""西洋文化我们固然不能满意，但是东方文化我们更是领教了，他的效果人人都是知道的，我们但有一毫一忽羞恶心，也不至以此自夸。"①陈独秀的意见很明确，他既不同意将第一次世界大战的罪恶归到"科学"身上，也不认可因西方文明存在弊端而改弦易辙，重走东方文化的老路。这是陈独秀也是新文化派对"科学"的共同看法。1923年，胡适、丁文江、陈独秀等参加"科学与玄学"之争，继续坚持这种看法。

上面所说"民主"和"科学"的内涵发生了变化，针对的是其理论和观念层面。更为重要的是，"民主"和"科学"在中国社会中的位置开始发生根本性变化。

历史地看，戊戌、辛亥时期的思想界追求"民主"与"科学"，是将民主政治和科学技术视为救国的工具，视为实现国家富强的手段。那时，追求民主政治和科学技术，很大程度上还是一种实用主义策略。

① 以上引文见陈独秀：《新文化运动是什么?》，《新青年》第7卷第5号，1920年4月。

新文化运动时期,陈独秀等将"民主"与"科学"并举,其深刻在于是将二者作为衡量一切社会现象的原则,作为社会的共同价值观,作为做人的标准,作为人的精神追求。这是前所未有的。

如果说,中国古人做人做事的最高准则是"天理",那么,新文化运动的目标就是以"民主"与"科学"两位先生取代"天理"。在此,"民主"与"科学"已超越了具体的制度层面,进入了人的精神、文化和心理世界。新文化派致力于"多数国民之自觉与自动"[1],实际上就是要用民主与科学精神造就新国民。新国民与新文化是二而一、一而二的关系,二者高度一致,其灵魂是民主与科学精神。这意味着,新文化运动抓住了现代性的共同价值,真正看清了现代社会的根本所在。

从此以后,"民主"与"科学"代表了真理,凡是不符合民主精神,违背科学和理性的东西,就会受到批判。这就是为什么儒家的旧礼教、旧道德、旧伦理、旧文学,以及宗教、迷信、盲从,等等,在新文化运动中遭到批判的深层原因。

事实上,在中国,也只有到了新文化运动,才正式确立了民主、平等、科学、理性等现代性价值的正统地位。五四新文化运动所代表的高度在此。这是需要一再强调的。

(二) 运动项目之一:"打孔家店"

"打孔家店"是一种形象的说法。这一说法最早出现在胡适 1921 年为《吴虞文录》所作的序文中。在该序文中,胡适称吴虞为"只手打孔家店"的老英雄。[2] 此后,人们将"打孔家店"演绎为"打倒孔家店",用以形容五四时期重估中国文化、激烈批判传统的思潮。

"打孔家店"是由复辟帝制而引发的,但其直接批判的对象则是复辟行

---

① 陈独秀:《吾人最后之觉悟》,《青年杂志》第 1 卷第 6 号,1916 年 2 月。

② 胡适:《〈吴虞文录〉序》,《胡适文存》,欧阳哲生编:《胡适文集》第 2 册,北京大学出版社 2013 年版,第 551 页。

为背后、无处不在的中国文化和社会意识形态。

陈独秀在《本志罪案之答辩书》中明确表示:"本志同人本来无罪,只因为拥护那德英<莫>克拉西(Democracy)和赛因斯(Science)两位先生,才犯了这几条滔天的大罪。要拥护那德先生,便不得不反对孔教、礼法、贞节、旧伦理、旧政治。要拥护那赛先生,便不得不反对旧艺术、旧宗教。要拥护德先生又要拥护赛先生,便不得不反对国粹和旧文学。"①

戊戌以来,批判儒学、礼教和旧道德的声音不绝如缕,但惟有新文化运动,态度最坚决、最彻底,它指向每一个中国人的内心世界。这是新文化运动的一个突出特点。

我个人的看法,新文化运动时期的"打孔家店",造"孔家店"的反,可分为两种类型,或者说是兵分两路。

一路是伦理革命,集中于旧礼教、旧道德的批判和改造。所谓伦理革命,就是价值观革命,改造中国人做人做事的原则。这一路面向社会,影响巨大。

陈独秀在《吾人最后之觉悟》等文中指出,中国人之所以在共和政体之下还要忍受专制政治之痛苦,就在于儒家伦理与专制政治之间存在密不可分的联系。他说:伦理思想影响政治,各国皆然,而中国尤为突出。儒家三纲之说,是中国伦理政治的本原,在三纲的束缚下,中国人完全丧失了独立的人格,充斥头脑的是奴隶道德。他在《一九一六年》一文中说:"君为臣纲,则民于君为附属品,而无独立自主之人格矣。父为子纲,则子于父为附属品,而无独立自主之人格矣。夫为妻纲,则妻于夫为附属品,而无独立自主之人格矣。率天下之男女,为臣、为子、为妻,而不见有一独立自主之人者,三纲之说为之也。缘此而生金科玉律之道德名词,曰忠、曰孝、曰节,皆非推己及人之主人道德,而为以己属人之奴隶道德也。"他号召全国男女青年,"其各奋斗以脱离此附属品之地位,以恢复独立自主之人格"。② 他还深

---

① 陈独秀:《本志罪案之答辩书》,《新青年》第6卷第1号,1919年1月。

② 陈独秀:《一九一六》,《新青年》第1卷第4号,1916年。

刻地指出,三纲之说,不仅桎梏人的自由、民主、独立,而且为复辟帝制张本:"孔子之道,以伦理政治忠孝一贯,为其大本",①"孔教之精华曰礼教,为吾国伦理政治之根本"②,正是缘于此,儒学被袁世凯之流拿来作为复辟帝制的工具。

针对当时流行的调和论,即实行民主政治的同时,保存中国固有的伦理道德这样一种说法,他强调说:"吾人果欲于政治上采用共和立宪制,复欲于伦理上保守纲常阶级制,以收新旧调和之效,自家冲撞,此绝对不可能之事。"在他看来,伦理问题不解决,纵使政治、学术实现了革新,不久后仍会恢复旧观;中国人如想采用共和立宪制,就必须废除以三纲为根本大法的旧伦理。正是出于这种认识,所以陈独秀斩钉截铁地断言:"伦理的觉悟,为吾人最后觉悟之最后觉悟。"③

孔子是儒家社会的文化权威和精神领袖,是官僚士大夫的偶像。自汉代起,儒学正式成为中国的官方哲学和社会意识形态。儒学与皇权结合而政治化,皇权与儒学结合而伦理化。历史上朝代鼎革,皇帝轮流做,但孔子的权威则一直屹立如初,未曾坠落。至近代,孔子、儒家伦理和皇权政治,在时人心中已融为一个整体。"一荣俱荣,一损俱损"。五四新文化派发动伦理革命,孔子与儒学自然是其讨论和批判的重点。

1916年,《新青年》连载了被称为"反孔第一炮"的易白沙的《孔子平议》一文。他从历史角度反思孔子与名教的关系,指出:孔子本人的思想不同于专制主义学说,但由于存在一定缺陷,所以被独夫民贼所利用,成了傀儡。④ 易白沙批评孔子时所持的态度较为平和,他提出了真假孔子之说,认为被历代统治者所利用的是假孔子,孔子的真精神却隐而未彰。

与易白沙区分真假孔子、否定汉以后儒学的做法不同,陈独秀、李大钊、

---

① 陈独秀:《复辟与尊孔》,《新青年》第3卷第6号,1917年8月。
② 陈独秀:《宪法与孔教》,《新青年》第2卷第3号,1916年11月。
③ 陈独秀:《吾人最后之觉悟》,《青年杂志》第1卷第6号,1916年2月。
④ 见易白沙:《孔子平议》(上),《青年杂志》第1卷第6号,1916年2月;易白沙:《孔子平议》(下),《新青年》第2卷第1号,1916年9月。

鲁迅、吴虞等人从历史与现实的关系立论,强调孔子之道与现代生活相悖,是两个时代、两种价值观、两种伦理道德的冲突。陈独秀在《孔子之道与现代生活》等文中直截了当地指出:"本志诋孔,以为宗法社会之道德,不适于现代生活"①;"孔子生长封建时代,所提倡之道德,封建时代之道德也;所垂示之礼教,即生活状态,封建时代之礼教,封建时代之生活状态也;所主张之政治,封建时代之政治也。"②而这些均与中国现行的共和制度格格不入。他断言:中国"欲建设西洋式之新国家,组织西洋式之新社会,以求适今世之生存,则根本问题,不可不首先输入西洋式社会国家之基础",即"平等人权之新信仰"。陈独秀认为,礼教与民主平等之关系,可谓"不塞不流,不止不行"。③ 同声相应,也正是在这个意义上,胡适在为《吴虞文录》所作的序文中激烈地发问:"何以那种种吃人的礼教制度都不挂别的招牌,偏爱挂孔老先生的招牌呢? 正因为二千年吃人的礼教法制都挂着孔丘的招牌,故这块孔丘的招牌——无论是老店,是冒牌——不能不拿下来,捶碎,烧去!"④他们认为,建立西洋式国家首先要输入民主平等观念作基础,而输入民主平等观念,需要先摘下孔家店的招牌,捶碎,烧去。

在批判儒家礼教及伦理道德问题上,鲁迅和吴虞的观点十分尖锐。他们深入剖析了礼教所赖以生存的社会制度。这个社会制度是历史的,是历史形成的,也是现实的,是人们生活于其中习焉而不察的、当下活生生的社会。鲁迅在《狂人日记》《我之节烈观》等文中指出,中国几千年来的历史实际上是吃人的历史,那些讲"仁义道德"的人,嘴上沾满了吃人的鲜血。吴虞强调,儒家的伦理学说与政治上的专制制度、社会组织上的家族制度实际上是"三位一体",一丘之貉。儒家伦理是连接专制政治与家族制度的根本。吴虞指出,"孝"是孔子伦理学说的起点,"人未仕在家则以事亲为孝,

---

① 陈独秀:《答佩剑青年(孔教)》,《独秀文存》卷三,安徽人民出版社 1987 年版,第 660 页。

② 陈独秀:《孔子之道与现代生活》,《新青年》第 2 卷第 4 号,1916 年 12 月。

③ 陈独秀:《宪法与孔教》,《新青年》第 2 卷第 3 号,1916 年 11 月。

④ 胡适:《〈吴虞文录〉序》,《胡适文存》,欧阳哲生编:《胡适文集》第 2 册,北京大学出版社 2013 年版,第 551 页。

图 6—6　陈独秀像

出仕在朝则以事君为孝"。① 在他看来,儒家通过家族制度提倡忠孝,是替专制者培养顺民。如果不结束礼教对人的精神奴役,不改变专制制度和家族制度,中国就不可能有出路。

近代史上的"反孔"并非始自新文化运动。20 世纪初年的无政府主义者就曾激烈地表示:"孔丘砌专制政府之基,以涂毒吾同胞者,二千余年矣","欲支那人之进于幸福,必先以孔丘之革命"。② 但唯有到了新文化运动,才将斗争的对象从政治层面深入到了文化层面。

通观新文化运动中的"打孔家店",其批判的重点不限于现行的政治制度,而是直指其背后更为广大的文化,以中国人的文化心理为斗争对象。他们直面的是活生生的人,包括普通人。作为中国人,新文化派诸君子这是向自己开刀,洗心革面,这是何等的气魄! 就像陈独秀所说,"我们现在认定只有这两位先生,可以救治中国政治上、道德上、学术上、思想上一切的黑暗。若因为拥护这两位先生,一切政府的压迫,社会的攻击笑骂,就是断头流血,都不推辞。"③其间的沉痛和绝决,绝非"反传统"一词所能表达。"周虽旧邦,其命维新。"从中,最能看出古老的中华民族"苟日新,又日新,日日新"的精神。就此而言,"新青年"是中华民族日新精神的产儿,而不是像有些人所说的那样,是民族文化的罪人。

另一路是"整理国故"运动,从学术上对传统文化加以整理和研究。

1924 年,钱玄同发表《孔家店里的老伙计》一文,他在回顾"打孔家店"时提到:在对象上,"孔家店"有冒牌和老店之分。所谓冒牌的"孔家店",主要是打虚假的病态的孔学,为实行民主政治扫清障碍。伦理革命所从事的就是这部分工作。所谓"老店",指的是历史上的孔学。胡适等人所发起的"整理国故"运动,即以此为工作对象。④

---

① 吴虞:《家族制度为专制主义之根据论》,《新青年》第 2 卷第 6 号,1917 年 2 月。
② 绝圣:《排孔征言》,《新世纪》第 52 号,1908 年 6 月 12 日。
③ 陈独秀:《本志罪案之答辩书》,《新青年》第 6 卷第 1 号,1919 年 1 月。
④ 见 XY(钱玄同):《孔家店里的老伙计》,《晨报副刊》1924 年第 94 号,1924 年 4 月 29 日,第 4 版。

　　1922 年,北京大学成立国学门,次年,创办《国学季刊》,开启了中国现代文化史上著名的"整理国故"运动。这场运动主要是按照现代西方学科体系对中国传统文化予以整理和研究。在"整理国故"运动中,胡适反复强调,要以"历史的眼光"、"评判的态度"、"科学的精神"重新审视中国的历史文化。"整理国故"运动的旨趣,即运用科学的原则和方法,将中国的历史文化从旧的价值系统和意识形态下解放出来,赋予新命。换言之,即赋予其现代科学理论体系和民主、平等、科学精神,供现代人之用。对此,胡适曾专门解释说:"整理国故","就是从乱七八糟里面寻出一个条理脉络来;从无头无脑里面寻出一个前因后果来;从胡说谬解里面寻出一个真意义来;从武断迷信里面寻出一个真价值来"。① 经此"整理"后的"国故",实际上是现代化了的"国故",也就是现代性的"国学"。如果说伦理革命是以民主、自由精神为旨归,那么"整理国故"可以说是科学革命,是从科学角度对传统文化的现代转化。如果说"打冒版的孔家店"是去其糟粕,剔除其腐烂的部分,那么,"打孔家老店"是重新规划和打造孔家店,是推陈出新,有破坏也有建设。在此意义上,我个人认为,"整理国故"运动可看作是"打孔家店"的组成部分,是从科学、民主、平等的角度对中国传统文化的再造。

　　以上所说的是"打孔家店"。"打孔家店",其任务是破除农耕时代的旧伦理、旧文化,建立适合于现代生活的新伦理、新文化。

　　1917 年 1 月 28 日,农历正月初六,章士钊在北京主办了一份杂志,名曰《甲寅》日刊。章士钊主办《甲寅》日刊,初衷是庆贺袁世凯的死亡和帝制的覆灭,盼望民主共和制度在中国重现。该刊提出了一个说法:现在世界各国有一种"离心主义之势力日见伸张"。② 借用"离心主义"一词形容这一时期的"打孔家店",我觉得十分贴切。"打孔家店"可视为一场离心运动,让国民的信仰远离旧的政治、旧的文化和伦理道德,剥离之后,赋予民主与

① 胡适:《新思潮的意义》,《新青年》第 7 卷第 1 号,1919 年 12 月。
② 李大钊:《政治之离心力与向心力》,中国李大钊研究会编注:《李大钊全集》第 2 卷,人民出版社 2013 年版,第 202 页。

科学精神。

简言之,"打孔家店",是中国人除旧布新、改造思想的运动。自太平天国运动以来,这种离心运动是与儒家文化的腐败相反相成的。儒家文化之腐败,至复辟帝制而达到极点;相应地,儒家文化失去信众,离心离德,至"打孔家店"而进入了新阶段。自太平天国运动以来,中经戊戌变法、辛亥革命,中国人对母文化的否定从未停下脚步。不过,新文化运动已完全抛弃了张之洞式的"中体西用"、康有为式的"旧瓶新酒"、章太炎式的"国粹主义"外衣,公然将母文化的缺点赤裸裸地暴露于天下。此一时彼一时,"离经叛道"竟然代表了中国历史前进的潮流,这的确有点匪夷所思。历史的发展与大自然的生灵一样,新生力量的成长是以母体的老去甚至是取代母体为代价的。中国现代性新文化的成长也符合这一规律。新文化运动标志着中国沿袭数千年的农耕文明终于告一个段落,新文化新文明的时代到来了。

(三) 运动项目之二:文学革命

新文化运动中,新青年为什么要将矛头率先指向旧文学,甚至不惜发动"文学革命"呢?

欲回答该问题,就要先了解文学在中国的历史。

文学是文化的重要部类。中国古典文学历史悠久,个性鲜明。早期有《诗经》、楚辞,中期有汉赋、汉乐府、六朝文,后期有唐诗、宋词、元曲、元杂剧、明清小说、明清平话,等等。古典文学植根于中国传统文化的沃土,它所书写的是传统社会的生活。它所结出的果实,无论其形式还是内容,都透着农耕文明的气息。就其基本性格而言,与中国文化中的儒、道两大系统最为贴近,最看重人的修为和人格,强调道德教化。

不过,在古代,中国图书采取四部分类法——经、史、子、集,文学并没有独立地位。在士大夫心目中,文学即辞章之学,是每一个人都需具备的一项技能,它是术,不是"学"。一方面,文学在中国古代还没有单列为一科,文学地位并不高。另一方面,文学又为士大夫和读书人所垄断,是知书达礼、身份高贵的象征。

文学取得独立地位,是近代化的结果。大体上从 20 世纪初年开始,一些新派人物开始使用现代性的"文学"概念,并在新式学校开设"文学"课程,但他们的观念仍然受旧式士大夫的思维框架束缚。正如这批人的童子功是传统学问一样,他们对待新学,程度不同地戴着旧学家的有色眼镜,对待"文学"亦然。

一方面,他们认识到,白话文学是"开启民智"的有效手段。为了方便粗通文字的中下层民众获得新知识、新思想,许多新派人物曾用白话文写作。例如,梁启超、章太炎、秋瑾、陈天华等都有白话文作品。清政府进行教育改革,加快了新学传播,当时一些官府告示也改用了白话文。在此背景下,20 世纪初,白话文取得了快速发展,至 1911 年底,全国至少诞生了一百种以上的白话报纸。

另一方面,清末写白话文的这些人,大都看不起白话文。他们认为白话文粗俗,只能用来教化没有文化的百姓,而不能登大雅之堂。他们内心看重的,仍然是高雅的文言文。例如,启蒙思想家严复翻译《天演论》等"八大名著",用的都是文言,而非白话文。林纾与严复并称,与人合作翻译了 200 多种外国小说,使用的也是文言。就像胡适所讽刺的,当时写白话文的人认为"我们不妨仍旧吃肉,但他们下等社会不配吃肉,只好抛块骨头给他们吃去罢。"①

简言之,清末新派人物对白话文的蔑视,与他们对待下层民众的态度是一致的。新文化运动则不然,它以"民主"与"科学"精神为内核。新文化派对待下层民众的态度发生了变化,相应地,他们充分地认识到了白话文在启蒙民众、塑造国民等方面具有不可替代的价值。

较早主张以白话文学取代文言的是胡适。1915 年,在美国读书的胡适

---

① 胡适:《五十年来之中国文学》,《胡适文存二集》,欧阳哲生编:《胡适文集》第 3 册,北京大学出版社 2013 年版,第 227 页。

在与朋友讨论时就已提出，白话文可以作为有生命力的文学工具。他在写给梅光迪的信中表示，中国需要一场"文学革命"："神州文学久枯馁，百年未有健者起。新潮之来不可止，文学革命其时矣！"①胡适的观点，恰与国内方兴未艾的国语运动相契合。

1917年1月，胡适在《新青年》发表《文学改良刍议》一文，明确提出"白话为中国文学之正宗"，系统阐述了他文学改良的八项主张："一曰，须言之有物；二曰，不摹仿古人；三曰，须讲求文法；四曰，不作无病之呻吟；五曰，务去滥调套语；六曰，不用典；七曰，不讲对仗；八曰，不避俗字俗语。"②

胡适的主张，立即得到了陈独秀的肯定。1917年2月，陈独秀发表《文学革命论》一文，宣称："余甘冒全国学究之敌，高张'文学革命军'大旗，以为吾友（引者注：胡适）之声援。旗上大书特书吾革命军三大主义：曰，推倒雕琢的阿谀的贵族文学，建设平易的抒情的国民文学；曰，推倒陈腐的铺张的古典文学，建设新鲜的立诚的写实文学；曰，推倒迂晦的艰涩的山林文学，建设明了的通俗的社会文学。"③清末，邹容反抗清廷，发表了《革命军》。现在，陈独秀树起"文学革命军"的大旗，从其用词可以想见文学革命的阻力之大。

1918年4月，胡适又发表《建设的革命文学论》一文，提出了"国语的文学，文学的国语"的口号，强调"言文一致"，书面语与口语相统一，白话文运动与国语运动相统一。

陈独秀、胡适等的主张，得到了钱玄同、刘半农、鲁迅、周作人等人的响应。他们纷纷撰文支持文学革命，文学革命的队伍迅速壮大起来。

分析胡适、陈独秀等人的主张，我认为，文学革命的要义在于：

第一，"以白话为中国文学之正宗"，"以白话文为惟一的通用书面语"，

---

① 胡适：《送梅觐庄往哈佛大学》，《尝试集·附录：去国集》，欧阳哲生编：《胡适文集》第9册，北京大学出版社2013年版，第215页。
② 胡适：《文学改良刍议》，《新青年》第2卷第5号，1917年1月。
③ 陈独秀：《文学革命论》，《新青年》第2卷第6号，1917年2月。

"以现代中国人的口语为源泉",这种决绝的态度是革命性的。它不仅与辛亥革命以前对待文学的态度彻底划清了界限,而且规定了中国现代文学前进的方向。

此前,白话文被视为是扔给下层民众吃的骨头,现在成了"国语",代表了国家。街上拉车的、卖唱的,弄巷里聊家常的,这些普通民众使用的口语土话,现在成了新文学创作的源头。士大夫引以为豪的文言文,现在却变成了革命的对象,受到了诟病。白话文成为"正宗",这当然是一场革命,一场文化的大革命。

第二,在内容上,他们明确提出推倒当时占据统治地位的"桐城派"、"西江派"、"骈体文",认定他们是维护既得利益集团的"贵族文学";提倡建设"国民文学"、"写实文学"、"社会文学"、"人的文学"。

第三,在形式上,新文学不拘一格,有白话诗文、白话小说、翻译文、新式戏剧、散文、通信,等等。凡是通俗易懂的、便于今人阅读的,凡是接地气、易普及的,都可以被纳入新文学范畴。

第四,在性质与策略上,他们认定:古典文学与阿谀、虚伪、夸张、迂阔之国民性互为因果;欲革新政治,改造伦理,势不得不先革除造成此种政治、此种伦理、此种国民性之文学。

以上四条合为一句话,文学革命是要造就活的文学、人的文学、为今人的生活服务的文学。它是面向普通民众的。这与新文化派所提倡的民主与科学精神是完全一致的。20多年后,毛泽东作《反对党八股》,对此有非常深刻、到位的解说。毛泽东说:"五四运动时期,一班新人物反对文言文,提倡白话文,反对旧教条,提倡科学和民主,这些都是很对的。在那时,这个运动是生动活泼的,前进的,革命的。那时的统治阶级都拿孔夫子的道理教学生,把孔夫子的一套当作宗教教条一样强迫人民信奉,做文章的人都用文言文。总之,那时统治阶级及其帮闲者们的文章和教育,不论它的内容和形式,都是八股式的,教条式的。这就是老八股、老教条。揭穿这种老八股、老教条的丑态给人民看,号召人民起来反对老八股、老教条,这就是五四运动时期的一个极大的功绩。"①

至此,我们不难明白新文化运动中为何要大张旗鼓地开展文学革命。

文学革命对于新文化运动的意义是巨大的,对于中国文化的影响是深远的。

第一,从短期看,文学革命快速推动了新文化运动的发展,传播了新思想新观念,促进了人的解放。

1918 年 5 月起,《新青年》刊行的文章全部改用白话。新创刊的《每周评论》《新潮》等刊物也相继刊登各种形式的白话创作和翻译作品。自 1919 年下半年起,全国白话文刊物风起云涌,连旧派的《小说月报》《东方杂志》等老牌刊物也改为白话。胡适说:"民国八年以后,白话文的传播真有'一日千里'之势。"②语言文学是思维的载体,以现代清晰、精确的白话文取代言约义丰、古色古香的文言文,其实质是以现代性的思维方式取代近代以前的传统旧思维。尤其值得注意的是,中国人大规模地从现代西方文明中获得新语汇、新语法,以及新的叙述和言说形式,极大地改变了中国文明的语言编码系统和思维逻辑结构,这对于激活思想、保持思维方式的先进性,意义重大。白话文的传播一日千里,客观上意味着它所运载的"民主"与"科学"观念得到了快速推广。而且,它的读者对象,较之文言文,扩大到了社会中下层,人数大量增加。毫不夸张地说,新文学从此成为造就新国民的利器。

第二,从长效看,文学革命是继秦代"书同文"之后又一次事关国家统一层面的语言文字统一运动,奠立了现代性文化认同和民族认同的基石。

在新文化派的推动下,1920 年 4 月,教育部发布训令,要求小学各年级一律废除用文言写的教科书,改用白话。从此以后,白话被正式称为"国语"。除了书面语统一改用"国语",政府还设法让说不同方言的人改说统

---

① 毛泽东:《反对党八股》,《毛泽东选集》第 3 卷,人民出版社 1991 年版,总第 831 页。

② 胡适:《五十年来之中国文学》,《胡适文存二集》,欧阳哲生编:《胡适文集》第 3 册,北京大学出版社 2013 年版,第 234 页。

一的国语。1924 年,"国语统一筹备会"决定以北京话为标准,修订《国音字典》。1928 年,教育部公布了第二式国音字母。1949 年以后,在官方政策的主导下,"国语"(和"普通话")在两岸得到了全面推广,北京话成为所有中国人乃至中文世界最通行的语言。

第三,文学革命造就了新文学群体,改变了中国文化的结构和成分。

五四以前,白话文学不登大雅之堂,鲜有专门的文学社团。在"文学革命"观念的引导下,白话文的地位大为改善,建设一种"活的文学"、"人的文学"的观念得到了广泛认同,从事新文学创作的人日渐增多。1921 年,文学研究会和创造社相继成立,带动了全国性的新文学运动。据茅盾统计,从1922—1925 年,全国文学团体不下一百余家。[①] 在北京、上海等大城市,"文人""作家"成为一种新的职业。过去,士人等有文化的人虽然也吟诗作画,但专门从事戏曲、小说创作的人几乎都是在科举之路上遇到了严重挫折,或仕途不顺,才转而从事这方面的工作。而且,戏剧、小说创作受人歧视,被认为是雕虫小技。文学革命和新文化运动,从根本上改变了这些人的地位。"文人""作家""诗人""小说家"等成了严肃且受人尊敬的职业,从事新文学创作的鲁迅、茅盾、朱自清、冰心、巴金等享有很高的社会声誉。这是文学革命对知识分子的构成所产生的直接影响。

更具意义的是,文学革命后,文学取得了独立的地位,进而改变了中国文化的结构。换言之,文学革命构成了中国文化现代转型的重要一环。在中国古代,经学、史学、子学相对独立,文学为附属。新文化运动之后,文学的地位大为提高,经学、子学的地位则明显降低。在人文领域,哲学、史学的受众以知识阶层为主,唯有文学,特别是新文学,因其生动、活泼、贴近大众生活,成为最受民众欢迎的文化形式。五四运动后,新文学在开启民智、思想启蒙和社会动员等方面所发挥的巨大作用是无可替代的。

---

① 茅盾:《导言》,茅盾选编:《中国新文学大系·小说一集》,上海文艺出版社 2003 年影印版,第5 页。

（四）运动项目之三：教育改革

教育改革是新文化运动不可忽视的一部分。

新文化派诸君子一向重视教育问题。1919 年 2 月，《新教育》创刊。该刊主编蒋梦麟写道：本刊同仁观察国内之情形和世界之大势，"深信民国八年实为新时代之新纪元。而欲求此新时代之发达，教育其基本也"。①

五四时期的教育改革是新文化派与教育主管部门共同促成的成果。新文化派以高校教师为主，教育是他们的职守所在。可以说，没有近代新式教育改革，就没有新文化运动。反过来，新文化运动又助推了中国的教育改革。一定意义上，新文化运动可看作是一场广义教育改革运动。可以说，双方相互成就。

关于教育改革，我讲两条。

1. 正式确立了现代国民教育的宗旨

五四时期，教育改革所确立的教育宗旨是培养现代国民，而不是制造"忠君""尊孔"的臣民。

1912 年南京临时政府成立后，蔡元培任教育总长，提倡新式国民教育。但他所制订的方针政策并没有得到落实。袁世凯出任大总统后，鼓吹尊孔读经。1915 年 1 月，袁世凯政府颁布《教育要旨》，提出以"爱国、尚武、崇实、法孔孟、重自治、戒贪争、戒躁进"为教育宗旨。这里，"爱国"等于"忠君"，"法孔孟"意在恢复儒家的"三纲五常"，完全否定了民主、自由、平等的精神。

改革教育，改造国民，是新文化运动的一项重要内容。1915 年，陈独秀发表《今日之教育方针》一文，提出了"惟民主义"的教育方针，认为教育应该启迪人民觉醒、发展人民身心。在他看来，只有提高民众素质，使之具备现代民族国家意识，才能终结专制政治的乱象。②

---

① 《本月刊倡设之用意》，《新教育》第 1 卷第 1 号，1919 年 2 月。
② 陈独秀：《今日教育之方针》，《青年杂志》第 1 卷第 2 号，1915 年 10 月。

新文化运动期间,"平民教育"的口号十分流行,并形成了平民教育运动。"平民教育"提倡教育要向全民普及,反对教育特权和等级制度;提倡尊重人的价值,发展个性的教育,反对强迫式的教育。1919 年 3 月,北京大学学生邓中夏、廖书仓等人发起成立"平民教育讲演团"。1919 年 10 月,北京高等师范学校创办《平民教育》周刊,宣传平民教育思想。大学生走进乡村,走进工厂,开展平民教育运动。晏阳初是当时倡导平民教育有影响的人物,他曾先后在上海、长沙、杭州、烟台等地推行平民教育。

新文化运动时期,实验主义教育是当时影响最大的教育思潮。当时,胡适、陶行知等人均积极倡导实验主义和自由主义教育,认为教育是实现社会改良与进步的主要手段。他们强调,教育要以儿童为中心,以活动为中心,以生活为中心。美国学者杜威来华讲学,进一步扩大了这股思潮的社会影响。

新文化运动的兴起,推动了教育制度改革。1916 年,范源廉担任教育总长,通令各省区撤销袁世凯当政时期颁行的《教育纲要》;修复了民国初年的教育政策和法规,删去了中小学读经的内容。1917 年,宪法审议会否决了孔教会"定孔教为国教"的提案,并撤销了 1913 年宪法中规定的"国民教育以孔子之道为修身大本"的条款。1919 年 4 月,全国教育调查会向教育部建议,以"养成健全人格,发展共和精神"为教育宗旨。根据这一建议,教育部制定了《学校系统改革案》。

五四时期的教育改革,正式确立了以培养现代国民为教育宗旨,这在中国教育史和文化史上是一个划时代的事件。中国传统的教育是人文教育,核心内容是人伦道德。科举制度是选官制度,科举制度下的教育以选拔官僚为目标。政府层面的新式教育改革始于清末。但无论清末教育宗旨中的"忠君"、"尊孔",还是民初袁世凯政府所谓的"爱国"、"法孔孟",其指导思想均是纲常名教,他们以纲常名教为最高原则。他们所欲培养的是顺民,是服从专制统治的臣民,这与自由、平等、民主等现代精神存在严重冲突。与它们相比,新文化运动的确开启了造就"新人"、"新国民"的新时代。

2. 北京大学的教育改革

新文化运动时期,教育制度改革在多方面取得了突破。

1922 年,总统黎元洪公布了《学校系统改革案》,并通令全国施行。这一年是农历壬戌年,故又称"壬戌学制"。学制规定,全国各小学统一改"国文"课为"国语"课,由"文言"改用"语体",采用白话文教学。借助于教育制度,文学革命和白话文运动的成果得到了巩固和推广。这一点前面已经提及。再如,新学制规定,男女享有平等的教育权,可以同校。这项改革,与新文化派的呼吁直接有关。1915 年公布的《国民学校令》,只允许小学一、二年级同班上课,三年级以上可以同校但不能同班。当时,许多学校拒绝招收女生。1918 年 6 月,教育部要求各省区扩大女性的教育权,增设女子高等小学、女子中学。1920 年,北京大学、南京高师开始招收女生,实行男女同校。在大学的带动下,一些中学也开始男女兼收,甚至尝试男女同班。1921 年,广东省立中学、北京高等师范学校附属中学等校开始招收女生。1922 年公布的新学制,正式取消了对女生入学的限制条件,男女平等在教育权方面首次得到了落实。

这一时期,影响最大的当属蔡元培在北京大学的改革。北京大学是五四新文化运动的大本营。在五四新文化运动中,北京大学占有举足轻重的地位,这与蔡元培的改革有极其密切的关系。

北京大学的前身是戊戌变法时期创建的京师大学堂。1912 年民国建立后,改称国立北京大学,严复等曾经担任校长。该校的学生多系富家子弟,官僚习气异常浓厚。学生被称为"老爷",学生无心读书,只是将大学当作攫取功名利禄的台阶。学校风气不正,被外界称为"探艳团"、"赌窟"。①

1916 年底,蔡元培出任北京大学校长,着手对北大进行改革。他的一大举措,是把大学定位为学术研究机关,提倡思想学术自由。

---

① 蔡元培:《北大进德会旨趣书》,高平叔编:《蔡元培全集》第 3 卷,中华书局 1984 年版,第 127 页。

　　蔡元培在就职演说中宣布："大学者,研究高深学问者也。"①在学校管理方面,实行教授治校和学生自治。他在北大设立评议会、行政会议、教务处和各系教授会。校务基本上是由教授而非官员或行政人员控制。在教师队伍建设方面,他主张"思想自由、兼容并包",他敢于聘任持不同学术、政治观点的教师到北大任教。北大的教师,从保皇党人、国故派,到无政府主义者、自由主义者、社会主义者,不拘一格。尤具魄力的是,蔡元培聘请陈独秀担任文科学长,延揽胡适、钱玄同、李大钊、刘半农、沈尹默等人担任教授,从而使北京大学成为新文化运动的中心。同时,他也容纳学术功底深厚的陈黻宸、陈汉章、黄侃、刘师培等思想较为保守的学者。留着辫子、以遗老自居的辜鸿铭,可以在北大教书。年纪轻轻、自学成才的梁漱溟,因其在佛学研究方面见解独到,可以在北大任职。蔡元培鼓励学生自治,组织社团,创办刊物。在他的支持下,傅斯年、罗家伦和顾颉刚等人创办了"新潮社"和《新潮》杂志。在学科建设方面,他仿照西方著名大学,采取"学为基本,术为支干"的原则,调整原有学科结构。北大将法、医、农、工、商五科分割出去,分别成立大学,从事应用科学的教学与研究。北大本校则办成以文理科为主的综合型大学,致力于基础理论与专深学问的研究。

　　事过百年,我们今天回顾蔡元培在北大的改革,仍感受到其意义重大。它奠定了北京大学的学风和校风,为中国现代高等教育起了示范作用,确立了北大在中国文化史上的位置。

　　其一,大学是独立从事学术研究和知识生产的地方,是自由思想的地方,是追求真理、追求进步的地方。与科举时代的学校、书院不同,与清末的京师大学堂不同,改革后的北京大学不再是政治的附庸,不再是专门为培养和选拔官僚而设的机构。大学的职责是从事思想创造、科学研究和造就人才,它负有文化提高与普及双重使命。从此,在中国文化构成中,大学代表

①　蔡元培:《就任北京大学校长之演说》,高平叔编:《蔡元培全集》第3卷,中华书局1984年版,第5页。

了一极,是文化活力的象征。

其二,在蔡元培校长时期,北京大学不仅成为了新文化运动的中心,而且成为了思想启蒙的讲台和中国革命的摇篮。这是一个标志性的事件。从此,"民主"、"自由"、"科学"等现代性核心观念在中国扎根,站住了脚。这些观念成为了中国人长期追求的理想和目标。受新文化运动鼓舞,许多青年学生纷纷行动起来,主动担起民族与国家的重担,参与政治和社会活动,努力地将民主、自由理想变为现实。一些青年学生在陈独秀、李大钊的带领下,接受了马克思主义,加入了中国共产党。

综上所述,第一,新文化运动时期,确立了培养现代国民的教育宗旨,国民要为国家负责。这就把20世纪初梁启超、严复等极少数人倡导的"新民",培养新国民,纳入了制度之内。教育是孵化器。从此,现代意义上的国民和优秀的新式人才,通过教育系统,源源不断地涌现了出来。第二,大学者,研究大学问之地也。大学成为科学研究和知识生产的专门场所,这就改变了中国古代所缺乏的为科学而科学、为知识而知识的文化传统。第三,通过教育改革,新文化运动所倡导的"民主"和"科学"精神得到了极大传播和落实。

四、新文化运动的方向

《新青年》创刊之初,新式知识分子的出发点在"文艺思想的革新",陈独秀明确标榜不谈政治,胡适也"打定二十年不谈政治的决心,要想在思想文艺上替中国建筑一个革新的基础"[1]。思想文化改造,代表了新文化运动早期新式知识分子合作的方向。但随着第一次世界大战结束、巴黎和会以及由此引发的五四运动等一系列事件的发生,国人的政治热情被迅速唤醒,《新青年》较之以往越来越多地介入到了现实政治的讨论。新式知识分子

---

① 胡适:《我的歧路》,《胡适文存二集》,欧阳哲生编:《胡适文集》第3册,北京大学出版社2013年版,第324页。

对西方制度和中国未来目标的认识趋于深入。同时,他们在不断地调整和分化,最终,分化为了不同的流派。

过去很长的一段时间,学界侧重从政治派别的角度研究新文化运动,近些年来,有学者又提出了"复调的新文化运动"的说法,均是强调新文化运动的分歧。有鉴于此,我这里侧重从整体取向上来讲解新文化运动的目标。

首先应当看到,新青年同仁是一个志同道合、同大于异的群体,运动的大方向是一致的。否则,新文化运动就不能称之为新文化运动。他们有共同的追求,趋同的目标和方向。

(一) 共同的追求:"第三种文明"

新文化运动之产生,其最为直接的触媒无疑是袁世凯复辟帝制。引人思考的是:是复辟帝制,破坏了民国开创的共和秩序,还是民国建立,打乱了中国沿袭数千年的天下秩序呢? 是共和制度不适合于中国,还是中国人不具备共和国民的资格呢? 第一次世界大战及其所暴露的资本主义文明的危机,迫使中国人对这些问题做更具全局性的思考。我认为新文化运动对中国文明出路的求索,与传统天下观念的坍塌有很大关系。而第一次世界大战的爆发,连带地毁坏了中国人刚刚成形的新天下观念。文明,作为一个综合性范畴,约等于中国人过去所说的"天下"。时人不约而同地聚焦中国文明的出路问题,可以看作是对"天下"危机的反应。

此前的辛亥革命时期,孙中山等人思考较多的是建立一种超越中西方的政治制度。这一时期,陈独秀等人所追求的则是一种超越中西方的新文明,也可以说欲建立一个新的"天下"。

从历史进程看,陈独秀等人自新文化运动伊始,就将求索新文明作为了一项目标。

新文化运动之初,陈独秀一度以法兰西文明为效法对象。1915 年,他在《青年杂志》创刊号发表的《法兰西人与近世文明》一文,认为近世法国文明最足以变古之道,而使人心社会划然一新。他所效法的法兰西文明,包括进化论、人权说和社会主义三部分。值得注意的是,他所追求的不是一般意义上的资本主义文明,而是法国大革命所主张的自由、平等、博爱精神,具体地说,即反对少数人之专制,反对资本家之压制,去除资本主义社会之不平等的社会主义。① 这里的"社会主义",比较笼统,混合了从法国圣西门、傅立叶到德国拉萨尔、马克思的社会主义。

1918 年 7 月,李大钊发表《东西文明根本之异点》一文,明确地提出了"第三种文明"的说法。该文写道:"东洋文明与西洋文明,实为世界进步之二大机轴,正如车之两轮、鸟之两翼,缺一不可。而此二大精神之自身,又必须时时调和、时时融会,以创造新生命,而演进于无疆。由今言之,东洋文明既衰颓于静止之中,而西洋文明又疲命于物质之下,为救世界之危机,非有第三新文明之崛起,不足以渡此危崖。俄罗斯之文明,诚足以当媒介东西之任,而东西文明真正之调和,则终非二种文明本身之觉醒,万不为功。所谓本身之觉醒者,即在东洋文明,宜竭力打破其静的世界观,以容纳西洋之动的世界观;在西洋文明,宜斟酌抑止其物质的生活,以容纳东洋之精神的生活而已。"②他认为东西洋文明均处于衰落状态,欲挽救世界危机,就必须打破既有状态,以俄罗斯文明为媒介,调和出"第三种新文明"。李大钊这时还持调和论立场。他最后转向马克思主义,与对"第三种文明"的思考有着密切关系。

人们对胡适有一个刻板的印象,认为他主张彻底"西化"。其实,这种印象并不准确。胡适同样不以学习西方文明为满足,他主张中国应造就出超越欧美的新文明。胡适在《新思潮的意义》一文中曾明确地说:"新思潮的唯一目的是什么呢? 是再造文明。"③即"通过严肃分析我们所面临的活

① 陈独秀:《法兰西人与近世文明》,《青年杂志》第 1 卷第 1 号,1915 年 9 月。
② 李大钊:《东西文明根本之异点》,中国李大钊研究会编注:《李大钊全集》第 2 卷,人民出版社 2013 年版,第 311—312 页。
③ 胡适:《新思潮的意义》,《新青年》第 7 卷第 1 号,1919 年 12 月。

生生问题,通过由输入的新学理、新观念、新思想来帮助我们了解和解决这些问题,同时通过以相同的批判的态度对我国固有文明的了解和重建,我们这一运动的结果,就会产生一个新的文明来。"①他主张一点一滴地造就出新中华的新文明。

这一时期,诸如梁启超、张东荪、杜亚泉等人,他们虽然与新青年同仁的主张有所出入,但同样致力于探索和追求"第三种文明"。

"一战"结束后,梁启超写了著名的《欧游心影录》。《欧游心影录》有一节题名为《中国人对于世界文明之大责任》,其中写道:"我们的国家,有个绝大责任横在前途。什么责任呢? 是拿西洋的文明,来扩充我的文明,又拿我的文明去补助西洋的文明,叫他化合起来成一种新文明。"②1919 年 9 月,张东荪创办《解放与改造》杂志,主旨是"改造中国与世界"。张东荪为创刊号所作"社论"的题目就叫《第三种文明》。在该文中,他将人类的文明史按阶段分为三种文明:第一种文明是"宗教的文明",是不自觉的;第二种文明是"个人主义与国家主义的文明",是部分的自觉;第三种文明是"社会主义与世界主义的文明",是普遍自觉的。他认为西方资本主义文明已到了末日,中国和世界必须要"依第三种文明的原则来改造"。③

世界潮流,浩浩荡荡,顺之者昌,逆之者亡。如何顺应世界历史潮流,从人类文明发展史的高度来定位中国未来的方向,重建中华文明,从而有效地实现民族复兴? 这是新文化派思考的大问题。

(二) 社会主义代表了潮流

在追求第三种文明的过程中,五四时期的新式知识分子普遍地对社会主义产生了兴趣。

---

① 胡适英文口述,唐德刚译注:《胡适口述自传》,欧阳哲生编:《胡适文集》第 1 册,北京大学出版社 2013 年版,第 308 页。
② 梁启超:《欧游心影录》,汤志钧、汤仁泽编:《梁启超全集》第 10 集,中国人民大学出版社 2018 年版,第 83 页。
③ 东荪:《第三种文明》,《解放与改造》第 1 卷第 1、2 号合册,1919 年 10 月。

在对中国未来制度和文明的设计上,早在清末,孙中山、章太炎等人对资本主义制度就有所不满。民国初年,共和危机和"一战"的爆发,加剧了中国人的不满。中国人的理想,是建立一种能够双重避害,能够超越西方资本主义和中国君主专制主义的社会制度。其中,社会主义学说因其对资本主义弊端的批评,自 20 世纪初年起,就引起了一些中国人的关注。当时,梁启超、孙中山、刘师培、邓实等人,都曾介绍过社会主义学说。

《新青年》创刊初期,陈独秀即为社会主义所吸引。前已有述,1915 年,他发表《法兰西人与近世文明》,推崇的是源自法国的社会主义学说,尽管当时他还不能很好地区分空想社会主义与科学社会主义。

"一战"后期,俄国十月革命爆发。俄国革命的成功让一些中国人从中认识到,社会主义战胜资本主义很可能代表了人类文明发展的方向。"社会主义"一时成为热门话题。瞿秋白形容说:"中国这样黑暗悲惨的社会里,人人都想在生活的现状里开辟一条新道路,听着俄国旧社会崩裂的声浪,真是空谷足音,不由得不动心。因此大家都要来讨论研究俄国。"[1]1920年,青年毛泽东在写给朋友的信中说:"我觉得俄国是世界第一个文明国。"[2]同一年,他与何叔衡等人在长沙发起成立了俄罗斯研究会,以研究俄罗斯革命为宗旨。1923 年,北京大学做过一次民意测验,内容是投票选举"世界第一伟人"。结果,在 497 票中,列宁获得 227 票,位列第一,美国总统威尔逊获得 51 票,位列第二。[3] 这在一定意义上可以说明,社会主义在当时青年学生中已有较高的关注度。同时意味着,以列宁为代表的俄国,较之以威尔逊为首的美国,对于青年学生的吸引力在提高。

当研究和效仿俄国革命成为一种思想潮流时,社会主义成为这一

---

[1]　瞿秋白:《〈俄罗斯名家短篇小说集〉序》,《瞿秋白文集·文学编》第 2 卷,人民文学出版社 1986 年版,第 248 页。

[2]　毛泽东:《致周世钊信》,《毛泽东早期文稿》编辑组编:《毛泽东早期文稿(1912.6—1920.11)》,湖南出版社 1990 年版,第 476 页。

[3]　朱务善:《本校二十五周年纪念日之"民意测量"》,《北京大学日刊》第 1411 号,1924 年 3 月 5 日,第 2 版。

时期报刊舆论的热门。当时的人描述说:"报章杂志底上面,东也是研究马克思主义,西也是讨论鲍尔希维主义,这里是阐明社会主义的理论,那里是叙述劳动运动的历史,蓬蓬勃勃,一唱百和。社会主义在今日的中国,仿佛有'雄鸡一鸣天下晓'的情景。"①许多报刊以谈社会主义为荣,"似乎有不谈社会主义,则不足以称新文化运动的出版物的气概"。②据统计,到1921年,全国刊载过社会主义观点的报刊超过400种。除《新青年》《每周评论》《湘江评论》,其他党派所办的报刊诸如《国民》《觉悟》《星期评论》《建设》《新社会》等,也用了很多篇幅介绍马克思主义和十月革命。

需要注意的是,新文化运动时期,人们对社会主义的理解非常宽泛。我们知道,社会主义思想产生于19世纪二三十年代的欧洲,到五四时期已有近百年的历史,其成分较为复杂。受俄国十月革命和中国五四运动的推动,社会主义在新文化运动时期很受青年人的欢迎,得到了快速传播。但是,当时思想界流行的社会主义形形色色,鱼龙混杂,对于究竟什么是真正的社会主义,什么是科学的社会主义,多数人实际上并不清楚。正如瞿秋白在《饿乡纪程》中所说:"社会主义的讨论,常常引起我们无限的兴味。然而究竟如俄国19世纪40年代的青年思想似的,模糊影响,隔着纱窗看晓雾,社会主义流派,社会主义意义都是纷乱,不十分清晰的。正如久壅水闸,一旦开放,旁流杂出,虽是喷沫鸣溅,究不曾自定出流的方向。"③

李季1918年毕业于北京大学英文系,1920年曾参与筹建上海共产主义小组。据他观察,"不独一般劳动的平民不知道社会主义是什么,就是智识界的人,甚至于欢迎社会主义的人能真正了解社会主义之内容的",也是

①　潘公展:《近代社会主义及其批评》,《东方杂志》第18卷第4号,1921年2月。
②　周佛海:《实行社会主义与发展实业》,《新青年》第8卷第5号,1921年1月。
③　瞿秋白:《饿乡纪程·赤都心史·乱弹·多余的话》,岳麓书社2000年版,第19页。

居最少数①。刘仁静是中共早期党员，曾参加过"一大"，他也持相近的观点："那时，大家正在寻找国家的出路，追求真理，对社会主义还没有明确的认识。研究会的几十个会员中，除部分相信马克思主义以外，有的相信基尔特社会主义，有的相信无政府主义。其实，在当时他们对基尔特社会主义和无政府主义，也没有什么研究，只是从杂志上看了一些有关宣传品，认为有道理，合乎自己的胃口，以后看见别的主张更好，有的也就放弃了自己原先的主张。"②当时，即便是较早接触社会主义的孙中山也觉得很无奈，他深有感慨地说："所以外国的俗语说，社会主义有五十七种，究竟不知那一种才是对的。"③

　　新式知识分子所介绍和宣传的社会主义，除马、恩的科学社会主义外，还有无政府主义、新村主义、合作主义、工读主义、泛劳动主义、基尔特社会主义、社会民主主义等。这些主义形色不同，但在时人看来，大同小异，均可归为社会主义。

　　新文化运动时期，多数人对于马克思主义尚缺乏清晰的认识，无法将科学社会主义与其他社会主义流派严格区分开来。

　　过去，学界比较多地强调这一时期科学社会主义与其他社会主义流派的斗争。这固然是一个十分重要的问题，但从新文化运动的整体态势看，拒绝资本帝国主义文明、选择社会主义文明代表了绝大多数人的意愿，是时人的共识，同样值得注意。我们不能以历史的结果取代对具体历史过程的认识，应当看到，马克思主义者与其他社会主义流派一度是追求新文明、反对资本主义的同志。

　　张东荪、梁启超是新文化运动时期主张"基尔特社会主义"的代表人

① 李季：《社会主义与中国》，《新青年》第 8 卷第 6 号，1921 年 4 月。
② 刘仁静：《回忆"五四"运动、北京马克思主义研究会和党的"一大"》，中国社会科学院现代史研究室、中国革命博物馆党史研究室选编：《"一大"前后：中国共产党第一次代表大会前后资料选编》（二），人民出版社 1980 年版，第 114 页。
③ 孙中山：《三民主义·民生主义》，《孙中山全集》第 9 卷，中华书局 1986 年版，第 359 页。

物。张东荪认为社会主义代表了"第三种文明",代表了人类文明的发展趋向,中国应该"专从第三种文明去下培养工夫",培植社会主义的种子。梁启超对社会主义表现出了较大的兴趣。针对有人指责他走的依然是资本主义老路,他在家书中曾抱怨说:"你们别要以为我反对共产,便是赞成资本主义。我反对资本主义比共产党还利害。"①罗素"一战"期间以反对资本帝国主义著称。新文化运动后期,他来华讲学,虽反对俄国式的无产阶级专政,但又表示,目前没有比社会主义更理想的制度可供中国人选择,故鼓励中国人走社会主义道路。② 上述诸人所说的"社会主义",当然不符合科学社会主义的内涵。不过,从历史的进程看,中国人从戊戌、辛亥追求西方资本主义制度,到这一时期群起反对资本主义制度,无疑体现了认识的深化。即便张东荪、梁启超等人,其最终目标也绝不会是抄西方的作业,走资本主义的老路。今天,将当时的新派人物做非白即黑,非马克思主义即资本主义的二元划分,可能掩盖了历史的多样性和复杂性。

无政府主义者也是如此。无政府主义者赞扬俄国十月革命的胜利,主张实行社会主义,在一定程度上推动了新文化运动的发展。五四之前,无政府主义者与社会主义界限模糊,许多早期马克思主义者在思想上都曾经历过无政府主义阶段。换言之,无政府主义者在反对资本主义,促进社会主义在中国的传播方面,曾起过桥梁作用。

总之,新文化运动时期,社会主义作为一种不同于资本主义的思想学说和社会改造方案,对中国人很有吸引力,曾被许多新式知识分子拿来作为改造中国的选项。这些新式知识分子对社会主义的理解不尽相同,但有一个共同的取向,即选择一条不同于西方资本主义的道路,尽快赶超西方列强。

---

① 梁启超:《致孩子们》(1927 年 5 月 5 日),汤志钧、汤仁泽编:《梁启超全集》第 20 集,中国人民大学出版社 2018 年版,第 269 页。着重号为原文固有。
② 参见罗素:《中国人到自由之路(罗素离京末次讲演)》,曹元勇编:《通往自由之路:罗素在中国》,江西高校出版社 2009 年版,第 158 页。原刊《东方杂志》第 18 卷 13 号,1921 年 6 月。

（三）选择马克思主义

由笼统而清晰，中国人认识和接受马克思主义有一个过程。

新文化运动时期，中国人由热衷谈论社会主义，到最终选择马克思主义，其间有反复，有比较，有斗争。从思想史的层面看，相继经历了《新青年》同仁与杜亚泉等调和论者的论战，经历了《新青年》同仁内部李大钊与胡适等人的问题与主义之争，经历了早期马克思主义者与梁启超、张东荪等人的社会主义论战，经历了早期马克思主义者与黄凌霜、区声白等无政府主义者的论战。这些论战一步步地深化了时人对马克思主义的理论认识，也促进了陈独秀等人从激进民主主义者向马克思主义者的转变。

在诸多社会主义流派中，马克思主义逐渐脱颖而出。这既是因为理论的先进性，也有俄国十月革命的影响。列宁领导的十月革命，建立了世界上第一个社会主义国家。苏俄先后两次发表宣言，声明放弃帝俄时代在中国的特权，取消不平等条约，从而赢得了中国民众的好感。而西方列强在巴黎和会后继续损害中国的权益，极大地伤害了中国人民的感情。两相比较，马克思主义的魅力自然显现出来。而且，布尔什维克党把被压迫民族的革命斗争当作世界革命的一部分，积极支持这些斗争。1919 年 3 月共产国际成立后，共产国际和苏俄开始派遣代表来中国，直接促进了马克思主义在中国的传播。

需要说明的是，在诸多社会主义流派中，中国人最终选择马克思主义，这不是对中西方文明形态的彻底否定，而是一种扬弃。

其一，选择马克思主义并不意味着绝对地否定资本主义文明。相反相成，马克思主义者因反对资本主义而吸收了资本主义的合理性。马克思主义是在西方资本主义的环境中成长起来的，它吸收了包括资本主义在内的人类文明的积极成果。对于中国人来说，马克思主义是一个成熟的理论体系，又是一个开放的理论体系。中国人学习和吸收马克思主义的过程，就是学习和借鉴西方文明的过程。要想很好地学习和领会马克思主义，就必须

関於歐戰的演說三篇

BOL SHEVISM 的勝利

李大釗

「勝利了！勝利了！聯軍勝利了！降服了！降服了！德國降服了！」家家門上插的國旗，人人口演講的萬歲，在那幾色上耀着得勝的光采，都來宣示這回戰勝的榮光。

子上玻璃的聲音，絕而有拆毀「克林德碑」時的聲音和歡聲交作的聲音。這都是歐洲的高唱凱歌愈唱愈高了。我们这回庆祝战胜的庆典，自不消说我们这回战胜就是协约国对同盟国的战胜，又是联合国的士女都在街上跑來跑去的庆祝战胜的不是联合国的庶民是那一国或那一国的军阀或哪一国的庶民庆祝战胜的不是那一国的一部分人庆祝是全世界的庶民庆祝。

拿人家的歡笑，借來做自己的光采，却没有很大關係的國民也得强顏歡笑着人家的歡笑…

但是我家立在世界人類中一員的地位，仔細想想這回勝利究竟是谁的勝利究竟是那個降服这回功業究竟是谁的功业我们庆祝究意是誰庆祝不但我们不出兵的将军不要脸的政客就是那参战参加对同盟国战胜的武力把德武力打倒的发狂赆实也是全没意味就是我们的庆战勝利也是我们的政治運命也…

李大釗

關於歐戰的演說三篇

庶民的勝利

李大釗

我們這幾天慶祝戰勝，實在是熱鬧的很，可是慶勝的，究竟是那一個或那幾個人的新精神不是那一國的軍閥或資本家的政府是全世界的庶民，我們慶祝，不是為那一國或那一國的一部分人慶祝，是為全世界的庶民慶祝。

這回大戰，有兩個結果，一個是政治的，一個是社會的。政治的結果是「大……主義」失敗民主主義戰勝衝突當時我們所聽見的有什麼「大日耳曼主義」啊「大斯拉夫主義」啊「大塞爾維主義」「大……主義」啊，我們東方也有「大亞細亞主義」「大日本主義」「大西南主義」等等名詞出現，我們中國也有「大北方主義」「大西南主義」的範圍以內又都有「大……主義」等等名詞出現，這樣推演下去人人之欲火不如我是兩大的中間有了衝突於是「大……主義」失敗民主主義戰勝的起因全在「大……主義」有了這種「大……主義」就是專制的隱語跋扈他人欺慢他人有了這種不平等自由的

一大與眾小的中間有了衝突，所以有着自己的強力跋扈他人欺慢他人的主義有了這種不平等自由的

人類社會就不安寧了大眾為抵抗這種強暴勢力的橫行乃靠着互助的精神發倡一種平等自由的

深入地认识和理解马克思主义背后的西方历史和各种理论学说。换言之，对西方的认识越深刻，对马克思主义的学习越深入。

其二，选择马克思主义符合中国人数千年的历史文化传统和社会理想。当时，那些反对马克思主义和科学社会主义的人，往往强调社会主义不符合中国国情，认为社会主义必须建立在较为发达的资本主义之上，需要有发达的产业做基础，然而他们却忽视了上层建筑和文化传统的力量。社会主义之所以受到中国人青睐，其重要原因在于它打动了中国人的心。中国的国情在于，它不是一个现代工业社会，而是一个传统农业社会。农耕文明孕育了中国人的"大同梦"，自孔子至孙中山，一直抱有"天下为公"的理想。这种"公天下"的理想与动荡时期下层民众"均贫富"的平均主义，对中国文化的性格和途程有很强的规定性。社会主义与中国人的这种理想有一定相似性，给中国人以似曾相识甚至一见如故的感觉，合乎了中国人的胃口。所以，社会主义传入后，短时间内即在中国这一传统的农业社会中受到了欢迎。当然这也预示着，社会主义道路在中国不会一帆风顺，它要为其超越性付出代价。社会主义在西方由空想到变为现实，建立第一个社会主义国家，历经了近百年时间。历史表明，社会主义在中国，也是历经了坎坷和磨难，方才修成了正果。

五、新文化运动的意义与局限

新文化运动在中国文化史乃至整个中国历史上的重要性，毋庸置疑。我们主编的《中国近代文化史》教材，从文化改造、思想启蒙与学术转型三个方面阐述了新文化运动的价值和意义。[①] 在此，着重从文化自觉的角度来分析新文化运动的意义与局限。

---

① 张昭军、孙燕京主编：《中国近代文化史》，北京：中华书局，2018 年，第 229—230 页。

（一）新文化运动的意义

第一,民族的自觉。

五四新文化运动时期的文化自觉,首先是民族主义的自觉。论近代中国的启蒙和文化自觉的内涵,人们很自然会想到"民主"与"科学"。我个人的看法是,论近代中国的启蒙和自觉,应将民族觉醒纳入其中,即重新认识"我们是谁"。由于近代中国处于西方列强的控制之下,缺乏独立性,没有民族觉醒就不会有中华民族认同,就难以形成强大的凝聚力,难以实现民族解放和独立。而实现民族觉醒,就必须具备现代性的世界意识和建设性的民族主义,就必须摆脱旧式尊王攘夷观念的束缚。

甲午战争以来的保国、合群意识,与由国外传入的民族自决思潮,相互激荡,至新文化运动,终于将清末革命派较为狭隘的"排满"主义,上升为了新中华民族主义,上升为了反帝的民族主义。

中国人的现代民族国家观念随着民国的建立而得到了传播。梁启超论述这一时期的国民自觉时曾说:当时大多数中国人已认识到,"凡不是中国人都没有权来管中国的事","凡是中国人都有权来管中国的事"。[①] 曾琦也有观察,他说:"在五四以前,中国非无卖国贼,非无媚外政府也,前清末叶,政府擅与外人缔结不平等条约,丧地不知几千里,赔款几万万,顾当时人民视若无睹,不闻起而制裁之。此何以故? 盖国家观念尚未发达,国民意识尚未养成,因而对国权之丧失,自然无所感觉。至五四时代,则国家观念已发达,国民意识已养成,对于国家权利之丧失,有如私人财产之损害,痛心疾首,愤起抗争"。[②] 水到渠成,所以有了五四运动的抗争。20 世纪初,梁启超、孙中山等人的民族主义启蒙和千呼万唤的民族国家观念,至五四时期终

---

① 梁启超:《五十年中国进化概论》,汤志钧、汤仁泽编:《梁启超全集》第 11 集,中国人民大学出版社 2018 年版,第 406 页。

② 曾琦:《五四运动与国家主义》,陈正茂、黄欣周、梅渐浓编:《曾琦先生文集》上册,台湾"中研院"近代史研究所 1993 年版,第 392 页。

于结出了果实。

在此过程中,新文化运动的组织者做了大量工作。陈独秀于 1914 年发表的《爱国心与自觉心》,李大钊于 1917 年发表的《新中华民族主义》,以及鲁迅、胡适等人的文章,均为民族的自觉和国民的觉醒做出了贡献。

换句话说,五四新文化运动即使像一些学者所说,是一场反传统运动,那么,我认为它也是一种内在的反传统,是自新。因此,与其称之为反传统运动,不如称之为民族更新运动。新文化运动,是在认同中华民族这一主体的前提下而开展的一场文化自新运动。绝不可望文生义,因新青年群体在运动中发表的一些偏激的言论而看不到他们的民族认同和文化认同。新文化运动从形式上看是西化,实则是择善而从,为我所用,认同和选择的是中国的现代化。在新文化运动评价问题上,一些学者所说的"全盘反传统"或者"全盘西化",显然不能成立。

第二,人的自觉。

人的自觉,准确地说,是现代人的自觉,即自觉认识到如何做一个现代的人。这是新文化运动的深刻之处。

民国建立以前,康有为、梁启超、孙中山、章太炎等人宣传新文化,是以政治为本位,以民族救亡和国家富强为指向的。即便如梁启超、严复等人强调"新民",他们也是以"新民"为手段。只有到了新文化运动,才真正以现代价值观为标准,开始全面地唤醒和改造中国人。

这里的"人",不仅包括上层精英,而且指向了中下层的普通民众。一个民族的素质和文化的程度,不仅依靠精英,更决定于大众。以教育改革为例,五四时期的教育改革,其理想是让每一个国民都拥有平等的教育机会。两千多年前,孔夫子倡导"有教无类",但整个古代社会,识字率很低,只有极少数人得到了受教育的机会。五四时期倡导国民教育,实际上具有教育革命的意味。从启蒙的效果看,普通劳动者开始受到尊重。"劳工神圣"四个字意义非同寻常。向来让人看不起的"劳力者"、"泥腿子",终于被作为平等的人来看待,至少在理论认识上已达到了这样一个水平。这是一个巨大的进步。当时所倡导的"到民间去"、"人的文学"、"平民教育"等,都体现了对普通民众的重视。尤其值得注意的是,民主主义者特别是马克思主义者,强调要站在下层民众的立场上看问题,主张要依靠无产者改造社会,提出人民群众是社会前进的动力。其深刻处,绝非清末的改良派和革命派所能意会到。

在人的自觉方面,无论觉人还是自觉,鲁迅都堪称标杆。鲁迅用"吃人"来形容传统的伦理道德,将中国数千年文明概括为"暂时做稳了奴隶的时代"和"想做奴隶而不得的时代"。① 他的呐喊声,如同当头棒喝,唤醒了无数沉睡中的国人。鲁迅不仅批判旧道德旧文化,而且不加迂回地将斗争的锋芒指向中国人的根性,直指中国人的灵魂深处。鲁迅的作品,针针见血,扎在了我们每一个普通人的病根上。

尤为可贵的是,鲁迅不仅医治他人,而且敢于针砭自己。鲁迅在批判中国的传统时,勇敢地向自己下手,向自身所携带的毒素作无情地拷问。他说:"我的确时时解剖别人,然而更多的是更无情面地解剖我自己","我觉得古人写在书上的可恶思想,我的心里也常有,……我常常诅咒我的这思想,也希望不再见于后来的青年"。② 在《狂人日记》中,他在批判了中国四千年"吃人"的历史之后,笔锋一转,指向了自己:"四千年来时时吃人的地方,今天才明白,我也在其中混了多年;……我未必无意之中,不吃了我妹子的几片肉,现在也轮到我自己","有了四千年吃人履历的我,当初虽然不知道,现在明白,难见真的人!"③这种忏悔,直指人性和灵魂,无论他地位高低、出身贵贱。

第三,文明的自觉。

从文明自觉的角度观察,新文化运动在形式上表现出拒绝农耕文明的价值观,拥抱工业文明的价值观;拒绝资本主义,拥抱社会主义。若更为全

① 鲁迅:《灯下漫笔》《坟》,《鲁迅全集》第1卷,人民文学出版社2005年版,第225页。
② 鲁迅:《写在〈坟〉后面》《坟》,《鲁迅全集》第1卷,人民文学出版社2005年版,第300、302页。
③ 鲁迅:《狂人日记》《呐喊》,《鲁迅全集》第1卷,人民文学出版社2005年版,第454页。

面地看,新文化运动实际上是在寻求一种超越,它建立在对中国传统的农耕文明和西方近代的工业文明的双重反思、继承和批判的基础之上。通过中外古今比较,新文化运动对中国既有的宗法制度、家族本位、伦理观念做了全方位检讨,对西方资本主义制度弊端有了比较理性的认识。

中国由农耕文明向工业文明的转变不是从五四开始的,但新文化运动从文化上将二者的特点和优劣做出了前所未有的全面总结和分析,进而推动了中国文明的结构性变革。

这场结构性变革,规模宏大,包括了语言、文学、哲学、史学、艺术、教育、道德、伦理、宗教等众多方面,上至国家和社会制度,下至家庭和个人生活。这场结构性变革,是全方位的,是中国人知识系统和价值观念整体性的调整和转型。

这场结构性变革,奠定了现代文明制度和价值观念的基石,即以现代社会的人为本位,以民主、自由、科学、理性为精神内核。从此以后,尽管变革之路充满了曲折和斗争,但最终以民主、自由、科学、理性为核心的现代性价值观念取代了传统的价值观念,成了新"天理",代表了正义和权威。

新文化运动由知识精英发起、推动和落实,但就其内容和效果而言,已大大超越了狭义的文化范畴,实际上具有广义的文化运动也就是文明运动的意义。

新文化运动,对于中国传统的农耕文明之祛魅和批判,是一个高潮;对于外来文明之输入和吸收,也是一个高潮。从革故的角度看,它是一个强大的"离心"运动,不仅远离了传统的价值观,而且不依附于既有政权,力求摆脱传统包袱与现行政治的双重束缚。从鼎新的角度看,它确立了以科学与民主为核心的现代性价值观和做人的标准,使得现代性正式在中国生根,立住了脚。新文化运动之所以成为一个具有历史里程碑意义的事件,在于它是现代性在中国生根的重要标志。

新文化运动,换一种说法,也可以说是中国文化和文明 V 形反弹的起点。此前,中国传统文化衰落至极点,由此,开启了中国文化的新传统。当一种新质的内核、一种新质的精神确立以后,一种新文明的蓝图和框架构建出来以后,必然要求与之相符合相匹配的政治文明和制度文明,必然会催生新的政治革命和社会革命。

(二) 新文化运动的局限

毋庸讳言,新文化运动存在一定的历史局限性。

较之西方,中国的近代是快节奏的。在西方,文艺复兴和人文主义运动兴起于14、15世纪,宗教改革发生于16、17世纪,启蒙运动和人权主义思潮出现在17、18世纪,马克思主义和社会主义革命诞生于19世纪。而中国的新文化运动,前前后后总计不过10年时间。新文化运动用10年时间走西方走了几个世纪的路,其困难程度可想而知。在此过程中,有种种不尽如人意,自是难免。这里举两条。

其一,传统的重压。一些学者习惯于指责新文化运动"全盘反传统",认为它破坏了传统文化。在我看来,这种比较激烈的"反传统"恰恰就来自于传统。新文化运动最大的困境和局限,并不在于与传统的彻底"断裂"。所谓的"全盘""彻底""断裂"等表述,不过是口头上的、文字上的、态度上的,是一种恨铁不成钢的表达。它的困境和局限,来自自我超越的难度。也就是说,在这种看似反传统的形式和文字背后,仍隐含着某种难以褪去的传统底色,某种不容易破除的陈旧思维框架,就如同丸山真男笔下"执拗的低音",干扰着他们。这些自身难以察觉的旧思维,经常使他们陷入困惑、犹疑和矛盾之中。他们不可能完全摆脱出身和环境的影响。换言之,如果能进一步克服这些缺点,他们会理性和从容许多。陀思妥耶夫斯基说:"一代人不会很快就摆脱掉从上一代继承下来的东西;一个人也不会很快就抛弃那种已经注入他的血液之中,也可以说是从母亲乳汁里吮吸过来的东西。不可能发生这种急遽的转变。人们还很少认识到自己的过错和祖传的罪孽。应该彻底抛弃它;但这并不是很快就能办得到的。"[1]置身于传统而反

---

[1] [俄]陀思妥耶夫斯基著,曾宪溥、王健夫译:《死屋手记》,人民文学出版社1993年版,第252页。

传统,是自我更新,是"更生之变",难度实在太大了。

其二,启蒙不到位。新文化运动的一大贡献是传播了"民主"与"科学",确立了启蒙理性在中国的位置。"启蒙(enlightenment)"的说法,源自17、18世纪欧洲的启蒙运动,其本意强调的是个性的解放,个体在思想观念上的自我觉醒和解放。按照康德的说法,"启蒙运动就是人类脱离自己所加之于自己的不成熟状态。不成熟状态就是不经别人的引导,就对运用自己的理智无能为力。当其原因不在于缺乏理智,而在于不经别人的引导就缺乏勇气与决心去加以运用时,那么这种不成熟状态就是自己所加之于自己的了。""要有勇气运用你自己的理智! 这就是启蒙运动的口号。"①这里的"理智"大致相当于理性。但具有了理智不意味着启蒙,启蒙还需要敢于运用理智的"勇气",即道德自律,做一个自由的人。欧洲的启蒙思想家更多地是致力于自己的理论创新,而不是以民众的导师或代言人自居。与此相比,中国的思想家们则明显赋予了启蒙以"开启民智"、"教化民众"的内涵。在理论方面,他们基本上采取了拿来主义,"借他人酒杯,浇自己块垒",表现为拿西方现成的思想学说和理论方法来批评中国,启迪民智。正如有学者所指出,新式知识分子是在自己接受了西方思想后,反过来"启国人之蒙",骨子里依然隐藏着强烈的政治伦理动机,即替人民说话,代人民立言,救人民于蒙昧,解人民于倒悬。这里面含有不少的民粹主义成分。

总之,从旧式士大夫的"得君行道",到新式知识分子的"觉世牖民",这是历史的一大转折和飞跃,也是五四新文化运动的中国特色。五四时期的新式知识分子,一方面给人感觉他们背叛了自己的母文化,另一方面又让人感觉他们学习西方不到位、不彻底。学习西方和继承传统,这两个方面如何很好地保持平衡,至今仍没有得到很好地解决。

---

① [德]康德著,何兆武译:《答复这个问题:"什么是启蒙运动?"》,《历史理性批判文集》,商务印书馆1990年版,第22页。

主要参考文献

一、历史资料

《万国公报》《时务报》《清议报》《新民丛报》《新青年》《每周评论》《晨报副刊》《东方杂志》《中国文化》

蔡和森：《蔡和森文集》，人民出版社 2013 年版。

陈寅恪著，陈美延编：《陈寅恪集》，生活·读书·新知三联书店 2015 年版。

高平叔编：《蔡元培全集》，中华书局 1984 年版。

顾廷龙、戴逸主编：《李鸿章全集》，安徽教育出版社 2008 年版。

胡珠生编：《宋恕集》，中华书局 1993 年版。

康有为著，姜义华、张荣华编校：《康有为全集》，中国人民大学出版社 2020 年版。

李耀仙主编：《廖平选集》，巴蜀书社 1998 年版。

凌廷堪著，王文锦点校：《校礼堂文集》，中华书局 1998 年版。

刘晴波主编：《杨度集》，湖南人民出版社 1986 年版。

鲁迅：《鲁迅全集》，人民文学出版社 2005 年版。

欧阳哲生编：《胡适文集》，北京大学出版社 2013 年版。

钱穆：《钱宾四先生全集》，台北联经出版事业股份有限公司 1998 年版。

孙中山著，尚明轩主编：《孙中山全集》，人民出版社 2015 年版。

《谭平山文集》编辑组编:《谭平山文集》,人民出版社 1986 年版。

曾国藩:《曾国藩全集》,岳麓书社 2012 年版。

梁启超著,汤志钧、汤仁泽编:《梁启超全集》,中国人民大学出版社
2018 年版。

汪征鲁、方宝川、马勇主编:《严复全集》,福建教育出版社 2014 年版。

王栻主编:《严复集》,中华书局 1986 年版。

魏源:《魏源全集》,岳麓书社 2004 年版。

恽代英:《恽代英文集》,人民出版社 1984 年版。

上海人民出版社编:《章太炎全集》,上海人民出版社 2015 年版。

赵德馨主编,吴剑杰、周秀鸾等点校:《张之洞全集》,武汉出版社 2008
年版。

中国李大钊研究会编注:《李大钊全集》,人民出版社 2013 年版。

中共中央文献研究室编:《毛泽东文集》,人民出版社 1996 年版。

中共中央文献研究室、中共湖南省委《毛泽东早期文稿》编辑组编:《毛
泽东早期文稿(1912.6—1920.11)》,湖南出版社 1990 年版。

北京大学、中国第一历史档案馆编:《京师大学堂档案选编》,北京大学
出版社 2001 年版。

李书源等整理:《筹办夷务始末》(同治朝),中华书局 2008 年版。

金冲及总主编:《复兴文库》(第一编、第二编),中华书局 2022 年版。

璩鑫圭、唐良炎编:《中国近代教育史资料汇编·学制演变》,上海教育
出版社 2007 年版。

舒新城编:《中国近代教育史资料》,人民教育出版社 1961 年版。

太平天国历史博物馆编:《太平天国史料丛编简辑》,中华书局 1963
年版。

天津市档案馆编辑:《北洋军阀天津档案史料选编》,天津古籍出版社
1990 年版。

张枬、王忍之编:《辛亥革命前十年间时论选集》,生活·读书·新知三

联书店 1960 年版。

中国社会科学院现代史研究室,中国革命博物馆党史研究室选编:《"一大"前后:中国共产党第一次代表大会前后资料选编》(二),人民出版社 1980 年版。

中国史学会主编:《太平天国》,"中国近代史资料丛刊",神州国光社 1952 年版。

中国史学会主编:《戊戌变法》,"中国近代史资料丛刊",上海人民出版社 1957 年版。

中华书局编辑部整理:《筹办夷务始末》(咸丰朝),中华书局 1979 年版。

朱寿朋编,张静庐等点校:《光绪朝东华录》,中华书局 1958 年版。

朱有瓛、戚名琇、钱曼倩、霍益萍编:《中国近代教育史资料汇编·教育行政机构及教育团体》,上海教育出版社 1993 年版。

二、研究著作

毛泽东:《毛泽东选集》,人民出版社 1991 年版。

中共中央马克思、恩格斯、列宁、斯大林著作编译局编译:《马克思恩格斯选集》,人民出版社 2012 年版。

陈旭麓:《近代中国社会的新陈代谢》,上海人民出版社 1992 年版。
迟云飞:《清末预备立宪研究》,中国社会科学出版社 2013 年版。
丁伟志、陈崧:《中西体用之间》,中国社会科学出版社 1993 年版。
方汉奇:《中国近代报刊史》,山西教育出版社 1991 年版。
方维规:《概念的历史分量》,北京大学出版社 2019 年版。
葛剑雄主编,曹树基著:《中国人口史》第 5 卷(清时期),复旦大学出版社 2001 年版。
葛兆光:《宅兹中国:重建有关"中国"的历史论述》,中华书局 2012

年版。

葛兆光:《中国思想史》第1卷,复旦大学出版社1998年版。

葛兆光:《中国思想史》第2卷,复旦大学出版社2000年版。

龚书铎:《社会变革与文化趋向——中国近代文化研究》,北京师范大学出版社2005年版。

龚书铎:《中国近代文化概论》,中华书局1997年版。

龚书铎:《中国近代文化探索》,北京师范大学出版社2007年版。

顾卫民:《基督教与近代中国社会》,上海人民出版社1996年版。

顾长声:《传教士与近代中国》,上海人民出版社1981年版。

何炳棣:《明初以降人口及其相关问题(1368—1953)》,中华书局2017年版。

黄兴涛:《文化史的追寻》,中国人民大学出版社2011年版。

黄兴涛:《重塑中华:近代中国"中华民族"观念研究》,北京师范大学出版社2017年版。

金观涛、刘青峰:《观念史研究》,法律出版社2009年版。

金毓黻:《中国史学史》,河北教育出版社2000年版。

孔祥吉:《康有为变法奏议研究》,辽宁教育出版社1988年版。

孔祥吉:《康有为变法奏章辑考》,北京图书馆出版社2008年版。

李博著,赵倩等译:《汉语中的马克思主义术语的起源与作用》,中国社会科学出版社2003年版。

李华兴主编:《民国教育史》,上海教育出版社1997年版。

李怀印:《现代中国的形成》,广西师范大学出版社2022年版。

李怀印著,岁有生、王传奇译:《重构近代中国》,中华书局2014年版。

李仁渊:《晚清的新式传播媒体与知识分子》,凤凰出版社2019年版。

李细珠:《张之洞与清末新政研究》,中国社会科学出版社2015年版。

刘禾:《帝国的话语政治:从近代中西冲突看现代世界秩序的形成》,生活·读书·新知三联书店2014年版。

刘巍:《中国学术之近代命运》,北京师范大学出版社 2013 年版。

柳诒徵:《中国文化史》,上海古籍出版社 2001 年版。

罗志田:《权势转移:近代中国的思想、社会与学术》,湖北人民出版社 1996 年版。

罗志田主编:《20 世纪的中国:学术与社会(史学卷)》,山东人民出版社 2001 年版。

茅海建:《戊戌变法史事考二集》,生活·读书·新知三联书店 2011 年版。

皮锡瑞:《经学历史》,中华书局 1981 年版。

钱基博:《中国现代文学史》,吉林人民出版社 2013 年版。

钱穆:《国史大纲》,商务印书馆 1996 年版。

钱穆:《中国近三百年学术史》,中华书局 1987 年版。

钱穆:《中国文化史导论》,商务印书馆 1994 年版。

桑兵:《治学的门径与取法——晚清民国研究的史料与史学》,社会科学文献出版社 2014 年版。

桑兵主编:《近代中国的知识与制度转型》,经济科学出版社 2013 年版。

商衍鎏:《清代科举实录》,故宫出版社 2014 年版。

施瓦支:《中国的启蒙运动:知识分子与五四遗产》,山西人民出版社 1989 年版。

史桂芳:《近代日本人的中国观与中日关系》,社会科学文献出版社 2009 年版。

汤志钧:《戊戌变法史》(修订版),上海社会科学院出版社 2015 年版。

汪晖:《现代中国思想的兴起》,生活·读书·新知三联书店 2004 年版。

王汎森:《执拗的低音:一些历史思考方式的反思》,生活·读书·新知三联书店 2014 年版。

王建朗、黄克武:《两岸新编中国近代史》(晚清、民国),社会科学文献出版社 2016 年版。

王铭铭:《西方作为他者——论中国西方学的谱系与意义》,世界图书出版公司 2007 年版。

王奇生:《革命与反革命:社会文化视野下的民国政治》,社会科学文献出版社 2010 年版。

王晓秋、张注洪:《国外中国近代史研究述评》,中国文史出版社 1999 年版。

吴光辉:《日本的中国形象》,人民出版社 2010 年版。

萧公权著,汪荣祖译:《近代中国与新世界:康有为变法与大同思想研究》,江苏人民出版社 1997 年版。

熊月之:《西学东渐与晚清社会》(修订版),中国人民大学出版社 2011 年版。

杨瑞松:《病夫、黄祸与睡狮:"西方"视野的中国形象与近代中国国族论述想象》,政大出版社 2010 年版。

杨天宏:《基督教与民国知识分子——1922—1927 年中国非基督教运动研究》,人民出版社 2005 年版。

余英时:《中国近代思想史上的胡适》,台北联经出版事业公司 1984 年版。

曾业英主编:《当代中国近代史研究(1949—2009)》,中国社会科学出版社 2014 年版。

张海鹏主编:《中国近代通史》,江苏人民出版社 2009 年版。

张灏:《幽暗意识与时代探索》,广东人民出版社 2016 年版。

张昭军、孙燕京主编:《中国近代文化史》,中华书局 2018 年版。

张昭军:《清儒之道》,社会科学文献出版社 2017 年版。

章清主编:《近代中国的国家形象与国家认同》,上海古籍出版社 2003 年版。

郑匡民:《西学的中介:清末民初的中日文化交流》,四川人民出版社2008年版。

郑师渠主编:《中国文化通史》(晚清、民国卷),北京师范大学出版社2017年版。

周宁:《天朝遥远——西方的中国形象研究》,北京大学出版社2006年版。

周宁:《异想天开——西洋镜里看中国》,南京大学出版社2007年版。

[德]卡尔·雅斯贝斯著,魏楚雄、俞新天译:《历史的起源与目标》,华夏出版社1989年版。

[德]康德著,何兆武译:《历史理性批判文集》,商务印书馆1990年版。

[德]诺贝特·埃利亚斯著,王佩莉译:《文明的进程——社会起源和心理起源的研究》,生活·读书·新知三联书店1998年版。

[德]沃尔夫冈·韦尔施著,洪天富译:《我们的后现代的现代》,商务印书馆2004年版。

[美]杜维明著,钱忠文、盛勤译:《道·学·政:论儒家知识分子》,上海人民出版社2000年版。

[美]费约翰著,李恭忠、李里峰等译:《唤醒中国》,生活·读书·新知三联书店2004年版。

[美]费正清、[美]刘广京编,中国社会科学院历史研究所编译室译:《剑桥中国晚清史:1800—1911年》,中国社会科学出版社1985年版。

[美]费正清编,杨品泉等译:《剑桥中华民国史:1912—1949年》,中国社会科学出版社1998年版。

[美]列文森著,季剑青译:《儒教中国及其现代命运》,中华书局出版社2024年版。

[美]墨子刻:《摆脱困境——新儒学与中国政治文化的演进》,江苏人民出版社1996年版。

[美]乔伊斯·阿普尔比、[美]林恩·亨特、[美]玛格丽特·雅各布

著,刘北成、薛绚译:《历史的真相》,上海人民出版社 2011 年版。

　　[美]叶维丽著,周子平译:《为中国寻找现代之路》,北京大学出版社 2012 年版。

　　[美]伊格尔斯著,何兆武译:《二十世纪的历史学:从科学的客观性到后现代的挑战》,辽宁教育出版社 2003 年版。

　　[美]周策纵著,周子平等译:《五四运动:现代中国的思想革命》,江苏人民出版社 1996 年版。

　　[美]周启荣著,毛立坤译:《清代儒家礼教主义的兴起——以伦理道德、儒学经典和宗教为切入点的考察》,天津人民出版社 1994 年版。

　　[日]任达著,李仲贤译:《新政、革命与日本》,江苏人民出版社 1998 年版。

　　[日]石川祯浩著,袁广泉译:《中国近代历史的表与里》,北京大学出版社 2015 年版。

　　[日]实藤惠秀著,谭汝谦、林启彦译:《中国人留学日本史》,北京大学出版社 2012 年版。

　　[日]佐藤慎一著,刘岳兵译:《近代中国的知识分子与文明》,江苏人民出版社 2006 年版。

　　[英]阿雷恩·鲍尔德温等著,陶东风译:《文化研究导论》,高等教育出版社 2004 年版。

　　[英]彼得·伯克著,蔡玉辉译:《什么是文化史》,北京大学出版社 2009 年版。

　　[英]冯客著,杨立华译:《近代中国之种族观念》,江苏人民出版社 1999 年版。

　　[英]雷蒙·威廉斯著,刘建基译:《关键词:文化与社会的词汇》,生活·读书·新知三联书店 2005 年版。

　　[英]沃尔什著,何兆武、张文杰译:《历史哲学导论》,广西师范大学出版社 2001 年版。

责任编辑：刘松弢

图书在版编目（CIP）数据

从黄昏到黎明 ：中国近代文化史六讲 / 张昭军著. -- 北京 ：人民
出版社，2025. 9. -- ISBN 978 - 7 - 01 - 027509 - 3

Ⅰ. K250. 3

中国国家版本馆 CIP 数据核字第 2025UW6786 号

从黄昏到黎明

CONG HUANGHUN DAO LIMING

——中国近代文化史六讲

张昭军　著

人民出版社 出版发行

（100706　北京市东城区隆福寺街 99 号）

中煤（北京）印务有限公司印刷　新华书店经销

2025 年 9 月第 1 版　2025 年 9 月北京第 1 次印刷
开本：710 毫米×1000 毫米 1/16　印张：16.75
字数：232 千字

ISBN 978 - 7 - 01 - 027509 - 3　定价：79.00 元

邮购地址 100706　北京市东城区隆福寺街 99 号
人民东方图书销售中心　电话（010）65250042　65289539